S. FISCHER

Robert Pfaller

Die blitzenden Waffen

Über die Macht
der Form

S. FISCHER

Aus Verantwortung für die Umwelt hat sich der S. Fischer Verlag zu einer nachhaltigen Buchproduktion verpflichtet. Der bewusste Umgang mit unseren Ressourcen, der Schutz unseres Klimas und der Natur gehören zu unseren obersten Unternehmenszielen.

Gemeinsam mit unseren Partnern und Lieferanten setzen wir uns für eine klimaneutrale Buchproduktion ein, die den Erwerb von Klimazertifikaten zur Kompensation des CO_2-Ausstoßes einschließt.

Weitere Informationen finden Sie unter:
www.klimaneutralerverlag.de

MIX
Papier aus verantwortungsvollen Quellen
FSC® C014496
FSC
www.fsc.org

Originalausgabe
Erschienen bei S. FISCHER

Hedderichstraße 114, D-60385 Frankfurt am Main

Satz: Dörlemann Satz, Lemförde
Druck und Bindung: GGP Media GmbH, Pößneck
Printed in Germany
ISBN 978-3-10-059035-0

Inhalt

»Der Redner muss nicht nur mit scharfen Waffen kämpfen, sondern auch mit blitzenden.«
Quintilian[1]

»Ein Detail bestimmt plötzlich meine ganze Lektüre; mein Interesse wandelt sich mit Vehemenz, blitzartig.«
Roland Barthes[2]

»Vergangenes historisch artikulieren heißt nicht, es erkennen, ›wie es denn eigentlich gewesen ist‹. Es heißt, sich einer Erinnerung bemächtigen, wie sie im Augenblick einer Gefahr aufblitzt.«
Walter Benjamin[3]

Kapitel 1

Die blitzenden Waffen. Das Formelement im Leben, in der Kunst und in der Wissenschaft

01

Um mit einer Rede das Publikum zu überzeugen, müsse der Redner – so lehrt der antike Rhetoriker Quintilian – »*nicht nur mit scharfen Waffen kämpfen, sondern auch mit blitzenden*«.[1] Nicht die Argumente alleine überzeugen also, sondern auch eine bestimmte Form ihrer Darstellung. Diese Macht der Form zeigt sich auf vielen Ebenen: Warum verfangen bestimmte Werbeslogans und andere nicht? Was lässt uns bestimmte Autos lieben – und keineswegs nur diejenigen, die wir am nützlichsten oder qualitativ am hochwertigsten finden? (Und wie muss eine Werbung operieren, um gerade solche zwiespältigen Autos attraktiv erscheinen zu lassen?)

Was ist es, das einen wissenschaftlichen Titel nicht nur informativ und klar macht, sondern auch die Leser neugierig werden lässt und sie mit Lust auf die Lektüre infiziert – ja vielleicht sogar seiner These erst Relevanz, Plausibilität und Überzeugungskraft verleiht? Was berührt uns an einem bestimmten Kunstwerk, während andere Arbeiten uns kalt lassen? Warum kann eine bestimmte psychotherapeutische Intervention Effekte hervorrufen, während andere, ähnlich gelagerte wirkungslos verpuffen? In welchen Worten muss ein Rat an unsere beste Freundin formuliert sein, um ihr aus einem Schlamassel helfen zu können?[2]

Als Konsumenten, Freunde, Liebende; als Menschen, die Kunst betrachten, mitunter von Design oder bestimmter Architektur fasziniert sind; als Empfänger von Werbung, von Beeinflussung durch verschiedene sogenannte »soziale« Medien sowie von wohlgemeinter unterschwelliger Gesinnungsanleitung (dem sogenannten »Nudging«) und in vielen anderen Lebenssituationen erfahren wir die Macht der Form; und nicht immer in bewusster Weise. In anderen Momenten, zum Beispiel als Diskutanten, Ratgeber, Scherzende, in Gesten der Höflichkeit, als Gestaltende, Nachdenkende oder Schreibende bringen wir diese Macht selbst zum Einsatz und wissen doch nicht immer genau, was uns da gelingt (wenn es uns denn gelingt) beziehungsweise wie und warum es gelingt.

Es erscheint darum lohnend, sich darüber zu verständigen, wie dieses »Blitzen« der Form zustande kommt – und auch darüber, wie es zu bewerten ist, wenn es bei uns verfängt: als Überrumpelung oder Bestechung? Als ungewollte oder doch vielleicht willkommene Verführung? Oder aber als notwendiger, nur scheinbar entbehrlicher Anteil der Vernunft sowie des Lebens selbst?

02

Die Macht der Form, so lautet eine These dieses Buches, lässt sich am ehesten begreifen, wenn man Erkenntnisse aus den unterschiedlichen Lebensbereichen, in denen sie sich zeigt, zusammenträgt und die einen als Schlüssel zum Verständnis der anderen gebraucht. Zum Beispiel die Hollywoodkomödie zum Durchschauen der Wirkungsmacht von Ratschlägen oder psychotherapeutischen Interventionen; die aus dem Alltag vertraute Höflichkeit zum Verständnis der tänzerischen Performancekunst; den Sport im Fernsehen für die Formelemente der Religion; die Paradoxien der Mode als Herausforderung für ihre Theorie; die Kunst und ihre aktuellen Schwierigkeiten im Umgang mit der Form als Symptom der Gegenwartskultur insgesamt.

Dass die Form ein besonders akutes Problem der Gegenwartskultur darstellt, lässt sich an vielen Indizien sehen. Gegen eine ganze Reihe von formalen Kulturpraktiken – wie zum Beispiel das Aufhalten einer Tür für Nachkommende, das Aussprechen von Komplimenten, das Tragen von Düften oder das Anbieten einer Zigarette – ist in den letzten, von der Postmoderne und von der neoliberalen Umverteilung geprägten Jahrzehnten immer mit vermeintlich guten Vernunftgründen heftig Stimmung gemacht worden – seien es solche der Inklusion von Fremden, der Geschlechtergerechtigkeit, der Gesundheit oder der Sicherheit. Auch wenn diese Gründe im Einzelnen manchmal triftig und zutreffend gewesen sein mögen, ist es doch auffällig und bezeichnend, dass sie immer gerade das zum Feindbild erklärten, was zum Formenzauber der Kultur gehört und als solcher das Leben lohnend macht.[3] Man könnte sagen – und das ist kulturtheoretisch ein bemerkenswerter, durchaus paradoxer Befund: Einer ganzen Kultur ist ihre eigene Formbeherrschung und -kompetenz unverständlich geworden.

03

Gerade die Kunst – als zweckfreie, müßige Lustbeschäftigung traditionell ein Betätigungsfeld der Form par excellence – ist in den letzten Jahren zu einer inhaltsschweren Fleißaufgabe verkommen. Viele Beobachter bemerken in der Gegenwartskunst einen drückenden Konsensmoralismus; eine (oft der üblichen Anleitung durch Kuratoren verdankte) Vorherrschaft des Gutgemeinten über das gut Gemachte; und eine Vielzahl von künstlerischen Arbeiten bei Großausstellungen, die in der Anschauung vor Ort auch nicht um das Geringste mehr hergeben, als es ihre Beschreibung im Katalog oder in der Presseaussendung bereits getan hat. Hat man noch vor wenigen Jahren angesichts einer in der Anschauung zunehmend komplex und rätselhaft erscheinenden Kunst deren vermeintlich neue, grundlegende Kommentarbedürftigkeit betont,[4] so hat sich die Lage inzwischen durch Weiterentwicklung gleichsam umgekehrt: gegenwärtig erscheint ein Großteil der Kunst kaum mehr anschauungsbedürftig.[5] Nichts, das man nicht schon gewusst hätte, lässt sich daran entdecken; und nichts, wovon man nicht ohnehin schon überzeugt gewesen wäre, kommt an einen heran, um einen zu berühren oder in seiner Überzeugung zu erschüttern. Die Kunst scheint fixiert auf das, was man neudeutsch *content* nennt. Warum unternimmt sie so wenig, um eine Form des Ausdrucks zustande zu bringen, die neugierig machen könnte, weil sie eine Notwendigkeit ihres bestimmten Soseins behauptet und nur mit hohem Verlust paraphrasierbar wäre?

Wie viele andere Felder der Gegenwartskultur zeigt das der Kunst – allerdings mit verdienstvoller, noch größerer Deutlichkeit – eine bemerkenswerte Formvergessenheit.

Und die durch die Einrichtung von Programmen künstlerischer Forschung sowie die universitäre Institutionalisierung (zum Beispiel in Form künstlerischer Doktorate)[6] begünstigte Sehnsucht der Kunst nach der Wissenschaft verrät eine verwandte Pathologie: Die Kunst sehnt sich nun plötzlich eigentümlich nach Wahrheit und vergisst dabei nicht nur, dass ihr eigenstes Feld doch der Schein ist, sondern, was noch viel schlimmer ist, dass – wie viele Wissenschaftstheoretiker versichern – ohne den Schein gar keine Wahrheit zu haben ist. Schein(s)vergessenheit ist eine Erscheinungsform von Formvergessenheit. Viele Künstler glauben heute, wissenschaftliche Texte schreiben zu müssen, um künstlerische Doktorate erlangen zu dürfen;[7] und in der Sehnsucht, sich mit Wissen vollzustopfen, um den Wissenschaften möglichst ähnlich zu werden, übersehen die Künste, wie viel Kunst schon in der Wissenschaft selbst steckt und wie ähnlich die Wissenschaften ihrerseits darum bereits den Künsten sind. Auf diesen Umstand haben zum Beispiel Hans Vaihinger in seiner »Philosophie des als ob« und Paul Feyerabend in seiner Schrift »Wissenschaft als Kunst« pointiert hingewiesen.[8] In jeder theoretischen Konstruktion steckt Phantasie; in jedem Aufsatz Erzähllust; in jedem guten wissenschaftlichen Titel ein poetisches Element; in jeder Interpretation von empirischen Daten eine gestalterische Entscheidung.

04

Quintilians Bemerkung, der Redner müsse nicht nur mit scharfen Waffen kämpfen, sondern auch mit blitzenden, lässt sich darum ohne Einschränkung auch auf die Wissenschaft übertragen. Dabei aber tritt an dem zunächst wohl plausiblen Satz eine pointierte, fast paradoxe Bedeutung erstmals zutage: *Kann es sein, dass die Waffen der Wissenschaft vielleicht überhaupt nur dann scharf sein können, wenn sie auch blitzen? Ist das Blitzen also nicht nur eine mögliche Begleiterscheinung, sondern vielmehr eine notwendige Voraussetzung der Schärfe?* Gibt es bestimmte »brillante« Formulierungen, ohne die Erkenntnis gar nicht zustande käme? Ist es möglich, dass die Entstehung neuer Erkenntnisse an eine Besonderheit des Ausdrucks gebunden ist – sozusagen an eine Singularität der Darstellungsweise?

Wie ist es sonst zu erklären, dass gerade die Gründungstexte neuer Wissenschaften nicht selten vor exzellenten Beispielen, Wortwitz und eleganten Formulierungen strotzen?

Ferdinand de Saussures posthum veröffentlichter »Cours de lingustique générale« von 1916 zum Beispiel[9] – der Gründungstext der strukturalen Sprachwissenschaft sowie das Methodenvorbild für strukturale Verfahrensweisen in Literaturwissenschaft, Semiotik, Anthropologie und Psychoanalyse[10] – ist ein wunderschöner Text mit auffällig vielen Illustrationen und voller anschaulicher Vergleiche. So bemerkt Saussure, dass jeder, der eine bestimmte Situation auf einem Schachbrett sieht, die Gefahren und Chancen im Spiel beurteilen kann. Es ist somit nicht erforderlich, den Verlauf der Partie von Anfang an verfolgt zu haben:

> »Bei einer Partie Schach hat jede beliebige Stellung die Besonderheit, daß sie von den vorausgehenden Stellungen völlig losgelöst ist; es ist ganz gleichgültig, ob man auf diesem oder jenem Wege zu ihr gelangt ist; derjenige, der die ganze Partie mit angesehen hat, hat nicht den leisesten Vorteil vor dem, der neugierig hinzukommt, um im kritischen Moment die Stellung auf dem Schachbrett zu überblicken; um diese Stellung zu beschreiben, ist es ganz unnütz, zu berichten, was auch nur zehn Sekunden vorher sich abgespielt hat. All das findet in genau gleicher Weise auf die Sprache Anwendung und bestätigt den tiefgreifenden Unterschied zwischen dem Diachronischen und dem Synchronischen.«[11]

Mit diesem Vergleich macht Saussure eine neue Art von Sprachwissenschaft denkbar, die nicht wie die bisherige Philologie historisch (»diachron«) nach den Gesetzen der Sprachentwicklung fragt, sondern vielmehr »synchron« beziehungsweise »struktural« die aktuellen, zwischen den sprachlichen Zeichen bestehenden Beziehungen und Wertverhältnisse untersucht. Nur so lässt sich in der Folge die Sprache als ein System von »Verschiedenheiten ohne positive Einzelglieder« charakterisieren – mithin, wie Saussure betont, als eine »Form«, und nicht als »Substanz«.[12]

Man möchte sich fragen: Ist das Beispiel des Schachspiels hier nur die Erläuterung eines bereits zuvor entwickelten Gedankens? Oder wäre dieser Gedanke jemals überhaupt denkbar und plausibel geworden ohne diesen grandiosen Vergleich?

Nicht viele Kommentatoren des »Kapital« von Karl Marx haben darauf hingewiesen (oder gar den Umstand zu analysieren versucht), dass dies ein Text ist, der fast auf jeder Seite einen brillanten Witz bietet. Dieser Gründungstext einer neuen Wissenschaft – sei es einer »kritischen«, von der Blindheit der klassischen Ökonomen befreiten politischen Ökonomie, oder gar der Geschichtswissenschaft als solcher, wie manche Autoren meinen[13] – ist, obwohl er ja von oft kläglichen Zuständen handelt, ein regelrechtes Feuerwerk an Pointen. Zum Beispiel kritisiert Marx die Auffassung des Oxforder Ökonomen Nassau W. Senior, der meinte, nur in der letzten Stunde eines Arbeitstages werde von den Arbeitern Mehrwert produziert. Um die Lächerlichkeit dieser Auffassung spürbar werden zu lassen, übertitelt Marx den entsprechenden Abschnitt mit der Überschrift »Seniors ›Letzte Stunde‹«.[14] Und er ruft den »jammernden Fabrikanten« zu: »Wenn einmal euer ›letztes Stündlein‹ wirklich schlägt, denkt an den Professor von Oxford.«[15]

Dass der antike Philosoph Demokrit Humor besessen habe, wurde von manchen Philosophiehistorikern bezweifelt[16] – obwohl er doch traditionell »der lachende Philosoph« genannt worden war. Dabei findet sich unter dem Wenigen, das vom Begründer des antiken Atomismus überliefert ist, geradezu ein Bonmot par excellence. Es lautet: »Das Nichts existiert nicht mehr als das Ichts.«[17] Demokrit erfindet also extra ein absurdes Wort; einen Ausdruck, bei dem die im Wort »Nichts« enthaltene Negation abgezogen ist, um die Absurdität der Idee einer Existenz des Nichts nicht nur zu behaupten, sondern auch spürbar werden zu lassen. Wenn das kein brillanter Witz ist, dann fragt sich, was ein antiker Autor eigentlich tun muss, um der Nachwelt als humorvoll auffallen zu können.

Michel de Montaigne, der mit dem *Essai* eine bestimmte Form und Methode philosophischen Nachdenkens begründete, lässt seine Überlegungen auffällig oft in Verse münden.[18] Nicht selten aber liefert er auch Pointen, die zum Lachen reizen, wie zum Beispiel die folgende:

> »Wir Männer werden unsren Witwen, so sie ein Leben lang mit uns gelacht haben, gern gestatten, auch hernach zu lachen.
> Könnte man aber nicht vor Groll wiederauferstehn, wenn eine, die mir, während ich war, ins Gesicht spuckte, nun, da ich zu sein aufhöre, mir die kalten Füße warmreiben will?«[19]

Selbst ein Philosoph, der sich spürbar qualvoll an Fragen der Religion abarbeitete wie Blaise Pascal, vermochte eine überaus heitere und schöne Darstellungsweise zu entwickeln. Er findet bestechend knappe, elegante und pointierte Formen für seine »Pensées«, die nicht so sehr Fragmente als vielmehr mehrfach einsetzbare und multipel kombinierbare Idealmodule – sozusagen perfekte Gedankenkristalle – zu bilden scheinen. Und Pascal ist, entgegen möglicher Erwartungen, ein überaus witziger Autor. Das zeigt sich zum Beispiel, wenn er bemerkt,

»Leugnen, Glauben und Zweifeln sind für den Menschen, was das Laufen für das Pferd ist.«[20]

05

Dass der Witz nicht nur eine Form populärkultureller Belustigung ist, sondern vielmehr eine gestalterische Leistung und ein unverzichtbarer Teil rhetorischer Kunst, ist ein Gedanke, der uns heute fremd erscheinen mag. Er war jedoch in den Rhetoriken der Antike sowie der frühen Neuzeit eine allgemein geteilte Überzeugung. Klaus-Peter Lange hat dem Thema der pointierten Formulierungen, der sogenannten »acutezze« bzw. »argutezze«, in der Rhetorik des 17. Jahrhunderts bei Autoren wie Emmanuele Tesauro, Matteo Pellegrini und Balthasar Gracián eine schöne Studie gewidmet. Aristoteles hatte die Unterscheidung eingeführt zwischen einer »flachen«, klar, aber banal anmutenden Sprechweise und einer zwar etwas weniger klaren, dafür aber »erhabenen«, edel, fremd und mithin interessant und gefällig klingenden.[21] Zur letzteren zählen die Autoren des 17. Jahrhunderts auch die gewitzten, mit »ingeniösen« Formulierungen, Metaphern und anregenden Schlussfolgerungen gewürzten Formen des Sprechens, deren Herstellungsverfahren sie untersuchen.[22] Als Antrieb zum pointierten Sprechen erscheint diesen Autoren die Gefahr der Langeweile – verstanden als »widerwillige Reaktion des Intellekts auf eine Welt, die ihm nichts zu tun gibt«.[23] Ein typisches Verfahren zur Vermeidung von Langeweile ist nach Auffassung Tesauros wie Pellegrinis die Verkürzung der Formulierung.[24] Dies ist, wie Sigmund Freud gezeigt hat, auch das typische Verfahren des Witzes.[25]

Zugleich stimmen die Autoren der Antike wie der frühen Neuzeit darin überein, dieser Sprechweise eine soziale Bestimmung zu geben: dieses gewitzte Sprechen wird als »urban« bezeichnet.[26] Es hat offenbar den Stadtstaat beziehungsweise die Polis zu seiner Entstehungsbedingung und zu seinem Lebenselement. Und es ist seinerseits konstitutiv für menschliche Geselligkeit[27] – wenn nicht sogar für das spezifisch Humane und das Glück der menschlichen Existenz.[28] Die ästhetischen und ethischen, ja sogar die politischen Dimensionen der »blitzenden« Sprechweise werden von den Autoren also sehr weitgehend ausgeleuchtet. Nicht allzu viel aber verraten sie über die uns beschäftigende Frage, ob das gewitzte Sprechen auch eine theoretische, auf die Produktion von Erkenntnis bezogene Dimension besitzt.

Immerhin bemerken die Autoren, dass die Metapher oft eine produktive Funktion besitzt – sie bezeichnet nicht nur etwas, das ebenso gut auch einfacher hätte benannt werden können, auf übertragene Weise; vielmehr wird die Übertragung gerade auch dort eingesetzt, »wo das eigentliche Wort fehlt«.[29] Dementsprechend beschreiben die neuzeitlichen Autoren, ähnlich wie auch Aristoteles,[30] den Scharfsinn, das »ingegno« (das Vermögen der pointierten Formulierung) als produktiv und schaffend, den klaren Verstand (die »prudenza« beziehungsweise das »giudicio«) hingegen als etwas, das lediglich bereits Bestehendes entdeckt.[31]

Dieses innovative Element des »ingegno« aber betrachten die Autoren kaum als etwas Erkenntnisförderndes. So setzen sie das ingeniöse Element als etwas vorwiegend Ästhetisches dem Intellekt als einem dem Erkennen verpflichteten Vermögen entgegen.[32] Hatte Aristoteles zwischen der »flachen« und der »ingeniösen« Sprechweise lediglich einen graduellen Unterschied an Klarheit veranschlagt,[33] so sehen die neuzeitlichen Autoren hier eine qualitative Differenz. Die intellektuelle Funktion dient dem Lehren; die ingeniöse hingegen dem Erregen sowie dem Erzeugen von Genuss:[34] Die gewitzte Formulierung erzeugt bei den Zuhörern Begeisterung, Bewunderung und Glück.[35] Auch Quintilian hatte hier eine scharfe, qualitative Differenz gesehen, indem er von den intellektuellen Bestandteilen des Redenverfassens, der Versammlung der Gedanken (inventio) und ihrer Anordnung (dispositio), bemerkte, diese Aufgaben bedürften keines besonderen Talents; die gestalterischen Bemühungen (die elocutio) hingegen hielt er in hoher Wertschätzung: Sie ehrten den Sprecher und richteten sich nicht nur an Experten, sondern erreichten auch die Masse des Publikums, das »wie besessen« vom Affekt des Genusses erfasst werde.[36] Trotz dieser abermals vorwiegend ästhetischen Zuordnung der elocutio bei Quintilian ist allerdings auffällig, dass er diese, ähnlich wie Aristoteles,[37] im Ablauf der Redeerstellung gleich nach der inventio einordnet, mithin noch vor der dispositio.[38] Die Wortfindung kommt für ihn also gleich nach der Motivsammlung und noch vor der Erstellung der Gedankenabfolge. Dies könnte als Indiz dafür gelesen werden, dass Aristoteles und Quintilian der Gestaltung der Formulierungen nicht nur eine nachträgliche, schmückende oder reizsteigernde Wirkung zuerkannten, sondern auch eine erkenntnisleitende Funktion.

Immerhin bemerken die Autoren übereinstimmend, dass die pointierte Rede von hoher *»Beweglichkeit«* (»destrezza«)

des »ingegno« zeugt.[39] Mithin mag sie vergleichbare Beweglichkeit vielleicht auch in den Zuhörern zu erwecken, die sich für sie begeistern. Das Glück der Zuhörer könnte sich, wenn man Spinozas Theorie der Freude zugrunde legen möchte,[40] gerade einem solchen Zugewinn an gedanklicher und verbaler Beweglichkeit verdanken.

Außerdem stellen die Autoren fest, dass das pointierte Formulieren vor Trübsinn schütze und dem Intellekt »Erholung« verschaffe.[41] Tesauro schreibt:

> »So wie die Ruhe die Erholung des Körpers ist, so ist der Scherz die Erholung des Bewußtseins. Aber keine ruhende Erholung und auch keine gedankenlose, denn der Intellekt ist eine geistige Fähigkeit, und der Geist, wenn er nicht vom Schlaf gebunden ist, ist so lange tätig, wie er lebt, weil sein Leben Tätigsein ist.«[42]

Diese Passage mag ein wenig an die zuvor zitierte heitere Bemerkung Pascals über das menschliche Zweifeln und das Laufen des Pferdes erinnern. Sie hat eine ähnliche, interessante Pointe: Die Erholung des Intellekts besteht nicht im Ruhen der Gedanken, sondern lediglich in einer anderen Art ihrer Bewegung. Man muss die Gedanken offenbar manchmal frei laufen lassen, damit sie sich danach wieder besser gezielt bewegen lassen.[43] In ähnlicher Weise versuchen alpine Skirennläufer manchmal gerade durch freies Skifahren im Training ihre Slalom- und Riesentorlauftechnik zu verbessern.

In diesem Vergleich Tesauros klingt ein gewisser philosophischer Materialismus in der Auffassung des Geistes an, der für die Antwort auf unsere Fragestellung von zentraler Bedeutung ist. Der Geist wird hier ähnlich begriffen wie der Körper. Seine Tätigkeiten, das Denken und Vorstellen, erfordern Anstrengung, ähnlich wie zum Beispiel das Heben von Gewichten. Nichts lässt sich mühelos denken oder vorstellen (und hier darf man sich nicht von dem Umstand täuschen lassen, dass das vorgestellte Heben eines Zementsacks leichter erscheinen mag als das körperlich durchgeführte. Denn nicht das Vorgestellte, sondern das Vorstellen selbst ist das, was die – je nach Aufgabe unterschiedlich große – geistige Anstrengung erfordert). Unter bestimmten Voraussetzungen fällt es dem Geist leichter, etwas zu denken, als unter anderen.[44] Möglicherweise muss er bereits in Bewegung sein, um bestimmte Ziele erreichen zu können, wohingegen er sie aus dem Stand nicht erreichen kann. Blaise Pascal bemerkt einmal:

> »Jene großen Geistesanstrengungen, zu denen die Seele manchmal gelangt, sind etwas, woran sie nicht festhält; sie springt lediglich zu ihnen empor, nicht für immer wie auf einen Thron, sondern nur für einen Augenblick.«[45]

Nur für einen Moment können bestimmte Spitzenleistungen des Intellekts erbracht werden. Denn sie sind nur aus einer bestimmten Eigenbewegung heraus möglich, aus einer bestimmten Richtung, mit einem bestimmten Schwung kommend oder aus einem bestimmten Blickwinkel. Vor der gegenteiligen Annahme hat am eindringlichsten wohl Friedrich Nietzsche gewarnt:

»Hüten wir uns nämlich, meine Herren Philosophen, von nun an besser vor der gefährlichen Begriffs-Fabelei, welche ein ›reines, willenloses, zeitloses Subjekt der Erkenntnis‹ angesetzt hat, hüten wir uns vor den Fangarmen solcher kontradiktorischer Begriffe wie ›reine Vernunft‹, ›absolute Geistigkeit‹, ›Erkenntnis an sich‹; – hier wird immer ein Auge zu denken verlangt, das keine Richtung haben soll, bei dem die aktiven und interpretierenden Kräfte unterbunden sein sollen, fehlen sollen, durch die doch Sehen erst ein Etwas-Sehen wird, hier wird also ein Widersinn und Unbegriff vom Auge verlangt. Es gibt nur ein perspektivisches Sehen, nur ein perspektivisches ›Erkennen‹ …«[46]

Fasst man den Intellekt also nach dem Vorbild des Körpers auf, also als ein Ding, das unter bestimmten Voraussetzungen zu seinen Leistungen fähig ist, und nicht (wie es in idealistischen Auffassungen oft geschieht) als einen bedingungslosen Alleskönner, dann wird erklärbar, weshalb bestimmte Gedankenbewegungen – selbst solche, die mit dem gestellten Thema nichts zu tun zu haben scheinen – notwendig sein könnten, um dieses Thema gut in Angriff nehmen zu können. Die pointierten Formulierungen könnten jene Beweglichkeit und Eigenbewegung des Denkens herstellen, ohne die es manche Bewegungen kaum oder gar nicht vollziehen kann. Der Witz des Denkens wäre nicht das Gegenteil, sondern eine notwendige Bedingung seines Ernstes.

06

Der Witz eines philosophischen Autors wie Denis Diderot ist vermutlich zu hervorstechend, um jemals von Philosophiehistorikern übersehen werden zu können – alleine schon wenn man an sein lustvolles Spiel mit vorgeschobenen Autorenschaften, angeblich gefundenen Manuskripten (wie im Fall der »Indiskreten Kleinode«) oder auch an seine – an die Effekte der Trompe-l'Œil-Malerei erinnernden – scheinbaren »Fehler«[47] etc. denkt. Dafür besteht wohl viel eher die Versuchung, jene seiner philosophischen Texte, die in raffinierter Weise die Mittel der Literatur einsetzen wie zum Beispiel den »Nachtrag zu Bougainvilles Reise«, »D'Alemberts Traum« oder den »Brief über die Blinden«, einfach bequem der Gattung der Belletristik zuzurechnen, anstatt in ihnen zentrale Gründungstexte der Aufklärung zu erkennen.

Doch dass die Philosophie manchmal literarische Verfahren anwendet – ja, dass sie manchmal vielleicht gar nicht ohne sie vorankommen kann –, bedeutet nicht, dass sie identisch wäre mit Literatur (nicht einmal mit jener, die vielleicht manchmal nicht ohne philosophische Mittel auskommt). Die von Philosophen wie Jacques Derrida mitunter zum Ausdruck gebrachte Lust, die beiden Tätigkeitsbereiche zu einem einzigen zu verschmelzen,[48] führt mit Sicherheit nicht dazu, dem vermeintlich verdrängten literarischen Element der Philosophie zu seinem Recht zu verhelfen, wie Derrida hofft. Vielmehr hilft dies wohl eher, dieses Element restlos verschwinden und seine Funktion unverständlich werden zu lassen. Entscheidend (und, wie Derrida möglicherweise zu Recht vermutet, verdrängt) ist der Umstand, dass die Philosophie in ihren Formulierungen manchmal ein wenig Poesie oder Literatur, ein Quantum Esprit oder Witz benötigt – aber sie benötigt es eben gerade, *um Philosophie zu sein.*[49]

In seiner Abhandlung »Pope – ein Metaphysiker?« setzt sich Gotthold Ephraim Lessing scharfsinnig mit dieser Frage des Verhältnisses von Dichtung und Philosophie auseinander. Was das Beispiel des Lukrez betrifft, schreibt er: »Ich leugne nicht, daß man ein System in ein Sylbenmaß, oder auch in Reime bringen könne; sondern ich leugne, daß dieses in ein Sylbenmaß oder in Reime gebrachte System ein Gedicht sein werde.«[50] Dem ist völlig zuzustimmen. Unberührt bleibt davon allerdings die Frage, ob bestimmte philosophische Systeme nicht einen ganz bestimmten Ausdruck, zum Beispiel in Reimen, erfordern. Die Bösartigkeit und Paradoxie von Bernard de Mandevilles 1705 erschienener »Bienenfabel« und die Kühnheit ihres Gedankens wäre wohl deutlich abgemildert, würde sie nicht die liebliche Gestalt der Tierfabel und das Kindliche ihrer Verse aufweisen, in die sie die Amoralität ihrer Thesen kleidet. Um nur ein kleines Beispiel anzuführen:

»Des Bienenstockes emsige Menge
Gedieh durch seines Volks Gedränge.
(…)
Wie hat's ein solches Land doch gut,
Wo Macht ganz auf Verbrechen ruht.«[51]

Ludwig Wittgenstein hat einmal bemerkt, seiner Auffassung nach könnte eine gute und ernsthafte philosophische Arbeit zur Gänze aus Witzen bestehen.[52] Diesem Ideal am nächsten kommen wohl gegenwärtig, wie manche Kommentatoren bemerkt haben,[53] manche Bücher von Slavoj Žižek. Aber auch hier ist es wichtig, die Pointe dieses Umstandes nicht zu verpassen, indem man Žižeks Arbeit bequemerweise dem Genre der literarischen Unterhaltung zuordnet. Das Entscheidende (und Faszinierende) an Žižeks Arbeit ist jedoch, dass er den Witz, das Filmbeispiel oder eine Beobachtung aus der Alltagskultur braucht, um eine präzise philosophische Erkenntnis zu gewinnen. Bemerkenswert ist einerseits der enorme philosophische Erkenntnisgewinn, den Žižek aus seinen Beispielen zieht, und andererseits die Tatsache, dass dieser Gewinn ohne das jeweilige Beispiel nicht möglich gewesen wäre. Daran zeigt sich, dass das Beispiel bei Žižek eine ganz andere Funktion und mithin eine andere Stellung im Produktionsprozess der Theorie einnimmt, als es üblicherweise der Fall ist. Bei vielen Autoren gehört ein Beispiel zur Darstellungsweise ihrer Theorie. Sie haben eine allgemeine These und verdeutlichen diese durch einige Beispiele, so dass die These anschaulicher und verständlicher wird; oder sie versuchen der These durch eine längere Reihe analoger Beispiele Plausibilität und Beweiskraft zu verschaffen. Bei Žižek hingegen gehört das Beispiel zur Forschungsweise. Das Beispiel ist selbst ein Theorem (oder, wie es in der von Jacques Lacan begründeten Theorietradition genannt wird, ein »Mathem«).[54] Es illustriert nicht einen bereits vorhandenen Gedanken, sondern eröffnet einen neuen. Darum ist, wie Žižek einmal bemerkte, ein einziges Beispiel völlig ausreichend.[55] Denn das Beispiel erfüllt bei ihm keine induktive Funktion. Es liefert kein empirisches Material zur Aufstellung oder Bestätigung einer theoretischen Annahme.[56] Vielmehr ist das Beispiel bei Žižek selbst der theoretische Gedanke; ihm kommt bei Žižek die Würde eines philosophischen »a priori« zu. Das Beispiel fungiert hier »deduktiv«. Aus ihm werden nachfolgende Überlegungen, wie zum Beispiel eine Interpretation zur Dialektik bei Hegel, abgeleitet. So zum Beispiel bei einem von Žižeks Klassikern, dem Witz von Rabinowitsch:

> »Rabinowitsch kommt ins Moskauer Auswanderungsamt und äußert den Wunsch zu emigrieren. Der Beamte verlangt von ihm zuerst eine Begründung, worauf Rabinowitsch antwortet: ›Ich habe zwei Gründe. Erstens fürchte ich mich davor, daß die kommunistische Herrschaft in der Sowjetunion zusammenbrechen wird und daß dann die Reaktion, wie gewöhnlich, die Schuld für alle Fehler des Sozialismus wieder den Juden in die Schuhe schieben wird – erneut Progrome …‹ Der Beamte unterbricht ihn: ›Aber das ist ja vollkommen absurd! Die kommunistische Herrschaft in der Sowjetunion ist unbesiegbar, bei uns kann sich nichts verändern …‹ ›Nun‹, erwidert Rabinowitsch ruhig, ›das wäre mein zweiter Grund.‹[57]

Dieser Witz dient Žižek an dieser Stelle zu einer subtilen Hegel-Interpretation, in der er verdeutlicht, dass die Hegel'sche »Antithese« bereits identisch ist mit der Synthese, nur aus einer anderen Perspektive betrachtet. Das Beispiel gehört in Žižeks Arbeitsweise somit nicht zum Material, sondern vielmehr zu den Werkzeugen, zu den Präzisionsinstrumenten seiner Theorie. Dass er manche Witze mehrfach erzählen muss, rührt genau von dieser Funktion her. So wie der Physiker genötigt sein kann, eine mathematische Formel mehrmals anzuwenden, muss auch Žižek seine Witze und andere Beispiele mehrfach einsetzen, um unterschiedlichste Dinge mit ihnen zu beleuchten und zu analysieren. Ein Witz bildet für ihn gleichsam das scharfe, blitzende Messer, das es ihm erlaubt, in die Spalten verschiedener harter Nüsse zu stechen und damit deren Schalen zu sprengen.

07

Das Beispiel fungiert in Žižeks Theorieproduktion als ein *Gedankenöffner*. Hier stoßen wir wieder auf ein materialistisches Motiv in der Auffassung des Denkens. Was dem Denken entgegensteht, ist nicht immer nur ein Mangel an Gedanken, eine Gedankenlosigkeit. Der Öffnung des Denkens widersetzt sich vielmehr eine *Geschlossenheit* – ein Widerstand, gebildet aus »Kontergedanken« und »Erkenntnishindernissen«. Wie der Wissenschaftshistoriker und -theoretiker Gaston Bachelard gezeigt hat, muss jede Wissenschaft bei ihrer Entstehung sich gegen ein vorgängiges Netz an Gewissheiten, Denkgewohnheiten und Vorurteilen durchsetzen, indem sie allererst zu fragen beginnt, wo bisher nur Antworten bestanden. Dieses frühere, aus den überschüssigen Gewissheiten gebildete Wissen erweist sich als Widerstand gegen die neue Erkenntnis:

> »... die geistige Tätigkeit (kehrt sich) gegen sich und blockiert sich selbst. Ein Erkenntnishindernis nistet sich auf der nicht in Frage gestellten Erkenntnis ein.«[58]

Nicht das Finden richtiger Antworten im Unterschied zu falschen, sondern die Problematisierung – also das Stellen von Fragen, wo bisher niemand ein Problem zu sehen vermochte, ist die entscheidende erste, allen neu entstehenden Wissenschaften abverlangte Leistung. Dabei muss die neue Wissenschaft, wenn sie neue Begriffe und Begriffssysteme bildet, nicht nur Neues schaffen, sondern ebenso sehr bisherige Pseudo-Begriffe zerstören. Die neue Erkenntnis kann nur entstehen, indem sie »überwindet, was im Geist selbst sich der Vergeistigung widersetzt«.[59] Gedanken sind also nicht notwendigerweise ein Vorteil für weiteres Denken; sie können es auch behindern. Als »negative Größen« üben sie buchstäblich materielle Kräfte aus, die sich anderen, neuen Gedanken und deren Kraft widersetzen. »Grundloser Optimismus«, schreibt Bachelard,

> »ist insbesondere die Ansicht, Wissen diene automatisch dem Wissen, die Bildung werde umso leichter, je umfassender sie sei, der Verstand schließlich … lasse sich wie materieller Reichtum kapitalisieren.«[60]

Die neue Wissenschaft muss existierende, blendende Bezeichnungen verwerfen, die vorgeben, Lösungen zu sein, während sie in Wahrheit nur die Existenz eines Problems verschleiern.

Hier kommt bei Bachelard, neben dem materialistischen Motiv eines gedanklichen Widerstandes gegen den neuen Gedanken, auch eine psychoanalytische Überlegung zum Einsatz: die Idee eines narzisstischen Zustandes einer Theorie. Ein Denken, das sich in nicht problematisierten Evidenzen bewegt, befindet sich buchstäblich in einem narzisstischen Entwicklungsstadium; es hat den Weg zu einem Objekt der Erkenntnis noch nicht vollzogen. Wo es ein Objekt zu erblicken meint, sieht es in Wahrheit nur sich selbst – seine eigenen Vorannahmen und Gewissheiten.[61] Darum ist dieses Denken »geschlossen«.[62] Seine Antworten gehen immer den Fragen voran, die lediglich gestellt werden, um bereits existierenden, vorgefassten Antworten deren Bühnenauftritt als Antworten zu ermöglichen.

Das Blendende solcher Pseudo-Begriffe beziehungsweise Pseudo-Antworten kommt nach Bachelards Auffassung daher, dass sie »Bilder« oder »Metaphern« sind. Als solche wirken sie erkenntnisbehindernd. Die neue Wissenschaft muss darum an ihrer Stelle strikte, systematische Begriffe und echte, auf »offene« Fragen bezogene Antworten entwickeln.

Wenn die Pseudo-Antworten auch das Erkennen behindern, so haben sie andererseits doch etwas an sich, was sie aus Bachelards psychoanalytisch geschulter Perspektive interessant macht: Dort, wo sie eine Lösung vorspiegeln, signalisieren sie nämlich – gerade durch den Versuch der Verhüllung – die Existenz eines Problems. Die Metapher, schreibt Bachelards Schüler Louis Althusser, zeigt »die Existenz einer Realität [an], ohne ihren Begriff zu bilden, d. h. ihre Erkenntnis.«[63] So hat Althusser zum Beispiel demonstriert, dass die Formulierung von Marx, er habe die Hegel'sche Dialektik »vom Kopf auf die Füße gestellt«, nur eine Metapher darstellt und keine adäquate Theorie über das Verhältnis zwischen zwei Theorien liefert.[64] Aber zugleich zeigt ein solches Blendelement eben auch die Existenz eines ungelösten Problems an – es bildet das theoretische »Symptom« dieses ungelösten Problems.

An diesem Punkt ergibt sich für die an Bachelard orientierte Wissenschaftstheorie ein interessantes Problem. Auf den ersten Blick mag es so ausgesehen haben, als würde es genügen, die »Metaphern« oder »Bilder« durch echte, rigorose Begriffe zu ersetzen. Wissenschaft wäre demnach eine grundsätzlich »ikonoklastische« Betätigung. In diese Richtung zielen auch viele Bemerkungen des frühen Bachelard.[65] Doch wenn es richtig ist, dass von den Bildern Kräfte ausgehen, die der Entstehung von Erkenntnis Widerstand entgegensetzen, dann ist es wohl notwendig, diese Kräfte durch etwas zu überwinden, das selbst stärkere Gegen-Kräfte besitzt. Darum beginnt der späte Bachelard, manchen Bildern zunehmend auch positive, erkenntnisfördernde Wirkungen zuzuschreiben. Analog dazu hat Althusser erkannt, dass das »Symptom« einer Antwort, der die Frage fehlt, nicht nur ein Hindernis gegen eine neue Erkenntnis sein kann, sondern unter bestimmten Umständen auch ein Vorbote dieser Erkenntnis – die Art, wie sich innerhalb einer bestehenden wissenschaftlichen Theorie eine neue Frage ankündigt; eine Frage, die innerhalb dieser Theorie noch keinen möglichen Platz besitzt.[66]

Auch Ludwig Wittgenstein ging, wie Bachelard und Althusser, von der Auffassung aus, dass blendende Schein-Probleme und Pseudo-Fragen den Anfangspunkt und die Herausforderung des philosophischen Denkens bilden. Die philosophischen Probleme beziehen sich nicht auf einen wirklichen Gegenstand, sondern bilden in Wahrheit sozusagen eine selbstbezügliche, gleichsam narzisstische Innenwelt des Denkens – ein »Fliegenglas«, in dem die Menschen sich gerade durch das, was sie für Philosophie halten, selbst fangen und an dessen Begrenzungen sie sich schmerzhaft stoßen. Das Philosophieren muss demnach, wie Wittgenstein vorführt, keine Antworten geben, sondern vielmehr die bestehenden Fragen als irreführend erweisen: »Der Philosoph *behandelt* eine Frage; wie eine Krankheit.«[67] Auch bei Wittgenstein zeigt sich also wie bei Bachelard der für die Moderne charakteristische, heiter-destruktive Impetus, hinderliche traditionelle Bildungen wegzuräumen und sie durch etwas ganz Anderes, viel Besseres, Neues – das auch eine befreiende Leere sein kann – zu ersetzen. Zugleich schreibt Wittgenstein, ebenfalls materialistisch denkend, den typischen philosophischen Scheinfragen eine bestimmte Kraft zu. Und er bestimmt, wie Bachelard, diese behindernde Kraft als die eines Bildes: »Ein Bild hielt uns gefangen.«[68]

Doch weil dieses hinderliche Bild eine Kraft besitzt, kann es nur mit Hilfe einer Gegenkraft von derselben Natur überwunden werden. Die therapeutischen Anstrengungen, die den Menschen den Ausweg aus dem Fliegenglas der Philosophie ermöglichen sollen, müssen, wie Wittgenstein meint, selbst mit Hilfe von Bildern unternommen werden. Wittgenstein schreibt:

> »Ich wollte dies Bild vor seine Augen stellen, und seine Anerkennung dieses Bildes besteht darin, daß er nun geneigt ist, einen gegebenen Fall anders zu betrachten [...] Ich habe seine Anschauungsweise geändert.«[69]

Analog zum Bild bestimmt Wittgenstein auch das Beispiel als ein solches Instrument zur Eröffnung eines Auswegs:

»Wenn wir im Sumpf stecken, kann es sein, dass uns ein speziell gewähltes Beispiel sogleich herauszieht.«[70]

Nicht nur der Hinweis auf das besondere, »speziell gewählte« Beispiel, sondern vor allem auch das Wort »sogleich« verweist in dieser Bemerkung Wittgensteins auf das »Blitzen« der philosophischen Waffen. Dem Blitzen eignet etwas Plötzliches, eben »Blitzartiges« – ähnlich, wie wenn man von einem Augenblick auf den anderen fähig wird, in einem Vexierbild, in dem man bislang nur eine einzige Figur wahrgenommen hat, auch die zweite, bislang verborgene Gestalt zu erkennen.[71] Es gibt in solchen Fällen keinen graduellen, durch geduldige, methodische Schritte allmählich erzielbaren Erkenntnisgewinn. (Wie Wittgenstein bemerkt: »… ich muß zwischen dem ›stetigen Sehen‹ eines Aspekts und dem ›Aufleuchten‹ eines Aspekts unterscheiden.«[72])

Vielmehr fällt ein Hindernis weg, das das Denken festhielt, und auf einmal ist das Denken frei. Von einem Moment auf den anderen, ohne vermittelnde Übergänge, kann es einen gegebenen Fall auf eine Weise betrachten, zu der ihm zuvor jeder Zugang fehlte. Die Kraft eines neuen Bildes oder Beispiels beseitigt die Kraft eines alten, so wie der Druck auf einen Hebel eine bislang durch eine Sperre festgehaltene Feder freisetzen und losschnellen lassen kann.

09

Mit Hilfe der Theorien Bachelards, Althussers und Wittgensteins konnten wir somit einen Hinweis darauf gewinnen, inwiefern das »Blitzen« der Formulierungen in Wissenschaft und Philosophie nicht nur ästhetische, sondern auch erkenntnisbezogene, epistemologische Effekte haben kann. Dort, wo ein Denken durch bestimmte Kräfte festgehalten wird, braucht es neue, andere Kräfte, um es freizusetzen. Und diese Freisetzung kann nicht methodisch und schrittweise, sondern nur plötzlich erfolgen. Die kraftvollen, blitzenden Darstellungsweisen der pointierten Formulierungen, der Witze, der schillernden Bilder und Vergleiche etc. wirken der beharrenden Kraft des scheinbar Selbstverständlichen entgegen.

Diese beharrende, erkenntnisbehindernde Kraft ist umso gefährlicher, als die bestehenden Gewissheiten einer Gesellschaft sich selbst nicht als Bilder zu erkennen geben. Die vorherrschenden Ideologien präsentieren sich nicht als bestimmte Ideen, sondern vielmehr als unbestimmte Fraglosigkeiten.[73] Die Angehörigen einer gegebenen Gesellschaft »schwimmen« darin so wie in dem schönen Bild von David Foster Wallace die Fische in dem Wasser, von dem sie nichts wissen.[74]

Für die Wissenschaften und die Philosophie haben wir somit Grund anzunehmen, dass es Sprachen der *Erkenntnisgewinnung* auf der einen und Sprachen der *Erkenntnisverwaltung* auf der anderen Seite gibt. Die kraftvollen, »ingeniösen« Sprachen voller Witze, Vergleiche und Beispiele sind keineswegs überflüssig ornamentierte Provisorien einer ihnen insgeheim zugrundeliegenden und später freizulegenden nüchternen Klarheit. Vielmehr sind sie die unverzichtbaren *coups*, Blitzschläge, die nötig waren, um Erkenntnis möglich zu machen. Die trockenen und ermüdenden Darstellungsweisen hingegen, wie sie oft die sogenannte »Sekundärliteratur« charakterisieren, sind Sprachen, denen die Kraft verlorengegangen ist, die notwendig war, um das Denken aus seiner Verhaftung im Fraglosen seines sozialen Kontexts zu befreien. Die beiden Sprachen unterscheiden sich ähnlich wie in der Ethik Spinozas die geometrische von der analytischen Definition:[75] letztere gibt nur die Eigenschaften einer Sache an; erstere aber erklärt auch, wodurch diese Sache erzeugt wird. Bereits Platon hat diesen Unterschied erkannt und ihn für die Unterredungskunst im antiken Verständnis, die »Dialektik«, wie folgt formuliert:

> »Es ist aber wohl das Dialektischere, nicht nur auf wahre Weise zu antworten, sondern auch auf solche Weisen, von denen der Fragende bestätigt, dass er sie versteht.«[76]

Nur auf bestimmte Weisen also kann, um im Bild Wittgensteins zu bleiben, einem Fragenden ein Ausweg aus seinem »Fliegenglas« eröffnet werden. Nur bestimmte Formulierungen erzeugen in ihm die Neigung (und die Fähigkeit), »einen gegebenen Fall anders zu betrachten«. Auch die Wissenschaften und die Philosophie kennen also Momente, in denen alles – wie in der Poesie oder in der Kunst – an einer Spezifik des Ausdrucks hängt. Ohne sie würde nicht nur ein ästhetischer Reiz verlorengehen, sondern die eröffnende Erkenntniskraft der Theorie selbst.

Mit diesem kleinen Parcours durch die verschiedenen Manifestationen eines Formelements in Wissenschaft und Philosophie hoffe ich gezeigt zu haben, dass dieses Element selbst dort unverzichtbar ist, wo man vielleicht am meisten geneigt wäre, das Vorherrschen einer Inhaltlichkeit zu vermuten, die gegen jede bestimmte Form gleichgültig ist.[77]

Zugleich lassen sich daran vielleicht bereits die Gefahren erahnen, die von einer zunehmenden Formvergessenheit in der Kultur ausgehen. Zunächst für die Wissenschaften und die Philosophie selbst: Wenn es richtig ist, dass das Erkennen von bestimmten, nicht ohne Verlust paraphrasierbaren Formulierungen abhängt – was bedeutet es dann, wenn in der aktuellen Forschungspraxis immer öfter und selbstverständlicher Paraphrasen wissenschaftlicher Erkenntnis verlangt werden, zum Beispiel bei den im Voraus zu erstellenden Forschungsanträgen oder den hinterher verfassten Forschungsberichten?

Und was bedeutet es für die Kunst, wenn man sie – womöglich noch im Namen der Wissenschaft – denselben Mechanismen unterwirft, die sich bereits an der Wissenschaft selbst als schädlich erwiesen haben? Welche Kraft geht der Kunst verloren, wenn ihre konkrete Gestalt nichts anderes mehr ist als eine Illustration ihres Katalogtexts? Ist es nicht so, dass man diese Entwicklung mit Roland Barthes einer Zähmung der Kunst für einen »*durchschnittlichen* Affekt, fast könnte man sagen, einer Dressur« gleichsetzen könnte?[78]

Lehrt die Formulierung Quintilians denn nicht, dass nur das Blitzen die Waffen des Redners scharf und mithin überhaupt zu Waffen macht? Beobachten wir somit in dieser Entwicklung gerade etwas, das die Kunst daran hindert, eine Waffe zu sein? Und zwar eine Waffe in der Auseinandersetzung mit den gelebten Gewissheiten einer Gesellschaft, mit den stillschweigenden ästhetischen, ethischen und politischen Übereinkünften einer gegebenen Epoche? Wenn man die Kunst ihrer Pointen, ihrer »acutezze«, beraubt –, bringt man sie damit nicht um die Chance, etwas am vorherrschenden Geschmack – und damit an der hegemonialen Ideologie – ihrer Zeit zu verändern?[79]

11

Und gilt all das nicht vielleicht ebenso sehr in noch viel größerem Maßstab für andere Bereiche der Gesellschaft? So werden zum Beispiel gegenwärtig von politischen Parteien um teures Geld oft »Spindoktoren« engagiert, die entweder dem politischen Programm oder aber dem persönlichen Auftreten der Politiker eine attraktive Erscheinungsform verleihen sollen. Aber verrät nicht genau dieses Vorgehen selbst bereits eine massive Formvergessenheit? Zeugt es nicht von der Annahme, man könne jeder beliebigen Sache im Nachhinein eine beliebige Form geben? Beobachten wir nicht im aktuellen Wählerverhalten eine deutliche Ermüdung angesichts dieser beflissenen nachträglichen Dekorationsversuche? Verhält es sich dabei nicht ganz ähnlich wie mit dem Ekel des Architekten Adolf Loos angesichts der grassierenden Ornamentalität im Historismus des ausgehenden 19. Jahrhunderts?[80] Und spüren wir nicht, ganz ähnlich wie

Loos, eine verbreitete Sehnsucht nach schlichten Formfindungen – auch politischen –, die sich aus einer Notwendigkeit der Sache ergeben?

12

Und um nochmals einen größeren Maßstab der Betrachtung anzulegen: Wenn wir versuchen, einen Blick aus der Ferne auf die aktuellen Entwicklungen in der westlichen Gegenwartskultur zu werfen, so fällt vielleicht ein bestimmtes Muster auf. Viele kulturelle Konflikte werden gegenwärtig um die Frage geführt, ob im öffentlichen Raum lieber etwas sein soll oder lieber nichts. Zum Beispiel: Soll man den Hotelgast, der aus dem Nebenzimmer kommt, grüßen oder aber lieber ihn nicht belästigen? Beginnt man mit dem Nachbarn an der Bar höflicherweise ein Gespräch, oder soll man ihn in Frieden lassen? Darf man rauchen und dem Anderen eine Zigarette anbieten, oder hat man das zu unterlassen? Soll man bei einem Todesfall mitfühlende Trauer zeigen, oder soll man versuchen, ruhige Würde zu bewahren? Soll man schöne Kleidung von Kollegen wahrnehmen und vielleicht sogar mit Applaus bedenken, oder muss man versuchen, darüber hinwegzusehen? Darf man sich an der Universität geschlechtsbetont kleiden, etwa mit engen Hosen, Stöckelschuhen, kurzen Röcken, oder muss man im eigenen Interesse (oder auch in dem aller anderen) versuchen, geschlechtsneutrale Schlichtheit und Langeweile zu verbreiten?

Zum Verständnis dieser Kämpfe und ihres jeweiligen Einsatzes ist es entscheidend zu begreifen, dass sie um eine Frage der Form geführt werden. Die antiken Rhetoriker hatten dies ja, wie bereits erwähnt, hervorgehoben: Die erhöhte Sorgfalt für die Form dient der Geselligkeit, ja sogar der Humanität. Um das zu verstehen (in einer Zeit, der es zunehmend unverständlich zu werden droht), ist es nützlich, sich daran zu erinnern, wie der Soziologe Richard Sennett den öffentlichen Raum in Europa etwa seit der Renaissance beschrieben hat: Der öffentliche Raum unterschied sich vom privaten Umfeld dadurch, dass man in der Öffentlichkeit alles Persönliche hinter sich zu lassen und wie ein Schauspieler eine Rolle zu spielen hatte. Zivilisiertheit ist die Gesamtheit der dafür erbrachten – und eben immer einer Form gewidmeten – Anstrengungen. Diese Art von gestaltetem, gefälligem, unpersönlichem Umgang bildet die Grundlage für die Solidarität zwischen Menschen, die nicht notwendigerweise ein Merkmal (wie Verwandtschaft, Zugehörigkeit zu einer Ethnie, Religion oder sexuellen Kultur) gemeinsam haben müssen, das sie verbindet. Zugleich macht sie aus den Menschen politische Bürger, die in der Lage sind, über das zu beraten, was im Interesse aller ist, und die sich dazu mit Anderen, mit denen sie keine spezifischen Merkmale teilen, verständigen und zusammenschließen können. In einer solchen zivilisierten Kultur werden Menschen danach beurteilt, was sie tun und wo sie politisch hinwollen, und nicht danach, wo sie herkommen oder wer sie sind.[81]

Diese Form der Politisierung, Solidarisierung und des zivilisierten Verhaltens kommt den Menschen in westlichen Gesellschaften unter dem Einfluss der neoliberalen ökonomischen Umverteilung sowie der ihr dienlichen postmodernen Propaganda zunehmend abhanden. So wie das Gemeineigentum – bei Sozialversicherungen, Eisenbahnen, Post etc. – wird auch der öffentliche Raum mehr und mehr privatisiert. Menschen sollen auch in der Öffentlichkeit nur mehr als Privatpersonen gelten, an denen man am besten nicht anstreift, und nicht als öffentliche Rollen, denen man Austausch schuldet. Bezeichnenderweise wird selbst das Geschlecht unter diesen Verhältnissen radikal privatisiert – und das sogar noch im Namen der Gendertheorie, die doch so lautstark betont hatte, dass das Geschlecht eine Rolle (gender) und selbst dessen biologische Grundlage lediglich eine kulturelle Konstruktion sei. Das großartige neue, neoliberale »Menschenrecht« aber besteht darin, dass jedes Individuum selbst bestimmen soll, welches Geschlecht es hat und mit welchem Pronomen es bezeichnet werden möchte (was übrigens mit einem Streich zahlreiche feministische politische Forderungen und Maßnahmen wie zum Beispiel Frauenquoten unmöglich macht). Das Geschlecht ist damit privatisiert, radikal verinnerlicht und essenzialisiert: es wird als ein zutiefst verborgenes Wesen charakterisiert – als eine Essenz, die nur dem jeweiligen Individuum selbst, diesem aber dafür vollständig zugänglich ist. Eine Reihe von juristischen Maßnahmen, deren aktuelle, brutale Exekutierung erstaunen könnte, flankiert diese angeblich tolerante Politik. Der Fall der britischen Steuerexpertin Maya Forstater, die aufgrund eines Tweets gekündigt wurde und den darauffolgenden Gerichtsprozess verlor, erscheint exemplarisch.[82] Jeder darf nun sein Geschlecht selbst bestimmen, aber niemand darf eine Meinung über das des Anderen haben. Man kommt dabei auch nicht auf den Gedanken, dass eine solche Meinung vielleicht selbst Teil der sexuellen Identität und Orientierung ihrer Inhaberin sein könnte. Das schlecht Durchdachte einer Gesetzgebung, die sich in vermeintlicher Liberalität gefällt, aber dabei die Leute gegeneinander aufhetzt, äußert sich dann als Zorn der Justiz gegen diejenigen, die unter den Inkongruenzen leiden und auf sie hinweisen.

Dem gegenüber wird das Geschlecht in jenen Ländern, in denen sich das Erbe der Antike sowie der Renaissancekultur vielleicht etwas lebendiger erhalten hat, zum Beispiel in Italien, Frankreich, Spanien etc., gegenwärtig noch immer als äußere Rolle und nicht als innere Wahrheit begriffen. Es ist dort eben eine Form, keine Substanz. Darum muss man in Frankreich den Bäcker als »Monsieur« und die Apothekerin als »Madame« ansprechen – und vielleicht die über 60-jährige Concierge, die über den Hauseingang wacht, zu ihrer Freude sogar am besten als »Mademoiselle«. Man hat im öffentlichen Raum alles Persönliche hintanzuhalten, aber das Geschlecht ist hier eben nichts Persönliches. Es ist vielmehr etwas Gespieltes – und mithin etwas äußerst Leichtes. Man soll nur bestimmte Zeichen setzen, die eine Rolle darstellen; aber man muss sich in seinem Inneren keineswegs vollständig mit dieser Rolle identifizieren können. Mag ich mich vielleicht an einem bestimmten Morgen eher wie ein unwirsches Stück Gemüse fühlen, so genügen einige zarte Andeutungen durch Kleidung oder Kosmetik, damit Andere mich gnädig nicht nur zu einem Mann oder zu einer Frau, sondern sogar zu einem »Herrn« oder zu einer »Dame« erklären.

Die Rollenvielfalt mag in diesen Kulturen freilich recht beschränkt sein – auch wenn es wohl eine ganze Bandbreite unterschiedlichster Männer- und Frauenrollen gibt. Der Vorteil aber liegt andererseits in der Erleichterung der Anforderungen: man hat nur mit Hilfe bestimmter, allgemein bekannter und verständlicher zarter Kunstgriffe eine Form zu wahren. Man braucht nicht mit aller Wucht den Inhalt seines persönlichsten Wesens nach außen zu tragen und ihn dort zu behaupten.[83] Das Argument, dass bestimmte, zum Beispiel queere Identitäten in diesen Rollen keine adäquaten Entsprechungen finden können, könnte demnach auf einem essenzialistischen Missverständnis beruhen. Denn keine Rolle ist jemals die vollständig adäquate Entsprechung einer vermeintlich »wahren«, d. h. innerlichen Identität. Kein Mann und keine Frau, und seien sie noch so augenscheinlich perfekte Repräsentanten der sogenannten »heteronormativen Matrix«, fühlt sich grundsätzlich und ständig in seinem Inneren ganz als Mann oder ganz als Frau. Und keine Rolle ist jemals ganz die eigene; selbst die allerbeste muss, wie der antike stoische Philosoph Epiktet lehrte, immer noch erlernt und gekonnt gespielt werden.[84] Die gespielte Rolle enthält nämlich immer einen Überschuss über alles, was subjektive Innerlichkeit diesbezüglich aufzubringen vermag. Denn so, wie niemand über einen eigenen Witz selbst als Erster zu lachen vermag, sondern das Lachen eines Zuhörers benötigt,[85] kommt auch das Rollenspiel der Geschlechter nicht ohne Publikum aus. Es sind die Anderen, die einen durch ihre Wahrnehmung »objektiv« zu dem machen, was man darstellt, auch wenn man selbst vielleicht »subjektiv« das Gefühl haben mag, hinter dieser Darstellung zurückzubleiben. Darum bestimmen in dieser Art des Umgangs die Anderen, die meine Darstellungen wahrnehmen, mindestens ebenso sehr über mein soziales Geschlecht wie ich selbst – und umgekehrt. Das Geschlecht ist hier eine äußere, soziale, kommunikative und performative Tatsache und keine essenzielle Privatangelegenheit.[86]

Auch in Bezug auf das eigene Wohlbefinden bietet der zivilisierte öffentliche Raum übrigens eine äußerst enge, noch weitaus beschränktere Rollenvielfalt an: Auf die Frage, wie es einem gehe, muss man immer lächeln und antworten, es gehe einem bestens. Hier mag das eigene Empfinden noch viel weiter hinter dem nach außen Dargestellten herhinken. Allerdings kann solches Darstellen, wie die Philosophen Kant und Alain erkannt haben, durchaus sogar das Dargestellte herbeiführen: Eigenes Wohlergehen zu mimen kann dazu führen, dass es einem tatsächlich besser geht oder auch dass man wirklich fröhlicher wird, als man meinte, zu sein.[87] Und Anteilnahme am Wohlergehen der Anderen zu mimen, kann, wie ausgerechnet Kant – in moralischen Fragen sonst ein vehementer Verfechter von Innerlichkeit – bemerkte, sogar dazu führen, dass man unversehens ein besserer, tugendhafterer Mensch wird.[88]

Klarerweise ist eine solche Sicht auf die Rollen und Formen immer erschwert unter bestimmten Herrschafts-, Dominanz- oder Hegemonieverhältnissen. Natürlich bin ich es leid, eine Rolle zu spielen, wenn ich das Gefühl habe, dass es eine oktroyierte Rolle ist. Fühle ich mich der oberen Bourgeoisie nicht zugehörig, so widern mich die gepflegten bürgerlichen Umgangsformen an – ähnlich, wie mich als Kind die Benimmregeln der Erwachsenen empörten. Bin ich Teil einer sexuellen Minderheit, so fühle ich mich möglicherweise in den entsprechenden, von der Mehrheit geprägten Formen des Umgangs unwohl.[89] Gehöre ich einer dogmatischen Religion an, so sind mir die Rituale einer anderen

Religion vielleicht unerträglich; ebenso wie die Umgangsformen der Atheisten.[90]

Insbesondere aus der Erfahrung mit dem lange dominanten Katholizismus scheinen viele die Gegenwart prägende Reflexe zu stammen, in denen Befreiung spontan und regelmäßig immer als Verinnerlichung begriffen wird. Die vorherrschenden katholischen Rituale waren lange Zeit eben Rituale einer Vorherrschaft. Und solange man nicht genug Macht hatte, ihnen in der Welt etwas entgegenzusetzen, musste man wohl eine Flucht in die Innenwelt antreten. Bekanntlich verstand zum Beispiel Immanuel Kant diesbezüglich nicht den geringsten Spaß: sämtliche religiöse Rituale bildeten für ihn nur den infamen sogenannten »Afterdienst«.[91] Hier trennten sich die Positionen von Kant und Pascal, der riet, die Religion lieber als eine »dumme«, aber heilsame rituelle Form zu betrachten denn als eine innere Gesinnung oder gar als eine Wahrheit.[92] Dagegen waren sich Kant und Pascal, wenn es um Höflichkeit oder Mode ging, als heitere Befürworter solcher äußerer Narrheit durchaus einig gewesen. Kant hatte gemeint, man solle besser ein Narr in der Mode als ein solcher außer der Mode sein. Und Pascal urteilte, die Menschheit sei so notwendigerweise verrückt, dass es noch verrückter sei, nicht ebenso verrückt zu sein wie sie.[93]

Es ist hier (wie auch sonst in der Philosophie) nicht der Ort, Ratschläge darüber zu geben, welche Strategie im Umgang mit den vorherrschenden hegemonialen Formen die bessere ist. Es ist ja nicht einmal sicher, ob die Veränderungen, die wir gegenwärtig beobachten, wirklich Effekte des Handelns derjenigen sind, die sie befürworten, oder nicht vielmehr große, anonyme, tektonische Verschiebungen, vergleichbar den sogenannten Paradigmenwechseln in der Wissenschaftsgeschichte, die sich absichtslos, ohne jegliche Intention und ohne Argument ereignen. Was man aber sehr wohl tun kann, ist, zu erläutern, was bei den aktuellen Kämpfen auf dem Spiel steht und welchen Interessen bestimmte Haltungen und Strategien in die Hände spielen. Drei Bestimmungen können dabei helfen.

Erstens: Verinnerlichung und »Entzauberung der Welt« entstammen, wie Max Weber sehr gut erkannte, keineswegs einem Geist der Aufklärung oder der wissenschaftlichen Vernunft.[94] Sie sind vielmehr Ausdruck einer fanatischen religiösen Haltung, die sich – eben aufgrund von Verinnerlichung – oft selbst nicht mehr als solche zu erkennen vermag. Und sie führen dementsprechend nicht zu einem Zugewinn an Vernunft oder Freiheit, sondern lediglich zu einer übelgelaunten Askese, die die Welt um ihre besten Reize verarmen lässt.

Zweitens: Verinnerlichung ist, wie Friedrich Engels erkannte, eine Strategie von Verlierern. Siegreiche bürgerliche Klassen wie zum Beispiel in Frankreich haben sich die Kochkultur, die eleganten Umgangsformen und die erotische Frivolität des besiegten Adels angeeignet.[95] Dort hingegen, wo die bürgerliche Revolution scheiterte, begann die Bourgeoisie sich selbst ihren Verzicht auf die zu erobernde Beute schönzureden. Dementsprechend begann man hier die ressentimentgeladene Unterscheidung zu pflegen zwischen der vermeintlich oberflächlichen und heuchlerischen französischen »Zivilisation« und der angeblich authentischen deutschen, innerlichen »Kultur des Herzens«. Norbert Elias hat diesen Gegensatz scharfsinnig analysiert,[96] und Nietzsche hat darüber gespottet: »Der Deutsche läßt sich gehen, blickt dazu mit treuen blauen leeren deutschen Augen – und sofort verwechselt das Ausland ihn mit seinem Schlafrocke.«[97] Theodor Fontane bemerkt (in »Ein Sommer in London«) denselben Unterschied zwischen England und Deutschland: »England und Deutschland verhalten sich zueinander wie Form und Inhalt, wie Schein und Sein.«[98]

Und drittens: Wie die antiken Rhetoriker lehren, ist Zivilisiertheit nicht nur eine Tugend, sondern vor allem auch eine Verpflichtung im öffentlichen, urbanen Raum. Dort hat man eine Situation immer zu gestalten. Man darf sich niemals jener sprach- und formlosen Innerlichkeit überlassen, die man vielleicht »wahrhaft« zu empfinden meint. Genau diese Idee, dass der Andere möglicherweise einer Verpflichtung folgt, kommt der Gegenwart zunehmend abhanden. Zunehmend wird der Andere nur noch als Agent seiner persönlichen Neigungen und Passionen aufgefasst, aber nicht als jemand, der gerade deshalb mit einem Kontakt aufnimmt, weil er seine Neigung (zum Beispiel sein Desinteresse) zurückzuhalten und zu überwinden versucht. Doch die Kollegin, die meine Schuhe lobt, ist nicht unbedingt eine Fetischistin oder sexuelle Belästigerin am Arbeitsplatz. Der Kellner, der mit mir mehr als nur die nötigsten Worte wechselt, ist nicht notwendigerweise übergriffig. Der Freund, der mit mir auf seinen Geburtstag anstoßen möchte, ist nicht unbedingt ein Alkoholiker. Und die Unbekannte, die mir im Außenraum des Cafés eine Zigarette anbietet, ist nicht mit Sicherheit eine Süchtige, die es darauf anlegt, mich mit in ihr Unglück zu ziehen. Was an positiven Handlungen gegenüber dem Anderen gesetzt wird, kann auch aus dem Gefühl der Verpflichtung kommen, einer Situation im öffentlichen Raum eine gefällige, spielerische, großzügige Form zu geben.[99] Sogar das Spielen von erotischem Interesse kann der gefühlten Pflicht entspringen, das tatsächliche Fehlen solchen Interesses nicht zum Vorschein kommen zu lassen: Man hat in Frankreich zum Beispiel bei der Begrüßung einer Dame »enchanté« zu sagen – und zwar gerade dann, wenn man es nicht wirklich ist.

An ein schönes Beispiel einer solchen Verpflichtung zu scheinbar intimem Handeln hat Gotthold Ephraim Lessing in seinem »Laokoon« erinnert. Gegen die von Winckelmann vertretene Auffassung, die alten Griechen wären einer Ethik der »edlen Einfalt« und »stillen Größe« gefolgt (womit Winckelmann zu erklären versuchte, warum die von den Riesenschlangen attackierten Männer in der antiken Skulptur, Laokoon und seine Söhne, trotz akuter Bedrohung nicht schreien), argumentiert Lessing, dass es in manchen Kulturen durchaus geboten sein kann, Gefühle der Trauer oder des Schmerzes zu zeigen, und dass gerade das Gegenteil als barbarisch betrachtet werden kann:

> »… unsere Urältern waren Barbaren. Alle Schmerzen verbeißen, dem Streiche des Todes mit unverwandtem Auge entgegen sehen, unter den Bissen der Nattern lachend sterben, weder seine Sünde noch den Verlust seines liebsten Freundes beweinen, sind Züge des alten nordischen Heldenmuts. Palnatoko gab seinen Jomsburgern das Gesetz, nichts zu fürchten, und das Wort Furcht auch nicht einmal zu nennen. Nicht so der Grieche! Er fühlte und furchte sich; er äußerte seine Schmerzen und seinen Kummer;

er schämte sich keiner der menschlichen Schwachheiten; keine mußte ihn aber auf dem Wege nach Ehre, und von Erfüllung seiner Pflicht zurückhalten.« (Lessing 2013: 9)

Lessing belegt den Unterschied dieser griechischen Ethik gegenüber dem zuvor beschriebenen »Barbarenstoizismus« an einem schönen Detail:

> »Wenn Homer die Trojaner mit wildem Geschrei, die Griechen hingegen in entschloßner Stille zur Schlacht führet, so merken die Ausleger sehr wohl an, daß der Dichter hierdurch jene als Barbaren, diese als gesittete Völker schildern wollen. Mich wundert, daß sie an einer andern Stelle eine ähnliche charakteristische Entgegensetzung nicht bemerket haben. Die feindlichen Heere haben einen Waffenstillestand getroffen; sie sind mit Verbrennung ihrer Toten beschäftiget, welches auf beiden Teilen nicht ohne heiße Tränen abgehet; ... Aber Priamus verbietet seinen Trojanern zu weinen; ... Er verbietet ihnen zu weinen, sagt die Dacier, weil er besorgt, sie möchten sich zu sehr erweichen, und morgen mit weniger Mut an den Streit gehen. Wohl; doch frage ich: warum muß nur Priamus dieses besorgen? Warum erteilet nicht auch Agamemnon seinen Griechen das nämliche Verbot? Der Sinn des Dichters geht tiefer. Er will uns lehren, daß nur der gesittete Grieche zugleich weinen und tapfer sein könne; indem der ungesittete Trojaner, um es zu sein, alle Menschlichkeit vorher ersticken müsse. Νεμεσσωμαι γε μεν ουδεν κλαιειν,[100] läßt er an einem andern Orte den verständigen Sohn des weisen Nestors sagen.« (Lessing, ebd.)

Nicht das Ausbrechen in Tränen war demnach ein Fauxpas; vielmehr galt es den Griechen offenbar als noble Verpflichtung. Barbarisch und schändlich hingegen wäre es ihnen erschienen, sich in Beherrschung zu gefallen und die Tränen zurückzuhalten. Dies entspricht einem System ethischer Verpflichtung, das in der Mythologie zum Beispiel in Gestalt kindlicher Gottheiten, die auch »närrische« Pflichten einfordern können, zur Darstellung gelangt.[101]

Im Zeitgeist der Gegenwart aber herrscht zunehmend die Idee, jede expressive Äußerung, jede Kontaktaufnahme mit dem Anderen, könne nur einer unvollständig zurückgehaltenen triebhaften Neigung entspringen und in eine unerwünschte Intimität münden. Der Andere stellt dann immer eine Bedrohung dar; mit allem, was er tut, kann er nur zum »Dieb meines Genießens« werden.[102] Das entsprechende Zerrbild von »Zivilisiertheit« besteht dann in einer schmallippigen, desinteressierten Ignoranz, die mit allen Mitmenschen einen aalglatten, aseptischen – sozusagen veganen – Umgang pflegt.

Dass aber nicht nur die »negativen Kulte« der Vermeidung, sondern auch die »positiven Kulte«[103] eines geselligen Handelns dem Gefühl der Verpflichtung zu Zivilisiertheit und Urbanität entspringen können, ist die entscheidende Lehre, die sich heute aus der Beschäftigung mit den formverliebten Theorien der Antike und der frühen Neuzeit gewinnen lässt. Man kann über die Frage, welche Formen in der Kultur herrschen sollen, unterschiedlicher Meinung sein. Aber es ist etwas Entscheidendes für das Verständnis einer Szene auf der Bühne des öffentlichen Raumes gewonnen, wenn sie überhaupt als Form begriffen wird – und wenn dadurch denkbar geworden ist, dass der Andere möglicherweise aus einem Gefühl der Pflicht handelt. Unter diesen Bedingungen nämlich sind plötzlich nicht nur zwei Agenten auf der Bühne, wo ein Kampf nach dem Prinzip »Du oder ich« stattfindet. Vielmehr gibt es nun drei: die Pflicht, den Anderen und mich. Das Handeln des Anderen, das einer Verpflichtung zum Wahren einer Form folgt, kann dann nicht nur zu seinem, sondern zugleich auch zu meinem Vorteil sein; und sein Glück ebenso sehr das meine.

Kapitel 2

Straight lines und *punch lines*. Oder wie man etwas auf den Punkt bringt

»Wie ein Ton, sagte [der Stoiker] Kleanthes, wenn er durchs enge Trompetenrohr gepreßt wird, um so heller und stärker daraus hervorschallt, scheint mir auch ein Sinnspruch, durch die abgezählten Versfüße der Dichtkunst gezwängt, um so größere Schlagkraft zu gewinnen und mich bis ins Innerste zu treffen.«
Michel de Montaigne (1998: 78)

01 Die Deckung und der Durchbruch

In Billy Wilders Komödie »Some Like It Hot«, die von der Flucht zweier von der Mafia verfolgter Musiker in ein Damenorchester erzählt, gibt es eine berühmte Szene, in der Jack Lemmon seinem Freund Tony Curtis erklärt, dass er beabsichtigt, einen Millionär zu heiraten. Abgesehen von der für die Struktur der Komödie so charakteristischen Wendung, dass hier wieder einmal jemand, der durch Verkleidung (in diesem Fall als Frau) Andere zu täuschen hoffte, nun selbst der Täuschung am meisten zum Opfer fällt,[1] hat die Szene noch eine weitere Besonderheit: Während dieses Dialogs spielt Jack Lemmon, der sonst im Damenorchester den Bass gibt, ständig mit zwei Marimbas.

Billy Wilder erklärte später die Funktion dieses Elements mit einer technischen Notwendigkeit: Jeder Schritt dieses Dialogs, so Wilder, bestehe aus einer gleichsam vernünftigen, den Kontext aufbauenden Zeile, der »straight line« (von Tony Curtis gesprochen), und dann einer absurd-witzigen Antwort Jack Lemmons, der »punch line«. Durch das Lachen, das die *punch line* auslöst, läuft das Publikum aber Gefahr, die nächste *straight line* zu überlachen beziehungsweise zu überhören. Dadurch würde die darauffolgende *punch line* um ihre Wirkung gebracht. Aus diesem Grund mussten die Marimbas eingesetzt werden – ein Verzögerungsmittel, das die Komik gleichsam am Köcheln hält, indem es die Fassungslosigkeit von Tony Curtis sozusagen durch Jack Lemmons Gesten der Selbstverständlichkeit kontrastiert, und das es dem Publikum ermöglicht, fertigzulachen, ehe es gilt, die nächste *straight line* aufmerksam wahrzunehmen.

Diese sehr brauchbaren Begriffe, die unter den Verfassern der Hollywoodkomödien möglicherweise schon seit den 1930er Jahren gebräuchlich waren, könnten ihren Ursprung in dem – damals unter Intellektuellen besonders beliebten – Boxsport gehabt haben. Beim Boxen unterscheidet man zwischen der vorderen, eher (»straight«) ausgestreckten Führungshand, mit der einerseits die eigene Deckung hergestellt und andererseits jene des Gegners geöffnet wird, und der hinten gehaltenen, angewinkelt ausholenden Schlaghand, mit der die geöffnete gegnerische Deckung dann mit Wucht (»punch«) zu durchschlagen versucht wird.[2]

In dieser Unterscheidung wiederholt sich die medizinische

Vorstellung von einer Fläche, die wie ein Gewebe wirkt, und einer Geste, die dieses Gewebe durchsticht – beziehungsweise, wie die Mediziner sagen, *»punktiert«*. Dieselbe Vorstellung und Terminologie wanderte dann von der Medizin in die Psychoanalyse. Dadurch wurde aus der Sache wieder etwas, das der Rhetorik und der Kunst nahesteht: Denn es bezeichnet nun jenen Vorstoß, mit dem die Analytiker versuchen, das Gewebe des von den Analysanden vorgetragenen Textes manchmal durch eine gleichsam spitze verbale Intervention zu »punktieren«.[3] Auch der komische Dialog und der Witz besitzen offenbar diesen Aufbau: Sie setzen ein Element voraus, das einen Kontext herstellt, und ein zweites, das diesen Kontext dann mit einer spitzen *»Pointe«* gleichsam durchlöchert oder ad absurdum führt. Die von Roland Barthes in die Betrachtung der Fotografie eingeführte, angeblich der Rhetorik entnommene Unterscheidung zwischen einem der allgemeinen Information und Erstellung eines vertrauten Kontexts dienenden *»studium«* sowie einem diesen Kontext durchstoßenden, den Betrachter verstörenden *»punctum«* nimmt diesen Gedanken auf – mit allen Implikationen. Ähnlich wie die Deckung beim Boxen bildet das *studium* zunächst eine Art Filter oder schützenden Schirm. Barthes schreibt:

> »[...] gewiß können diese Photographien eine Art von allgemeinem Interesse wecken, mitunter Ergriffenheit, doch diese Gemütsbewegung wird durch das vernunftbegabte Relais einer moralischen und politischen Kultur gefiltert. Was ich für dies Photographien empfinde, unterliegt einem *durchschnittlichen* Affekt, fast könnte man sagen,

> einer Dressur. Im Französischen fand ich kein Wort, das diese Art menschlichen Interesses auf einfache Form zum Ausdruck brächte; doch im Lateinischen existiert, meine ich, dieses Wort: es ist das *studium*, was nicht, jedenfalls nicht in erster Linie, ›Studium‹ bedeutet, sondern die Hingabe an eine Sache, das Gefallen an jemandem, eine Art allgemeiner Beteiligung, beflissen zwar, doch ohne besondere Heftigkeit.« (Barthes 1986: 35)

Ähnlich wie die Führungshand beim Boxen die (verglichen mit der Schlaghand) geringere Wucht aufweist, besitzt auch das fotografische *studium* nach Auffassung von Barthes nur eine mäßige Kraft, im Betrachter Affekte auszulösen. Ganz anders hingegen verhält es sich mit dem *punctum*. So, wie die Wucht der Schlaghand den Gegner »ausknocken« kann, vermag auch das *punctum* den Betrachter zutiefst zu treffen. Es *durchsticht* buchstäblich alles, was dieser an schützenden, mäßigenden Schirmgedanken vor sich hinhalten mag, und kann diesen, in den Worten von Barthes, geradezu *verletzen* beziehungsweise *bestechen*:

> »Das zweite Element durchbricht (oder skandiert) das *studium*. Diesmal bin nicht ich es, der es aufsucht (wohingegen ich das Feld des studium mit meinem souveränen Bewußtsein ausstatte), sondern das Element selbst schießt wie ein Pfeil aus seinem Zusammenhang hervor, um mich zu durchbohren. Ein Wort gibt es im Lateinischen, um diese Verletzung, diesen Stich, dieses Mal zu bezeichnen, das ein spitzes Instrument hinterläßt; dieses Wort entspricht meiner Vorstellung umso besser, als es

> auch die Idee der Punktierung reflektiert und die Photographien, von denen ich hier spreche, in der Tat wie punktiert, manchmal geradezu übersät sind von diesen empfindlichen Stellen; und genaugenommen sind diese Male, diese Verletzungen Punkte. Dies zweite Element, welches das studium aus dem Gleichgewicht bringt, möchte ich daher *punctum* nennen; denn *punctum*, das meint auch: Stich, kleines Loch, kleiner Fleck, kleiner Schnitt – und: Wurf der Würfel. Das *punctum* einer Photographie, das ist jenes Zufällige an ihr, das mich besticht (mich aber auch verwundet, trifft).« (Barthes 1986: 35)

Diese Konstellation zwischen einem schützenden Schirm und einem Element, das ihn durchsticht, wird uns in diesem Buch noch öfter beschäftigen. Halten wir kurz fest, was Barthes daran hervorhebt: Auf der affektiven Ebene wirkt das *studium* mäßigend, beruhigend oder geradezu beschwichtigend: Es erzeugt ein »allgemeines Interesse«, einen »durchschnittlichen Affekt«, eine »Dressur«. Als »Filter« wirkt es gleichsam flächig oder gewebeartig: Es lässt einen intakten Kontext oder Sinnzusammenhang in Erscheinung treten und bestätigt dadurch die intellektuellen und moralischen Gewissheiten einer bestehenden »politischen Kultur«. Es zeigt Erwartbares. Eben weil es bestehende Gewissheiten bedient, erzeugt es nur mittelmäßige Leidenschaft und Neugier. Dadurch erlaubt es allerdings, einen Gegenstand oder ein Thema mit der gebotenen Distanz und Ruhe zu betrachten – diese werden objektivierbar, da das betrachtende Subjekt kraft seiner schützenden Filter sich nicht in Frage gestellt zu fühlen braucht. Diese Sachlichkeit, so könnte man darüber hinaus schlussfolgern, lässt nicht nur Objekt und Subjekt auseinandertreten, sondern ebenso sehr die eingesetzten Zeichen und die Welt der bezeichneten Dinge. Nichts am *studium* erfordert genau diese und keine anderen Zeichen; es können ebenso gut auch andere sein – das *studium* ist immer paraphrasierbar.

Ganz anders verhält es sich beim *punctum*. Ist das *studium* gleichsam flächig, so ist das *punctum*, seinem Namen entsprechend, punktuell. Das *studium* verschafft, langsam aufbauend, durchschnittliche, auf Dauerhaftigkeit angelegte Affekte; das *punctum* dagegen durchbricht diese blitzartig und sorgt für starke, momentane Leidenschaften – das heißt: für mächtige Affektabfuhren (es können Erschütterungen, Verunsicherungen, Tränen, Begeisterungen, Erheiterungen etc. sein). Vor dem maßvollen Hintergrund des *studium* erweckt das *punctum* heftige Neugier und leidenschaftliches Interesse. Bildet das *studium* ein Gewebe eines erwartbaren Kontexts, so durchsticht das *punctum* dieses Gewebe überraschend, ohne selbst einen Kontext bilden zu müssen. Das *punctum* stört die vom *studium* bedienten Gewissheiten; es widersetzt sich der vorherrschenden »Kultur«, die Barthes hellsichtig als eine »politische« bezeichnet (man könnte sie auch eine »hegemoniale Ideologie« nennen).

Das *punctum* »schießt aus seinem Zusammenhang hervor«, um den Betrachter zu treffen. Es lässt also die Ebene der Sachlichkeit nicht intakt und rührt stattdessen an die Gewissheiten des Subjekts, welche die Grundlage und Voraussetzung für diese Sachlichkeit gebildet hatten. Die Distanz zwischen betrachtetem Objekt und berührtem Subjekt geht dadurch verloren. Ebenso lassen die Zeichen sich von wirklichen Dingen nicht mehr trennen. Die Zeichen wirken nun selbst als wirkliche Dinge. Auch das ist ein Merkmal des »Stichs«, den das *punctum* versetzt: Es durchsticht sozusagen die Membran zwischen den Zeichen und dem, was sie bezeichnen.[4] Dieses Spitze, Pointierte, Akute am *punctum* haben die Theoretiker der Renaissancepoesie darum auch mit dem Begriff der *argutezza* (beziehungsweise *acutezza)* bezeichnet.[5]

Am *punctum* ist nichts paraphrasierbar; es müssen genau diese Zeichen sein; alles muss ganz genau so gesagt, gezeigt, dargestellt etc. werden. Wenn das aber geschieht, dann setzen die Signifikanten unmittelbar eine starke Affektentladung frei. Daher rührt der Eindruck des »Magischen«, der von bestimmten Wortlauten, Formen, Gesten etc. ausgeht. Bestimmte Wortlaute im Witz reizen zum Lachen; sie schlagen manchmal sogar widerstrebende Zuhörer gleichsam in ihren – in diesem Fall zur Heiterkeit zwingenden – »Bann«. Ebenso müssen bei bestimmten sexuellen Praktiken, zum Beispiel im Masochismus, wie Krafft-Ebing anhand einiger Fallstudien zeigt, ganz bestimmte Wortlaute ausgesprochen werden.[6] Nur sie erzeugen den gesuchten erotischen Bann, der die massive sexuelle Affektabfuhr ermöglicht.

Und die Ansprache eines militärischen Kommandanten braucht einen bestimmten, nicht paraphrasierbaren Schluss, um bei den Soldaten Mut und Kampfwillen zu entfachen: Gut dargestellt findet sich dieses Element militärischer Rhetorik in Peter Weirs schönem, in der Epoche Napoleons spielendem Film »Master and Commander«, wo Russell Crowe in der Rolle eines britischen Fregattenkapitäns jede seiner Ansprachen an die Mannschaft in einem kurzen, gewitzten

Reim enden lässt – was jedes Mal mit Jubel und Begeisterung quittiert wird. In analoger Weise lässt Michel de Montaigne seine Essais mitunter in einem Vers ausklingen, der seinen Schlussfolgerungen etwas zugleich Schönes wie Zwingendes, oft allerdings auch Erheiterndes verleiht. So zum Beispiel in den folgenden Zeilen:

»Ist dein Wissen dir denn gar nichts wert,
wenn nicht jeder, daß du's hast, erfährt?«[7]

»Du brauchst nur, wenn allein,
dir selber Volk zu sein.«[8]

»Der Geist des Demokrit durchstreift das All, dieweil auf Erden
von seinen Herden ihm die Felder kahlgefressen werden.«[9]

oder auch

»Du zerstörst den Liebeszauber,
hältst du dein Gemächt nicht sauber.«[10]

Wie Montaigne selbst bemerkt, verschafft die in Verse gefasste Form einem Text eine gewaltige »Schlagkraft«, wodurch dieser den Leser »bis ins Innerste zu treffen« vermag. Dieser »Treffer« kann sich als Erheiterung, aber auch als Rührung, Betroffenheit oder aber als Entschlossenheit, Mut, Begeisterung etc. äußern. Dass bestimmte Worte solche Wirklichkeit in Gestalt von Affekten hervorrufen können, kann »magisch« anmuten. Denn ein Wesenszug der Magie besteht ja in der »unheimlichen« Auflösung der Distanz zwischen dem Symbol und dem Symbolisierten – sowie in der entsprechenden, unmittelbaren Realwirkung vermeintlich bloßer Symbole –, also in dem, was die Ethnologen »symbolische Kausalität« nennen.[11] Darin besteht der »Glamour« der magischen Buchstäblichkeit:[12] Hier »blitzen« die Waffen, wie Quintilian es treffend nennt, und sie schlagen einen in ihren Bann, ohne überhaupt schlagen oder feuern zu müssen.

Hinsichtlich der Affektwirkung entscheidend ist der Unterschied von Aktivität und Passivität, den Barthes zwischen *studium* und *punctum* betont: »Diesmal bin nicht ich es, der es aufsucht (wohingegen ich das Feld des *studium* mit meinem souveränen Bewußtsein ausstatte), sondern das Element selbst schießt wie ein Pfeil aus seinem Zusammenhang hervor, um mich zu durchbohren.« Das *studium* betreibt man aktiv; vom *punctum* hingegen wird man passiv getroffen. Man könnte diesen Unterschied auch auf jenen zwischen Gefühlsintensitäten abbilden: Man *hat* vielleicht eine *Emotion*; aber ein *Affekt* ist dasjenige, *was einen hat*. In dieser Unwiderstehlichkeit drückt sich seine gegenüber der Emotion gesteigerte Heftigkeit aus. Die Umgangssprache bringt diese Besonderheit des Affekts in einer Reihe von Redewendungen fein zum Ausdruck – wie zum Beispiel: »mich packt der Neid«, oder »ihn frisst der Zorn«.

Wendung von der Sachebene zum Subjekt, »Magie« der Zeichen und Entfesselung heftiger Affekte sind also die Merkmale, die das *punctum* aufweist – beziehungsweise die speziellen Wirkungen, die es mit sich bringt. Freilich darf hier nicht vergessen werden, was Billy Wilder bei seiner Einführung der Marimbas in die Szene bedachte: Das *punctum* kann nur wirken, wenn seine Intervention vom *studium* vorbereitet wurde. Für sich alleine genommen könnte es dies nicht. Die *punch line* bedarf immer sozusagen eines bereits durch die *straight line* geebneten Terrains. Pointen setzen kann man immer nur in der »Schlagkombination« von *studium* und *punctum*.

02 »Den Sack zumachen«: die Schließung

> »Und daß die Sitzung mit einer Resolution schloß, war in Ordnung. Denn ob man bei einer Rauferei mit dem Messer den Schlußpunkt setzt oder am Ende eines Musikstücks alle zehn Finger ein paarmal gleichzeitig in die Tasten schlägt, oder ob der Tänzer sich vor seiner Dame verbeugt, oder ob man eine Resolution beschließt: es wäre eine unheimliche Welt, wenn die Geschehnisse sich einfach davonschlichen und nicht am Ende noch einmal gehörig versichern würden, daß sie geschehen seien; und darum tut man es.«
>
> *Robert Musil*, Der Mann ohne Eigenschaften[13]

In der *punch line* der Komödie treffen zwei Funktionen zusammen, die sich sonst voneinander unterscheiden und sogar in Gegensatz zueinander stehen können. In der Fotografie erkennt Roland Barthes im *punctum* jenes Moment, das die erwarteten, vom *studium* nahegelegten Bedeutungen durchbricht und damit etwas Verstörendes bekommt, das zur Freisetzung intensiver Affekte führt. Auch in der Komödie ist dies freilich der Fall, da ja die *punch line* das in der *straight line* Vorbereitete, Erwartbare durchbricht, es ad absurdum führt und dadurch den Affekt der Erheiterung freisetzt.

Andererseits aber setzt die *punch line* der Komödie einen *Schlusspunkt* unter den jeweiligen Witz. Mag die *straight line* ein Feld eröffnen und Material anbieten, das sich vielleicht beliebig vermehren ließe, so macht die *punch line* diesem beflissenen Treiben ein Ende. Die *punch line* erzeugt das, was man in der Theorie des Erzählens eine »Schließung« (»narrative closure«)[14] nennt. Sie lässt das Erzählte als zusammengehöriges Ganzes erscheinen, das sein eigenes Maß und mithin auch sein notwendiges Ende hat. Dabei aber wirkt die *punch line* nicht nur als ein Stopper oder als Schlussstrich. Vielmehr zieht sie auch eine *Schlussfolgerung*. Die *closure* ist zugleich auch eine *conclusio*. Denn die *punch line* macht eine bislang lose Anhäufung von Motiven zu einem Ganzen, indem sie allem, was da war, rückwirkend die Ausrichtung auf ein Ziel verschafft. Alles, was zuvor offen und unabsehbar erschienen sein mag, bekommt damit nun sozusagen eine Perspektive oder einen Fluchtpunkt. Aus den *Prämissen* der *straight lines* wird in der *punch line* ein *Schluss* gezogen (was die *straight lines* rückwirkend allererst zu Prämissen macht).

Verstörend (oder erheiternd) mag sein, dass dies meist nicht die erwartbare Schlussfolgerung ist. Die *punch line* des Witzes durchkreuzt das Bisherige der *straight line*, indem sie es zu allererst auf einen Schluss hin ausrichtet oder aber indem sie die genau entgegengesetzte Folgerung zu der vermuteten oder erwartbaren Folgerung behauptet. Ein schöner Witz aus den ersten Jahren nach dem Zusammenbruch der Sowjetunion mag dieses Muster veranschaulichen:[15]

Kurz nach dem Zusammenbruch des realen Sozialismus entstehen in Moskau viele neue, glamouröse Geschäfte und *flagship stores* internationaler Marken für Luxusartikel. Bei der Eröffnung eines solchen Geschäftslokals für britische Nobellimousinen fließt wie üblich Champagner, und es gibt ein beeindruckendes Büfett. Dort finden sich viele sehr elegante Gestalten ein; andererseits aber auch einige Hungrige, weniger Betuchte, die allein aus diesem Grund gekommen sind. Einer von ihnen, der gerade üppig zugegriffen hat, bemerkt in seiner Nähe einen eleganten Herrn, der nur sein Glas in der Hand hält. Er spricht ihn in gebrochenem Englisch an und sagt zu ihm: »Me Dimitri, and you?«. Der Brite antwortet ihm höflich: »My name is David, pleased to meet you.« Daraufhin versucht Dimitri den Briten zu ermutigen, sich vom Büfett zu nehmen. Er sagt: »Listen, David, you should eat. Because it is all free tonight.« David, höflich bleibend, antwortet ihm: »Ok thank you. This is very kind of you. Maybe a little later.« Dimitri futtert weiter, bis er nach einer Weile bemerkt, dass David immer noch nichts isst. Da spricht er ihn wieder an und sagt: »Hey, David, don't be a fool. You should really eat tonight, because it is all free!« David, nun schon etwas peinlich berührt, versucht die Form zu wahren und sagt ihm wieder: »Oh thank you! I am not so hungry yet. But maybe a little later.« Dimitri schlägt daraufhin wieder kräftig beim Büfett zu, bis er erneut erstaunt sieht, dass David nur an seinem Champagner nippt. Daraufhin schlägt er ihm kumpanenhaft auf die Schulter und sagt: »Come on, David, don't be so shy! You should really eat, because it is all free tonight!« David platzt nun endgültig der Kragen, und er sagt: »Listen, man! I eat when I am hungry. And when I am not hungry I do not eat!« – Daraufhin schüttelt Dimitri den Kopf, er sieht David fassungslos an und sagt zu ihm: »You are like an animal!«

Die schlussfolgernde *punch line* dieses Witzes, der auch durch seine Dreischrittstruktur an die Syllogismen aus dem Logiklehrbuch erinnern mag, überrascht. Denn erstens zieht sie aus all diesem sinnlosen Aneinandervorbeireden plötzlich doch einen Schluss; und zweitens ist es, sofern man überhaupt eine Schlussfolgerung hätte erwarten können, genau die entgegengesetzte. Nicht der arme, essende Dimitri ist der Barbar, sondern vielmehr der noble, Zurückhaltung übende David.

Während die narrative Schließung einer Erzählung diese vielleicht nicht immer mit einer überraschenden Wendung zu einem zielgerichteten, finalisierten Ganzen zusammenschließt, muss die *punch line* des Witzes wohl immer Überraschung (und in diesem Sinn das verstörende Moment des Barthes'schen *punctum*) mit sich bringen. Dieselbe Struktur besitzt zum Beispiel auch der im vorigen Kapitel zitierte Rabinowitsch-Witz, mit dem Slavoj Žižek das Prozedere von Hegels Dialektik brillant erläutert hat.[16]

Um die Funktion der Schließung begreiflich zu machen, hat Jacques Lacan ein recht brauchbares Begriffspaar vorgeschlagen. Er unterschied zwischen sogenannten »Signifikanten des Wissens« und »Herrensignifikanten«.[17] Die entscheidende Funktion eines Herrensignifikanten besteht darin, dass er einer Sache eine Interpretation verleiht. Er fügt den Informationen, welche die Signifikanten des Wissens transportieren, seinerseits keine neue Information hinzu, sondern gibt diesen Informationen vielmehr eine Richtung (beziehungsweise Ausrichtung). Lacan mag bei seiner Benennung dieser Termini an Nietzsche gedacht haben, der das Herrische an allem Interpretieren hervorhob – sowie auch umgekehrt das Interpretierende an allem Herrischen: »... *alles Überwältigen und Herr-werden [ist] ein Neu-Interpretieren ...*«[18] In einer etwas moderneren Management-Sprache könnte man auch sagen, die Herrensignifikanten verhalten sich zu den Signifikanten des Wissens wie Führungskräfte zu Sachbearbeitern. Letztere versammeln Information, Erstere entscheiden. Hier lässt sich eine Verbindung zu den Erkenntnissen von Barthes über das *punctum* erkennen: Denn mit den Herrensignifikanten hört die vermeintliche Sachlichkeit auf, und das Subjekt selbst wird gefordert.[19] Die Sachlagen oder Sachzwänge selbst reichen niemals vollständig aus, um zu entscheiden; vielmehr heißt Entscheiden immer genau dort als entscheidendes Subjekt in Erscheinung zu treten, wo von den Sachlagen selbst keine eindeutige Entscheidungsrichtung vorgegeben ist – oder, um eine pointierte Bemerkung Heinz von Foersters zu paraphrasieren: Genau dort, wo wir es nicht entscheiden können (weil es nicht bereits von den Sachverhalten für uns entschieden ist), müssen wir entscheiden.[20]

Eine wichtige, von Lacan ebenso wie von Nietzsche erkannte Pointe dieses Gegensatzes besteht darin, dass man, um zur Objektivität zu gelangen, eben einen Herrensignifikanten benötigt. Keine Erkenntnis besteht jemals nur aus Wissen. Vielmehr muss dieses Wissen – wegen der Endlichkeit des Lebens der Wissbegierigen – an einem bestimmten Punkt einmal geschlossen werden. Auf die ungeduldige Frage »Na, und was heißt das jetzt für uns?« muss einmal, und nicht zu spät, eine Antwort gegeben werden. »Zum Denken gehört nicht nur die Bewegung der Gedanken, sondern ebenso ihre Stillstellung«, hat Walter Benjamin darum geschrieben.[21] Ohne die Herrensignifikanten, die das Wissen zu einem Ganzen und zur Antwort auf eine Frage zusammenschließen, bliebe alles Wissen völlig irrelevant und unverbindlich – etwas von der Art, was das »Handbuch des nutzlosen Wissens« auf kluge und gewitzte Weise versammelt und auf seine Weise, sozusagen ex negativo, wieder zusammenschließt. Erst die Herrensignifikanten verschaffen den vermeintlich objektiven Signifikanten des Wissens Verbindlichkeit – und damit Objektivität.[22]

Oder, wie Nietzsche es in Bezug auf die Theorie, deren griechischer Name sich vom Auge und vom Sehen ableitet, festhielt:[23] Man muss die Metapher vom Auge ernst nehmen; es gibt darum kein Sehen ohne Standpunkt. Jedes Sehen kommt aus einer bestimmten Perspektive. Man kann nicht einfach nur objektiv sein. In der aktuellen Politik lässt sich dies gut an den Vorstößen vorgeblich unparteiischer, technokratischer »best practice«-Politiken verfolgen: Was Organisationen wie zum Beispiel die OECD an Information, Vorschlägen und Suggestionen hinsichtlich von Fragen wie Gesundheit oder Bildung an Regierungen abliefern, ist niemals einfach unparteiisch oder unpolitisch, sondern immer hochgradig politisch und parteiisch – und hat in der Vergangenheit oft massiv den Interessen von Eliten genützt. Dasselbe gilt für die nicht gewählten, von internationalen Finanzorganisationen installierten sogenannten »Expertenregierungen«, die in den letzten Jahren zum Beispiel in Italien amtiert haben. In diesem Sinn hat Walter Benjamin betont, dass die Geschichte niemals einfach nur die Ansammlung dessen ist, »wie es einmal gewesen ist«, sondern vielmehr die Erzählung der aktuell herrschenden Klasse. Siegt eine neue Klasse, so werden plötzlich andere Fakten erkennbar, zeigen sich in einer neuen Bedeutung und werden relevant für die neue Erzählung der Geschichte.[24]

Geschult an Sigmund Freuds Einsichten über »Nachträglichkeit«, das heißt über die Wirksamkeit späterer Faktoren, die dem Früheren einen Sinn geben,[25] hat Lacan den Herrensignifikanten als »retroaktiv« bestimmt: Im Nachhinein verpasst der Herrensignifikant dem, was davor kam, einen Sinn – und lässt es so aussehen, als wäre alles Vorangegangene bereits von sich aus darauf ausgerichtet gewesen, unweigerlich auf dieses Ziel hinauszulaufen. Vermeintliche »Teleologie« ist ein trügerischer, im Nachhinein erzeugter Effekt – dies ist die im Begriff des Herrensignifikanten enthaltene Lehre. Die absurde *punch line* des Witzes, die dem Vorangegangenen eine völlig unvorhergesehene Schlussfolgerung verpasst, lässt diesen trügerischen Schein, noch während sie ihn herstellt, hellsichtig durchschauen.

Nicht die vorangegangenen Signifikanten des Wissens steuerten auf ein Ziel oder auf einen finalen Sinn zu, sondern erst der Herrensignifikant am Ende lässt es so aussehen. Die Herrensignifikanten erzeugen etwas, während sie (meistens) so tun, als wäre es schon da gewesen. Diese Fakten schaffende (anstatt solche bloß feststellende) Funktion des Herrensignifikanten kann man auch, mit der Unterscheidung des Sprachphilosophen John L. Austin, als »performativ« (im Gegensatz zur bloß »konstativen« Funktion) bezeichnen.

Die Herrensignifikanten funktionieren darum, wie Slavoj Žižek festgestellt hat, nach dem Mechanismus »retroaktiver Performativität«.[26]

03 Wenn die Schwachstelle zum Vorzug wird: die magische Verwandlung

Mit den bisher gewonnenen Begriffen lassen sich einige Phänomene beleuchten, in denen die Macht der Form zum Tragen kommt. So zum Beispiel jene Situationen, in denen selbst Verfasser von wissenschaftlichen Texten ein wenig Kunst an den Tag legen müssen – etwa bei der Titelfindung für einen Aufsatz oder ein Buch. Das gebräuchliche Zusammenspiel zwischen einem sachlichen Untertitel und dem blumigeren Titel lässt sich auch als Kombination aus einer *straight line* und einer *punch line* begreifen. Anders als beim Witz oder in der Komödie darf – oder soll – beim wissenschaftlichen Titel die *punch line*, die verlocken und Lust auf die Lektüre wecken soll, der *straight line*, die als Untertitel angibt, worum es in dem Text gehen wird, vorangehen. Ein schönes Beispiel für einen Titel dieser Art hat James C. Scott mit seiner Geschichte über die wechselhafte Frühgeschichte menschlicher Sesshaftigkeit dank Getreideanbaus geliefert, worin er zeigt, dass auch bereits sesshaft gewordene Gesellschaften mitunter wieder für längere Zeit zu Nomaden wurden. Scott versah sein Buch mit dem Titel »Against the Grain. A Deep History of the Earliest States«[27] – ein brillantes Wortspiel, das sowohl die Abkehr vom Getreideanbau als auch das »gegen den Strich« Gebürstete dieser prähistorischen Tendenz sowie von Scotts eigener These mit nur drei Worten treffend benennt.

Es ist auffällig, dass solche »poetischen« Elemente nicht wegzudenken sind aus den Wissenschaften – sosehr die Wissenschaften sich doch um Sachlichkeit und Objektivität (sowie neuerdings um Publikationspunkte) bemühen. Es handelt sich nicht um ein Dekor, das ebenso gut weggelassen werden könnte. Vielmehr verrät sich in der Notwendigkeit des Poetischen in den Wissenschaften eine grundlegende epistemologische Gegebenheit: nämlich dass ein neues Feld des Wissens nicht durch eine Erkenntnis eröffnet wird, sondern vielmehr durch eine Behauptung, eine These, ein System von Vorannahmen oder einen Anfangsverdacht. Wissenschaftliches Erkennen setzt Konstruktionen voraus, und diese Konstruktionen sind niemals Ergebnisse gesicherten methodischen Vorgehens, sondern immer gewagte »Würfe«, für deren Gelingen es im Vorhinein keinerlei Garantie gibt. In diesem Sinn spricht Immanuel Kant von einem »Faktum der Vernunft«[28] – einem Faktum, dessen Entstehung durch kein irgendwie geartetes Recht vorbereitet sein konnte.

Noch viel mehr als die Wissenschaft muss die Werbung, die ja ihrem Prinzip nach vor allem verlocken soll, entsprechend pointierte Slogans finden. Slogans sind in der Regel *punch lines* – üblicherweise begleitet von einem (oft erstaunlich geringen) Minimum an »straighter« Information darüber, um welches Produkt es überhaupt geht. Bezeichnenderweise aber besteht das Problem dieser Pointierung oft darin, den möglichen Kunden eine ganze Interpretation beziehungsweise Schlussfolgerung schmackhaft zu machen –

und zwar nicht selten eine, die – wie im Witz aus Moskau – der erwartbaren Schlussfolgerung entgegenläuft.

Nehmen wir zum Beispiel den Fall der Einführung des kompakten Mittelklasse-Modells »Giulietta« durch Alfa Romeo im Jahr 2010. Mit welchem Satz kann man eine deutschsprachige Klientel wohl für ein derartiges Auto interessieren? Es durfte damals als bekannt vorausgesetzt werden, dass die Produkte von Alfa Romeo aufgrund der traurigen, rostgeplagten Erfahrungen der 1980er Jahre – sowie auch durch eine meist recht einseitige Kritik durch die deutsche Fachpresse – vor allem in Deutschland keinen besonders guten Ruf in Sachen Verlässlichkeit und Haltbarkeit besaßen. Wie also wirbt man für ein Auto, dem die Leute so skeptisch gegenüberstehen? Behauptet man, dass man sich bei der Verlässlichkeit gebessert hätte? Oder betont man stattdessen andere Stärken, wie zum Beispiel die innovative Motoren-, Fahrwerks- oder Sicherheitstechnologie? – Die Werbeleute von Alfa Romeo[29] gingen einen anderen Weg. Ihr *spot*, rund um den Filmstar Uma Thurman, endet mit dem Satz »*Ohne Herz wären wir nur Maschinen*«.

Was die Werbeleute hier gut begriffen haben, ist, dass man, um Überzeugungen herzustellen, nicht Informationen bieten muss, sondern vielmehr einen Herrensignifikanten. An der bekannten Information wurde nicht viel ergänzt oder modifiziert. Hinzugefügt wurde lediglich eine Art absolute Größe, die alle Information in ein bestimmtes Licht taucht. »Andere Autos mögen vielleicht verlässlicher sein, aber das sind dann eben nur Maschinen; unsere hingegen haben Herz; man kann sie lieben (so, wie man vielleicht Uma Thurman lieben könnte; oder so, wie sie ihren Alfa Romeo lieben könnte etc.). Und nur wenn wir lieben, sind wir selbst mehr als bloß Maschinen etc.« – so könnte man, unpointiert, wiedergeben, was dieser Slogan auf pointierte Weise suggeriert.[30]

Mit Informationen (beziehungsweise Signifikanten des Wissens) könnte man den bereits bestehenden Informationen vielleicht Gegengewichte hinzufügen. Dies würde jedoch allenfalls einen graduellen Stimmungsumschwung bewirken können. Mit einem Herrensignifikanten hingegen kann man die gesamte Bedeutung der bisherigen Wissenssignifikanten gleichsam »umdrehen«. Sogar aus Zweifeln und Befürchtungen kann man auf diese Weise eine sichere Überzeugung herstellen. Slavoj Žižek hat diesen Mechanismus einmal in Bezug auf das Drama »Athalie« von Racine demonstriert. Das Drama handelt von einer Verschwörung und von der Furcht der Verschwörer:

> »Abner, ein Offzier der tyrannischen Königin Athalie, kommt zum Hohepriester Joad und bietet ihm als bekanntem Gegner der Königin kaschiert den Pakt gegen sie an. Er ist voller Furcht wegen der drohenden Gefahr, doch Joad antwortet ihm: ›Ich fürchte Gott, lieber Abner, und in mir gibt es keine andere Furcht. *(Je crains Dieu, cher Abner, et n'ai point d'autre crainte.)*‹« (Žižek 1986a: 59)

Mit der Angst seines Verbündeten konfrontiert, setzt der Hohepriester Joad den Herrensignifikanten »Gottesfurcht« ein – eine absolute Größe, die alle Befürchtungen, anstatt sie abzumildern oder zu zerstreuen, vielmehr in eine positive Kraft verwandelt. Dadurch wird, wie Žižek bemerkt, »wie durch ein Wunder die ganze Situation umgekehrt«, werden

Ängste in Tapferkeit verwandelt.[31] »Wenn du schon Angst hast, dann richte sie auf das, was sie am meisten verdient«, könnte man die gleichsam therapeutische Intervention des Hohepriesters – wieder unpointiert – paraphrasieren. Ebenso werden im Alfa-Romeo-Werbespot die augenscheinlichen Hindernisse in affirmative Kräfte und die Befürchtungen um etwaige Qualitätsmängel in positive Gründe für die Liebe zum Produkt umgewandelt.

04 Der Grund der Leidenschaft: eine Leerstelle im Objekt. Das »gewisse Etwas«

Dass es gerade oft vermeintliche Schwächen des Objekts sind, die aufseiten ihrer Betrachter Leidenschaft und Liebe auslösen, ist oft bemerkt, aber selten erklärt worden. Oft wird ein attraktiver Mann erst in dem Moment für eine Frau wirklich interessant, in dem sie eine kleine Schwäche an ihm entdeckt.[32] Und auch umgekehrt erscheint die Schönheit einer Frau mitunter erst dann unwiderstehlich, wenn sie ein Element beinhaltet, das den üblichen Regeln der Schönheit zu widersprechen scheint. Die auffällige Nase der Kleopatra vermochte römische Kaiser in Bann zu schlagen. Mit einem Schönheitspflaster (»mouche« genannt) vermochten französische Damen und Herren des 17. Jahrhunderts erotische Signale zu senden.[33] Und wenigstens die Romane, Erzählungen und Gedichte über die käufliche Liebe sind voll von Erwähnungen gesteigerter Begeisterung für Damen mit Holzbein.

Man bezeichnet solche »Sollbruchstellen«, die als Ursache der Liebe wirken, auch als »gewisses Etwas« (französisch »je ne sais quoi« – wörtlich: »ich weiß nicht, was«). Und dieser Begriff hat schon früh aus dem Diskurs über die Liebe übergegriffen auf jenen über die Kunst.[34] Auch Kunstwerke, die begeistern sollten, durften plötzlich nicht mehr einfach nur perfekt sein; vielmehr mussten sie ein ganz bestimmtes Element von Regelverletzung oder Imperfektion aufweisen, um wahre Meisterschaft zu verraten und Begeisterung und Bewunderung auszulösen.

Eines der Rätsel, welches das »gewisse Etwas« aufwirft, besteht in der Frage, weshalb das so bezeichnete Objekt, obwohl es oft genug beschrieben wurde und in durchaus konkreten, benennbaren Gestalten in Erscheinung getreten ist, niemals anders benannt werden konnte – das heißt mit einem Namen, der mehr wäre als nur die Benennung seiner Abwesenheit; oder sogar mit einem Begriff, der eine Erklärung dieses Objekts lieferte. Warum also gab es seit Jahrhunderten niemals ein positives Wissen über das negative »je ne sais quoi«?

Ein erster Grund liegt darin, dass das »gewisse Etwas« weniger ein Objekt als ein Verhältnis ist. Es ist zunächst – hier können wir uns noch einmal auf Billy Wilder stützen – ein Verhältnis zwischen einer regelhaften Fläche und einer punktuellen Verletzung dieser Fläche. Eine mouche alleine oder bloß ein wenig Ungeschicklichkeit würde niemanden mit unwiderstehlichem Charme gewinnen. Es muss sich schon um ein Pünktchen auf einem schönen Körper oder um eine Unzulänglichkeit innerhalb einer sehr perfekten Gesamterscheinung handeln, um diese Wirkung entfalten zu können. Auch das »gewisse Etwas« ist ein *punctum*, das nur mit Hilfe eines *studium* zu seinem Reiz gelangt.

Der zweite Grund liegt darin, dass das »gewisse Etwas«, selbst in dieser genaueren Bestimmung, noch kein Objekt ist, sondern vielmehr wieder ein Verhältnis – nämlich zu einem Subjekt. Es markiert sozusagen innerhalb einer ganzen Textur positiver Gründe für Interesse und Zuneigung (die Züge einer schönen Gestalt; der Erfolg und das Ansehen einer attraktiven Person etc.) jene eine Stelle, die keinen positiven Grund bietet. Zwischen all den »Signifikanten des Wissens«, welche ein mögliches Liebesobjekt als Gründe für die Liebe bereithalten mag, bildet das gewisse Etwas sozusagen den Landeplatz für jenen Herrensignifikanten, der vom liebenden Subjekt beigesteuert werden muss. Erst dadurch gewinnt das Liebesobjekt seine besondere Bedeutung für das Subjekt: Solange jemand nur schön oder erfolgreich ist, könnte ja jeder ihn lieben. Das gewisse Etwas hingegen ist jener mehrdeutige, unentschiedene Punkt, an dem die Entscheidung für die Liebe *als Entscheidung* und nicht etwa nur als Sachkenntnis erlebt werden kann. Nicht das Objekt zwingt mich zu lieben, sondern am gewissen Etwas erfahre ich meine eigene Entscheidung, zu lieben.[35] Dass alles, was den gängigen Normen entspricht, attraktiv ist, mag sich von selbst verstehen. Dass aber gerade der Punkt der Normverletzung nicht als Hindernis empfunden wird (was durchaus auch möglich, ja sogar naheliegend wäre), sondern vielmehr als zusätzlicher, noch stärkerer Grund für die Liebe, muss einer bestimmten Beleuchtung geschuldet sein, die nur vom liebenden Subjekt herkommen kann.[36] Hier stoßen wir auf eine merkwürdige Bedingung der Liebe: Sie wird erst dann leidenschaftlich, wenn das liebende Subjekt dank des »gewissen Etwas« Gelegenheit erhält, sich selbst als den Grund der

Liebe zu erfahren. Man könnte hier ernüchtert schlussfolgern (beziehungsweise punchen): Wir lieben nur selten etwas anderes als uns selbst.

05 Das Erhabene. Der Kitsch. Und Kommissare in alten Autos

Dieses Problem spielt nicht nur in der Liebe eine entscheidende Rolle, sondern auch in allen Ästhetiken, die mit dem Paradoxon der Faszination durch das Schreckliche, Furchterregende, Hässliche oder Geschmacklose zu tun haben – also den klassischen Ästhetiken des »Erhabenen« sowie auch den Begeisterungen für Elemente der Trivialkultur oder des Kitsches.[37] Anders als in einer Ästhetik des Schönen ist für die Ästhetik des Erhabenen von entscheidender Bedeutung, dass das Subjekt Gelegenheit erhält, sich selbst als Ursache seiner ästhetischen Erfahrung zu erfahren. So bemerkt Immanuel Kant gegen jeden »Fetischismus des Schrecklichen«, der die Ursache der Faszination im Objekt ansiedeln würde, dass solche Faszination in Wirklichkeit immer vom »Gemüt« eines Betrachters ausgeht:

> »So kann der weite, durch Stürme empörte Ozean nicht erhaben genannt werden. Sein Anblick ist gräßlich; und man muß das Gemüt schon mit mancherlei Ideen angefüllt haben, wenn es durch eine solche Anschauung zu einem Gefühl gestimmt werden soll, welches selbst erhaben ist [...]«[38]

Nicht der Ozean ist erhaben, sondern die Ideen eines romantischen Beobachters, der imstande ist, diese Nichtgestalt, dieses Nichtdarstellen durch die Natur, umzudeuten gerade in die Darstellung einer Unmöglichkeit des Darstellens. Dort, wo die Natur absolut nichts Schönes darstellt, meint ein Romantiker die Darstellung von etwas in der Natur Undarstellbarem vor sich zu haben – etwa die Darstellung von Freiheit.[39] Dies aber setzt eben einen Reichtum von Ideen im Gemüt des Betrachters voraus. Nur ein solcher kann beim Anblick des stürmischen Ozeans ein Gefühl der Erhabenheit bekommen, während Andere mit bloßem Entsetzen oder Schrecken davonkämen.

Darum ist es für die Erfahrung des Erhabenen immer so entscheidend, wer die Verantwortung für die Sache trägt. Je besser das Objekt signalisiert, dass nichts an ihm auf diese Erfahrung hin angelegt war, desto besser eignet es sich für die Erfahrung des Erhabenen. Denn dann erlaubt das Objekt dem Betrachter, den eigenen Ideenreichtum, mit dem sein Gemüt angefüllt war, sozusagen am Objekt zu bewundern.

Sollte man aber wider Erwarten feststellen müssen, dass hinter dem unbedarften Objekt bereits ein findiger Geist steckte, der genau auf diese Erfahrung in den Betrachtern abzielte, dann ist es mit dem Erhabenen schnell vorbei. Nicht der Ideenreichtum des Betrachters hat ein unvorbereitetes Objekt in etwas Erhabenes verwandelt, sondern alles war bereits vorbereitet und schon auf diesen Betrachter angelegt. Die Ursache liegt also nicht aufseiten des Betrachters, sondern wieder aufseiten des Objekts (beziehungsweise seines raffinierten Präsentators) – und damit verliert der Betrachter die Gelegenheit, sich selbst als Ursache seiner Faszination zu erleben und im Objekt seine eigene Deutungsmacht zu erfahren. Ein amüsantes Beispiel, möglicherweise seiner eigenen Erfahrung, präsentiert und kommentiert Kant:

> Der Gesang der Vögel verkündet Fröhlichkeit und Zufriedenheit mit seiner Existenz. Wenigstens so deuten wir die Natur aus, es mag dergleichen ihre Absicht sein oder nicht. Aber dieses Interesse, welches wir hier an Schönheit nehmen, bedarf durchaus, daß es Schönheit der Natur sei; und es verschwindet ganz, sobald man bemerkt, man sei getäuscht, und es sei nur Kunst: sogar, daß auch der Geschmack alsdann nichts Schönes, oder das Gesicht etwas Reizendes mehr daran finden kann. Was wird von Dichtern höher gepriesen, als der bezaubernd schöne Schlag der Nachtigall in einsamen Gebüschen, an einem stillen Sommerabende, bei dem sanften Lichte des Mondes? Indessen hat man Beispiele, daß, wo kein solcher Sänger angetroffen wird, irgendein lustiger Wirt seine zum Genuß der Landluft bei ihm eingekehrten Gäste dadurch zu ihrer größten Zufriedenheit hintergangen hatte, daß er einen mutwilligen Burschen, welcher diesen Schlag (mit Schilf oder Rohr im Munde) ganz der Natur ähnlich nachzumachen wußte, in einem Gebüsche verbarg. Sobald man aber inne wird, daß es Betrug sei, so wird niemand es lange aushalten, diesem vorher für so reizend gehaltenen Gesange zuzuhören; und so ist es mit jedem anderen Singvogel beschaffen. Es muß Natur sein, oder von uns dafür gehalten werden, damit wir an dem Schönen als einem solchen ein unmittelbares *Interesse* nehmen können; …«[40]

Diese Erfahrung – beziehungsweise dieser entscheidende Unterschied zwischen zwei möglichen Erfahrungen – ist auch allen Freunden von Trivialkultur und Kitsch geläufig. Finde ich ein Objekt auf dem Flohmarkt, das ich vielleicht sogar seinem ursprünglichen Zweck entfremden und zu einem Designobjekt meiner Bestimmung aufwerten oder, neudeutsch gesprochen, »upcyclen« kann, dann bin ich hochzufrieden. Sollte ich aber erfahren, dass der vermeintliche Flohmarkt in Wirklichkeit ein Arrangement gewitzter Designer war und dass alles schon darauf angelegt war, mich dieses Objekt so finden und verwenden zu lassen, ist meine Freude – die ja letztlich wieder nur narzisstische Freude am Ideenreichtum meines »Gemüts« ist – dahin. Viele Objekte dieser Art leben davon, dass sie gefundene Objekte sein müssen und nicht etwa gekaufte oder extra angefertigte. Die alte Kleiderpuppe aus der Mülltonne ist darum ihrem Double aus dem Secondhandladen oder gar aus dem Spezialgeschäft haushoch überlegen.[41]

Auch die für die frühe Moderne kennzeichnende Passion für gefundene Objekte, objets trouvés oder ready-mades, zum Beispiel in der Kunst von Marcel Duchamp und Man Ray, trägt die typischen Merkmale und Lustbedingungen einer Ästhetik des Erhabenen. Ein Beispiel aus der jüngeren Vergangenheit bildet die Aktion des Street-Art-Künstlers Banksy, der im Oktober 2013 einen Tag lang eine Reihe kleinformatiger Arbeiten auf einem unscheinbaren Stand des Künstler-Straßenflohmarktes in New York für 60 Dollar das Stück anbot.[42] Dadurch lieferte er findigen Betrachtern eine Gelegenheit, Banksys Werke nicht nur großartig zu finden, sondern sie auch gleichsam selbst zu entdecken. Für diese

Ästhetik, in der das betrachtende Subjekt Freude vor allem an seiner eigenen Entdeckungsleistung empfinden möchte, ist es entscheidend, einen echten Banksy, den man in einer prominenten Galerie etwa für das Tausendfache des Preises erstehen könnte, hier um einen lächerlichen Preis beinahe geschenkt bekommen zu haben. Der niedrige Preis fungiert hier nicht nur als ökonomischer Vorteil, sondern vor allem auch als Indiz der »Autorschaft« aufseiten der Betrachter, die diese Schätze für sich zu entdecken imstande waren. Einen echten Banksy teuer zu kaufen und sich daran zu erfreuen gehört zu einer Ästhetik des Schönen. Die Ästhetik des Erhabenen beginnt mit der Freude daran, einen Banksy gefunden zu haben, wo Andere nur billigen Straßenmalerkitsch vermutet hätten.

Auf der Ebene der Populärkultur zeigt sich dies derzeit in dem Umstand, dass immer mehr Kommissare aus den Krimiserien im Fernsehen alte Autos fahren.[43] War Kommissar Mario Kopper, zuerst mit seiner Alfa Romeo Giulia und später mit seinem Fiat 130 zu Beginn noch eher ein eher exotischer, mehr auf seine italienische Herkunft verweisender Einzelfall,[44] so ging es bald darauf Schlag auf Schlag: Es kam (um nur einige Beispiele, ohne chronologischer Reihenfolge zu nennen) die großartige Autistin Saga Norén in ihrem schlammgrünen Porsche 911 in »Die Brücke«;[45] der Stuttgarter »Tatort«-Ermittler Lannert, naheliegenderweise im braunen Zuffenhausener 911er Targa; der aristokratische Kommissar von Meuffels im wunderschönen BMW CS-Coupé im Münchener »Polizeiruf 110«,[46] ähnlich wie vor ihm schon Benno Berghammer im »Bullen von Tölz« im etwas rezenteren BMW 635 CSi Coupé;[47] im »Tatort«

Hamburg Wotan-Wilke Möhring im Youngtimer-Geheimtipp Citroen XM; der traumatisierte Jörg Faber in Dortmund mit seinem eher als Überbleibsel seiner ihn nicht loslassenden Vergangenheit denn als Liebhaberobjekt wirkenden Saab 900; wenig plausibel Anna Janecke in Frankfurt in ihrem goldmetallisèfarbenen Porsche 924; eindeutig passioniert Kommissar Freddy Schenk im Kölner Tatort mit seinen diversen konfiszierten vorwiegend US-amerikanischen Straßenkreuzern (einmal mischte sich auch ein Range Rover P38 unter sie); ihre Nähe zum kriminellen Milieu betonend die Wiener Tatort-Ermittlerin Bibi Fellner in ihrer »Zuhälterflunder« Pontiac Firebird; etwas dick aufgetragen, wie die ganze Produktion, Ulrich Tukur in seinem speziellen Tatort mit dem NSU Ro 80; einigermaßen stimmig dagegen Caroline Peters in der Krimikomödie »Mord mit Aussicht« in ihrem roten BMW E30 Cabriolet. Auch international bot sich dasselbe Bild: in England etwa bei Kommissarin Vera (in der gleichnamigen Serie) mit ihrem Land Rover Defender 90 von 1996 sowie bei dem aristokratischen Inspector Linley mit seinen überaus eleganten Coupés der Typen Bristol 401 und Jensen Interceptor, oder auch in Neuseeland in der Serie »The Brokenwood Mysteries«, wo der leitende Ermittler in einer weißen Limousine der Marke Holden Kingswood von 1971 vorfährt. Eine feine Nuance angesichts dieser polizeilichen Nostalgiewelle verkörperte der Kieler Tatort-Kommissar Borowski, der anstelle von kultigen Oldtimern zunächst einen wenig glamourösen, eher hässlich wirkenden braunen alten VW Passat und dann den vermutlich nur für Eingeweihte als solchen ersichtlichen Youngtimer Volvo 760 fuhr.

Diese Tendenz in den zeitgenössischen Krimiserien ist für Autoliebhaber durchaus erfreulich, aber aus der Sicht der Kulturtheorie durchaus erklärungsbedürftig. Denn eine solche Ausstattung schafft zwar einerseits visuelle Attraktivität (da die Auto-Designs der 1970er Jahre heute mit gutem Grund als interessanter und gelungener empfunden werden als die meisten aktuellen). Andererseits aber entstehen doch auch gewisse dramaturgische Probleme. Man muss ja irgendwie erklären oder wenigstens plausibel machen, warum eigentlich ein Polizist mit seinem – wie oft beteuert wird: bescheidenen – Gehalt ein Auto fährt, das in der Anschaffung und vor allem im Unterhalt recht teuer ist und das in entscheidenden Situationen sich doch möglicherweise als weniger zuverlässig erweist als ein moderneres Auto. Dieser Nachteil aber wird durch einen Vorteil aufgewogen. Denn seit Fernsehserien so massiv an Raffinement gewonnen haben (etwa seit den 90er-Jahre-Serien »The Sopranos« und »Sex and the City«), ist es auch für konventionellere TV-Serien unerlässlich, ihren Figuren psychologische Tiefe zu verleihen. Ein Kommissar, der ein altes Auto besitzt, zeigt damit, dass er (oder sie) ein Herz hat. Er oder sie hat einmal im Objekt eine Schwäche entdeckt und diese mit Hilfe eines Herrensignifikanten in etwas Liebenswertes oder Erhabenes verwandelt. »Ohne Herz wären wir nur Maschinen«, scheinen die Kriminalbeamten sich irgendwann gedacht zu haben, und sie legen eine analoge Vermutung auch ihrem Publikum nahe. Da die Kommissare vor allem in der deutschen Krimiserie durchwegs als Sympathieträger gestaltet werden, bieten sie mit dieser liebenswerten Schwäche auch dem Publikum einen Ansatzpunkt für Zuneigung dar.[48] Der

Kommissar, der ein *punctum* entdeckt hat, bekommt dadurch auch selbst ein solches.

06 Worte, die etwas bewirken. Das *punctum* und die Achsen der Kommunikation

Jeder, der sich einmal zum Beispiel von einem unglücklich liebenden Freund mit Klagen über dessen ihn enttäuschende Lebensgefährtin konfrontiert sah (wobei dies selbstverständlich für sämtliche Geschlechter und Konstellationen gilt), kennt diese oder eine ähnliche Erfahrung. Zieht man aus dem Gejammer des Freundes die naheliegende Schlussfolgerung und rät ihm, sich von der offenbar nur noch frustrierenden Gefährtin zu trennen, provoziert man eine Gegenreaktion. Der unglückliche Freund hat nun alles, was gegen die Geliebte zu sprechen schien, erfolgreich sozusagen bei seinem Ratgeber abgeladen und sieht sich selbst darum plötzlich in der glücklichen Lage, seine Freundin in Schutz zu nehmen. Dann kommen Argumente wie »Aber genau darum braucht sie mich doch« oder »Aber trotz allem liebe ich sie eben so sehr« oder »Doch gerade darum liebe ich sie« etc.

Die Dialogstruktur lädt hier offenbar – ähnlich wie in Žižeks wunderbarem Witz von Rabinowitsch[49] – ein zu einer Dialektik, in der es zur Umkehrung des naheliegenden Ergebnisses kommen kann. Die Verteilung der Sprecherpositionen ermöglicht es dem Ratsuchenden, sich von der erdrückend scheinenden Last der Prämissen zu befreien. Aussprechen einer Meinung ist, wie sich des Öfteren zeigt, auch hier unter Umständen ein Versuch, die Meinung gleichsam »auszuspucken« und sie loszuwerden, indem man sie einem neuen Besitzer nahelegt.[50] Hat der Ratgeber die Rolle übernommen, die Signifikanten des Wissens bei sich zu versammeln und den Schluss zu ziehen, der auch dem Ratsuchenden zunächst plausibel schien, so ist der Ratsuchende selbst nun befreit und kann den Herrensignifikanten der Liebe setzen, der ihm zuvor verstellt schien. Alle benannten Schwächen der Geliebten erscheinen ihm nun nicht als erdrückende Fläche guter Gründe, sondern vielmehr als ein einziges *punctum*, an dem seine Liebe ansetzen kann und das nur ihm, der sein Gemüt schon mit allerlei Ideen angefüllt haben muss, als Vorzug ersichtlich ist. Dabei kommt ihm der Umstand zu Hilfe, dass die Liebe sich ohnehin niemals auf gute Gründe stützen kann, sondern immer der Überschuss einer Entscheidung über alles ist, was es als positive oder weniger positive Gründe für sie (oder gegen sie) geben kann.[51]

Freilich handelt es sich bei dieser Operation der Argument-Umkehrung nur um ein »Pseudo-*punctum*«: Alles war ja von vornherein darauf angelegt, diesen Ausgang zu erreichen. Man kann sich dann des unerfreulichen Eindrucks nicht erwehren, eine bloße Marionette in der Gedankenwelt des Anderen abgegeben zu haben. Der Ratsuchende hat ein Stück von sich selbst, das er gerade nicht haben wollte, erfolgreich an den Ratgeber als Alter Ego delegiert und ist im »Dialog« mit diesem nun erfolgreich sozusagen ganz bei sich geblieben. Er hat mit Hilfe des Anderen eigentlich nur einen Monolog abgehalten, zu dem er sich – das ist allerdings erklärungsbedürftig – alleine nicht imstande sah. Man hat letztlich nur mitgeholfen, ihn gegen all seine Zweifel in einer Haltung, die er nicht aufgeben wollte, zu bestärken.

Wie aber könnte ein Ausweg aus dieser Pseudokommunikation aussehen – sozusagen ein Sprung ins Freie aus diesem Möbiusband, auf dessen eine Seite einen der Andere gesetzt hat, nur damit man nach mühevollem Laufen schlussendlich unweigerlich wieder bei ihm, auf seiner Seite, landet? Wie muss man mit dem Anderen sprechen, um nicht bloß die willkommene Nebenrolle des Alter Ego in seinem Selbstbestätigungsmonolog zu spielen? Wie ließe sich wirkliche Andersheit herstellen – ein Verhältnis, in dem man für den Gesprächspartner mehr (d. h. ein befremdlicheres Gegenüber) wäre als nur *dessen* Anderer? Wie ließe sich dieser spiegelhaften Beziehung entkommen, worin – in einer an die Philosophie Ludwig Feuerbachs erinnernden Weise – der Eine immer nur das eigene Wesen des Anderen verkörpert?[52]

Man könnte sich vielleicht ungefähr die folgende Erwiderung vorstellen. Der Ratgeber sagt zu seinem Freund: »Weißt du was, lass dir doch einfach demnächst wieder von dieser Dame auf den Kopf scheißen, und dann kommst du wieder zu mir, und so trinken wir ungefähr alle zwei Wochen ein Bier zusammen, und ich höre mir jedes Mal wieder geduldig dein Gejammer an.«

Wichtig an dieser Form des Ratgebens ist klarerweise nicht ihr Inhalt: Das heißt, es geht nicht darum, den Freund von seiner Objektwahl abzubringen. Der Rat richtet sich nicht gegen die Beziehung, die der Freund mit seiner Freundin führt, sondern gegen die Funktion, die er seinem Ratgeber darin zuweist – die Rolle sozusagen einer systemerhaltenden Klagemauer. Schien es vorher so, als ginge es in dem Gespräch um die Sache (d. h. die Beziehung), so stellt diese Erwiderung klar, dass das Gespräch selbst Teil der Sache ist und dass das Abraten des Ratgebers von der Beziehung genau jener Anteil an Widerrede ist, den der Freund benötigt, um sich zu einer erneuten Hinwendung zur schwierigen Freundin entschließen zu können.

Anstatt nun ihm den Spiegel seines Alter Ego zu bieten und über die vermeintliche »Sache« mit dem Freund zu kommunizieren, stellt sich der Ratgeber nun gewissermaßen quer zu dieser Kommunikationsachse. Er adressiert nicht den spiegelhaften »alter-ego-Freund«, sondern stattdessen jenen Anderen, der der stille Verursacher und Nutznießer dieser Spiegelbeziehung ist; nicht den Anderen, der sich ihm als Gegenüber anbietet, sondern jenen, der hinter dieser ganzen Gegenüberstellung als ihr Drahtzieher wirkt. In der Terminologie der Psychoanalyse ausgedrückt: Er kommuniziert mit dem Freund nicht auf der *imaginären* Achse, sondern auf der *symbolischen*.[53] Oder, wie Roland Barthes gesagt hätte: Der Ratgeber hört auf, das vorhersehbare *studium* des Freundes zu beliefern und setzt stattdessen ein verstörendes *punctum*. Punktieren heißt, die Achse der Kommunikation wechseln. Ein *punctum* spricht von einem anderen Ort aus, und es adressiert jemand Anderen als denjenigen, der sich bisher als das gemeinte Gegenüber fühlte.

Durch ein *punctum* wird aus einer bloß gespielten Andersheit von zwei einander als Alter Ego behandelnden Positionen ein Verhältnis wirklicher Andersheit. Wenn die *straight lines* des *studium* nur noch eine ausweglose Spiegelbeziehung aufrechterhielten, eröffnet das *punctum* mit seinem *punch* einen Ausweg. Basierte die vorherige Kommunikation auf fataler Empathie, mit unausweichlichem, scheinbar evidentem Ausgang, so erlaubt das Punktieren es nun beiden Sprechern, die vom Ratsucher gestrickte Zwangsjacke der wechselseitigen Identifizierung abzuschütteln.

Das Punktieren produziert eine Mitteilung, die unweigerlich von einer unerwarteten, anderen Seite herzukommen scheint – und zwar genau dort, wo es – wie es für die Möbiusband-artige Struktur des Imaginären charakteristisch ist – keine andere Seite, keine zweite Meinung zu geben schien. Wo die Lage des Ratsuchenden *eindeutig* schrecklich und bedauernswert zu sein schien, entzieht sich das Punktieren der naheliegenden Versuchung, dem Armen beizupflichten, und stellt ihm dafür eine überraschende, noch schlimmere Alternative in Aussicht – genau so, wie der Hohepriester Joad in Racines Drama, der jede noch so begründet erscheinende Furcht mit seinem Herrensignifikanten »Gottesfurcht« überbot. So funktionieren auch die »paradoxen Interventionen« der systemischen Psychotherapie mit ihren Verfahren wie der »Symptomverschreibung«: Wenn zum Beispiel ein Patient angibt, darunter zu leiden, dass er in Lokalen niemals jemanden kennenlernt, weil er immer so verkrampft dasitzt, dann »verschreibt« ihm eine paradox intervenierende Therapie, er möge sich beim nächsten Lokalbesuch bemühen, noch verkrampfter dazusitzen. Diese heutigen Techniken haben ihre Vorbilder in den legendären Interventionen der antiken Philosophen, die ebenfalls nicht selten ihre ratsuchenden Gesprächspartner durch gezielte Überbietung aus der Verhaftung im Imaginären einer bestimmten Einbildung (und dem entsprechenden Affekt) zu befreien vermochten. So soll zum Beispiel der Stoiker Epiktet während eines Sturmes auf einer Schiffsreise einem anderen, vor Furcht erstarrten Passagier zugerufen haben:

»›Du hast Furcht vor dem Sturm. Als ob du das ganze Meer schlucken solltest. Zwei Liter Wasser genügen, dich ertrinken zu lassen.‹«[54]

Nichts an diesem Zuruf erscheint tröstlich. Da hat man große Angst, und dann wird man auch noch beschämt. Allerdings muss man trotz allem vielleicht ein wenig lachen. Dies ist ein Indiz dafür, dass es gelungen ist, eine Ich-Position aufzugeben, die keine Alternative zuzulassen schien, und stattdessen aus der Sicht einer anderen psychischen Instanz auf die Dinge zu blicken. Dies ist, wie Sigmund Freud erkannte, die Struktur des Humors – und speziell des Galgenhumors. Zum Beispiel, wenn ein am Montag zur Hinrichtung geführter Delinquent bemerkt, »die Woche fängt ja gut an«. Offenbar konnte auch hier ein kostbares, von Furcht erfülltes Ich überboten werden. Dem humorvollen Delinquenten ist es gelungen, seine missliche Lage aus der Sicht einer anderen psychischen Instanz zu betrachten – wie Freud annimmt: aus der Sicht des Über-Ich.[55] Von dort aus gesehen, erscheinen die Sorgen des Ich überschaubar und klein; vermutlich deshalb, weil das Über-Ich, ähnlich wie der Hohepriester Joad, noch weitaus größere Besorgnisse kennt.

Eine ähnliche Intervention gelang einer klugen Tochter, die seit vielen Jahren darunter litt, dass ihre überkritische Mutter ständig an jeder ihrer Aktionen etwas auszusetzen hatte. Als sie wieder einmal von einem ihrer Projekte erzählte und die Mutter erwartungsgemäß missbilligend schwärzeste Bedenken einwarf, sagte die Tochter plötzlich: »*Weißt du, Mama, ich hab einfach solche Angst, dass du mich nicht mehr lieb hast, wenn ich eines Tages einmal alles richtig mache.*« Die

Mutter soll daraufhin einen kleinen Lachanfall bekommen haben.

Auch in diesem Fall gelang es, aus der Gefangenschaft in einer Möbiusschleife zu entkommen. Die Tochter überraschte ihre Mutter damit, dass sie deren lästiges Nörgeln plötzlich als deren Form der Zuneigung interpretierte und, anstatt sich darüber zu empören, es auf einmal »paradox« bejahte. Wie beim Dribbeln im Fußball kommt es auch in diesen Formen der Kommunikation darauf an, den Anderen »auf dem falschen Fuß« zu erwischen. Die ganze Gewichts- und Kraftverteilung aufseiten der Mutter war darauf gerichtet gewesen, Einwände gegen ihre Bedenken zu bekämpfen. Das war sozusagen ihr kampfbereites, freies Spielbein. Die Tochter aber nahm nicht diese Gasse, sondern vielmehr die aufseiten des belasteten Standbeins. Die Produktion von Bedenken war diese belastete, unbewegliche mütterliche Seite. Hier plötzlich die Partei der Mutter zu ergreifen bedeutete, eine Richtung einzunehmen, der die Mutter nicht widersprechen konnte; oder wenn, dann nur um den Preis, ihren Standpunkt aufzugeben – eine Bewegung, deren typisches Kennzeichen oft das Lachen ist.

Kapitel 3

How Art Matters and How it Means:[1] Über Materie und Bedeutung in der Kunst

Abb. 1: Mateja Bucar: Dual DWA, 2018. Foto: DUM

01

Die Choreographin and Performancetheoretikerin Mateja Bucar hat mit präzisem Gespür eine beunruhigende Frage in den Raum gestellt, die insbesondere der Tanz wie vielleicht keine andere Kunstform aufwirft: Ist die Kunst Materie, oder besteht sie aus Bedeutung?

In ihren neueren, subtilen Interventionen in den öffentlichen Raum lässt Mateja Bucar Tänzer für ein unvorbereitetes, nicht eingeweihtes Publikum performen – zum Beispiel, indem sie auf einem Parkplatz rhythmisch und simultan Schachteln in die Kofferräume verschiedener Autos laden. Gerade diese Performances legen es nahe, der Frage ins Auge zu sehen: Ist das, womit wir es hier zu tun haben, ein Kunstwerk mit einer Botschaft beziehungsweise einer Bedeutung, die nach Interpretation und Dekodierung verlangen? Oder ist es nur die unschuldige, wenn auch gewitzte Ko-Präsenz von Körpern, Objekten und die verführerische Gleichzeitigkeit und Gleichförmigkeit tänzerischer Bewegungen?

Abb. 2: Mateja Bucar: Parking Packing, 2013. Foto: DUM

Die Konsequenzen sind klarerweise gravierend: Wenn es hier Bedeutung gibt, dann müssen wir unseren Intellekt betätigen, interpretieren, die Bedeutung zu erfassen versuchen, unsere Lesart mit möglichen anderen vergleichen, sie zu verbessern versuchen etc. Wenn hingegen das Kunstwerk nichts als Materie ist, dann müssen wir wohl verstummen, uns bemühen, das Denken einzustellen (oder wenigstens das überschüssige Denken), und lediglich versuchen zu beobachten und möglichst fein zu empfinden.

Dies verbindet unsere Fragestellung mit einer Debatte, die in den letzten Jahrzehnten in der Kulturtheorie geführt wird: ob Kultur als »Text« oder eher als »Performanz« zu verstehen sei. Diese Debatte begleitet die sogenannte »performative Wende,« einen von vielen Theoretikern behaupteten Paradigmenwechsel in der Kulturtheorie.[2]

In analoger Weise versuchten Theoretiker wie zum Beispiel Hans-Ulrich Gumbrecht einen zumindest partiellen Paradigmenwechsel herbeizuführen, indem sie zusätzlich zum traditionellen Verständnis von Kultur als »Bedeutung« beziehungsweise »Text« ein neues, anderes Verständnis von Kultur als »Präsenz« vorschlugen.[3]

Diese Unterscheidungen erscheinen etwas Richtiges zu treffen, wenn man zum Beispiel an den Wechsel von der Verwendung unechten »Theaterbluts« auf der Bühne zu jenem echten Blut denkt, das in den Aktionen von Günter Brus und Hermann Nitsch im Wiener Aktionismus der 1960er Jahre floss. Ebenso lässt sich mit diesen Unterscheidungen recht gut die Veränderung begreifen, die zwischen dem klassischen, mit Platzpatronen durchgeführten »bullet catch«-Trick aus dem Varieté-Theater und der Performance »Shoot« von Chris Burden liegt, bei der sich der Künstler am 19. November 1971 mit einer echten Gewehrkugel anschießen ließ.[4]

Um unsere Fragestellung noch in einem anderen theoretischen Rahmen zu verorten, könnte man sie auf die Theorie Marshall McLuhans beziehen. Der Tanz ist in McLuhans Terminologie die wohl »kälteste« Kunstform. Der »kalte« Tanz funktioniert ganz anders als zum Beispiel die »heiße« Literatur: In der Literatur werden all unsere Sinne stillgestellt – bis auf einen einzigen, der in Richtung höchsten, »heißen« Detailreichtums erweitert wird. Im Gegensatz dazu spricht der Tanz alle unsere Sinne zugleich an, ohne dass jedoch ein einzelner solchen Detailreichtum erfahren würde. Tanz ist dementsprechend »kalt« – und wie in allen kalten Medien spielt im Tanz daher der Inhalt bestenfalls eine untergeordnete Rolle. Für solche kalte Medien trifft McLuhans These, dass das Medium die Botschaft sei, am ehesten zu. Bei diesen Medien ist tatsächlich das Medium selbst die Botschaft – und nicht etwa die transportierten Inhalte, die Bedeutungen und all das, worauf wir achten, wenn wir uns an heißen Medien orientieren.[5] »Die Botschaft sein« bedeutet bei McLuhan, dem sozialen Leben eine bestimmte Form zu geben. In den kalten Medien ist es also das Medium selbst, was das gesellschaftliche Leben verändert, unabhängig davon, was der Inhalt ist. Ein kaltes Medium wie zum Beispiel der Tanz strukturiert das Sozialleben in den Gesellschaften, in denen er vorherrscht, in einer bestimmten Weise; unabhängig von irgendeinem Inhalt – oder auch von der Abwesenheit solchen Inhalts. Die Frage der Bedeutung bleibt diesbezüglich bei kalten Medien also unerheblich; das Medium und seine Materialität geben dem Leben der Gesellschaft eine bestimmte Gestalt.

Abb. 3: Mateja Bucar: The Unnoticed, 2014. Foto: DUM

Um dies in eine Formel zu bringen, die ein wenig an bestimmte Sätze Jacques Lacans erinnern mag,[6] könnte man sagen: Der Tanz fordert dazu heraus, zu denken, dass die Kunst dort materiell und von Belang ist, wo sie nicht mit Bedeutung operiert; und umgekehrt, dass sie dort Bedeutung hat, wo sie nicht materiell und von Belang ist – *»art matters where it does not mean anything; or, when it means something, it does not matter anymore.«*

Mit der zunehmenden Vorherrschaft kalter Medien (wie zum Beispiel des Tanzes) im 20. Jahrhundert scheint die Kultur zu »erkalten«; und diese Verschiebung vom Text zur Perfomanz, von Sinn zur Präsenz, vom Inhalt zur Botschaft mag an Friedrich Nietzsches Satz erinnern, die Wahrheit sei vergleichbar mit »Münzen, die ihr Bild verloren haben und nun als Metall, nicht mehr als Münzen, in Betracht kommen.«[7] Was bislang als ein Symbol oder als eine Metapher galt, die entziffert werden muss, erscheint nun als eine nackte Wahrheit beziehungsweise Wirklichkeit.

Die Unterscheidung zwischen Bedeutung und Materie – beziehungsweise zwischen Repräsentation und Präsenz – verweist tatsächlich auf ein Problem, das der Untersuchung wert ist. Das, worüber wir hier nachzudenken herausgefordert sind, ist dieselbe Frage, auf die der deutsche Künstler Horst Janssen hinwies, als er einmal bemerkte: »Käthe Kollwitz meinte es gut; Goya war es.«[8] Käthe Kollwitz wollte das Gute, aber Francisco de Goya gelang es: In dieser Bemerkung findet sich abermals die Unterscheidung zwischen der Bedeutung als dem Gemeinten auf der einen Seite und dem wirklichen Tun auf der anderen; »meaning« und »matter«.

Gerade das, was wir in den letzten drei Jahrzehnten als sogenannte politische Kunst wahrnehmen, scheint von dieser Unterscheidung betroffen zu sein. Denn seit damals wird unter einer *Politisierung der Kunst* das Aufladen eines Kunstwerks mit politischer Bedeutung, oder aber das Aufladen der Kunst mit Theorie, verstanden. Wer erinnert sich nicht an die vielen Ausstellungsräume, an deren Wänden fotokopierte Zitate von Butler, Foucault oder Rancière hingen? In gewisser Weise lässt sich sagen, dass genau diese Art vermeintlich politisierter Kunst die Kunst eigentlich entpolitisiert und sie ihrer entscheidenden politischen Durchschlagskraft beraubt hat. Worauf Janssen sich bezog, war die Frage der Souveränität der Kunst – ihre Fähigkeit, genau hinzusehen, wie die Dinge aussehen; wenn nötig in grausamer Weise, und ohne sofort Urteile zu fällen und den Betrachtern nahezulegen. Janssen kritisierte den Versuch, die Kunst irgendeiner politischen oder pädagogischen Absicht oder Bedeutung unterzuordnen. Die Würde, die Faszination und damit auch die transformative Kraft der Kunst kann sich nur dann entfalten, wenn die Kunst keinen Zweck außer sich selbst zu erfüllen braucht. Dies könnte nämlich die Menschen daran erinnern, dass auch sie selbst nicht immer einem fremden Zweck zu dienen haben; dass sie auch ihr eigener Zweck sein können – als souveräne menschliche Wesen. Das war die Pointe der Überlegungen von Georges Bataille, als er in den 1930er Jahren seine Theorie der Souveränität entwickelte.[9] Jacques Rancière berührt diesen Punkt in schöner Weise, wenn er Passagen von Arbeiterliteratur aus dem 19. Jahrhundert kommentiert, in denen beschrieben wird, wie befreiend das Erlebnis für Arbeiter war, aus den Fenstern eines Palastes zu blicken und damit eine Idee vom »interesselosen Wohlgefallen« und von der Souveränität der Weltsicht ihrer Herren gewinnen zu können.[10] Leider ist dieser wichtige Punkt kläglich vernachlässigt worden; gerade von jenen Theoretikern und Künstlern, die in den letzten Jahrzehnten oft genug unter Berufung auf Rancière die Kunst in die genau gegenteilige Richtung einer angewandten politischen Illustration gedrängt haben. Im Gegensatz zu Rancière scheinen viele seiner vermeintlichen Nachfolger nie bedacht zu haben, dass die politische Wirkungskraft der Kunst vielleicht gerade nicht ihrem Inhalt, sondern mindestens ebenso sehr ihrer Materialität entstammt.

Und dennoch. Obwohl die Unterscheidung zwischen Materie und Bedeutung aus vielen Gründen plausibel erscheint, möchte ich behaupten, dass sie irreführend ist. Denn sie verdeckt ein entscheidendes Problem – und zwar genau jenes Problem, das gelöst werden muss, um das Problem einer Politik der Kunst in Angriff zu nehmen.

Die Tatsache, dass unsere anfängliche Unterscheidung zwischen Materie und Bedeutung irreführend ist, zeigt sich, wenn man den Begriff der Form einführt. Denn die Einführung der Kategorie »Form« verschiebt diese Opposition in eigentümlicher Weise. Man kann sich fragen: Steht die Form auf der Seite der Materie? Oder steht sie auf der Seite der Bedeutung? – Es zeigt sich sofort: Die Form ist auf keiner der beiden Seiten zu finden.[11] Materie? – Nein. Denn wenn wir Aristoteles folgen, dann ist die Form ja das Gegenteil der Materie. Bedeutung? – Nein. Die Bedeutung des Kunstwerks zu suchen bedeutet, die Form aus den Augen zu verlieren (oder zu vernachlässigen). Das war genau der Vorwurf, den Susan Sontag in ihrem Essay »Against Interpretation« erhoben hat:[12] In Kunstwerken sollten wir nicht nach der »Bedeutung« suchen und so die tatsächliche Form des Kunstwerks durch eine andere Form ersetzen (die wir willkürlich als die wahre oder »verborgene« Bedeutung betrachten), sondern nach den Gründen suchen, warum die Form des Kunstwerks genau so sein muss, wie sie ist, und herausfinden, was verlorengeht, wenn wir sie durch eine andere Form ersetzen. (Genau diese Art formaler Analyse hat Sigmund Freud übrigens in Bezug auf den Witz, den Traum und die Fehlleistungen vorgeführt.)

Nun, die Form ist genau das, worauf Horst Janssen mit seiner spitzen Bemerkung hingewiesen hat: In der Kunst zählt nicht, wie man es meint, sondern es zählt, was man tatsächlich tut – und das ist die Form. Dieses Prinzip gilt nicht nur für die Kunst, sondern auch für eine Reihe anderer kultureller Praktiken. Wir könnten sie die *formalen Praktiken* nennen.

Ein weiteres Beispiel für eine solche formale Praxis ist die Höflichkeit. Nach Ansicht des französischen Philosophen Alain, der dies vor ziemlich genau 100 Jahren schrieb, muss Höflichkeit genauso erlernt werden wie das Tanzen.[13]

Abb. 4: Mateja Bucar: Green Light, 2011. Foto: DUM

Zum Beispiel ist es für einen Händedruck nicht ausreichend, dass man es nur gut meint. Stattdessen muss ein Handschlag auf sehr präzise Weise erfolgen: Er muss eine bestimmte Geschwindigkeit haben, nicht zu schnell, nicht zu langsam; er muss eine gewisse Festigkeit haben, nicht zu viel, nicht zu wenig. So muss auch eine scheinbar einfache Technik wie ein Handschlag erlernt und trainiert werden. Andernfalls scheitert die höfliche Geste. Wenn sie scheitert, ist ihre Form falsch. Dann sind wir unhöflich. Und wenn wir unhöflich sind, so können wir dies nicht mit dem Hinweis darauf entschuldigen, wie wir es gemeint haben.

Wenn wir zum Beispiel die Hand des Anderen gedrückt haben, bis ihm beinahe die Knochen brachen, so können wir uns nicht entschuldigen, indem wir sagen: »Oh, es tut mir leid, ich habe es einfach so aufrichtig gemeint«. Auch wenn wir versichern können, dass es zutiefst freundlich gemeint war, bleibt unsere Geste immer noch unhöflich. Die Höflichkeit ist gescheitert. Das bedeutet, *dass Höflichkeit immer echt ist.* Es gibt keine gefälschte Höflichkeit. Natürlich können höfliche Handlungen scheitern. Aber wenn eine höfliche Handlung scheitert, ist sie keine Fälschung. Ein Versagen in der Höflichkeit bedeutet nicht, dass eine bestimmte Handlung nur wie Höflichkeit aussah, es aber in Wahrheit nicht ist.

Im Gegenteil, das Versagen in der Höflichkeit besteht gerade darin, dass eine bestimmte Handlung nicht höflich aussah. Und wenn es nicht höflich aussieht, sieht es nicht nur unhöflich aus, sondern dann ist es auch unhöflich. Versagende Höflichkeit besteht nicht darin, dass etwas zwar die richtige Erscheinung besitzt, aber dafür den falschen Gehalt. Ihr Misserfolg besteht vielmehr darin, dass sie die falsche Erscheinung besitzt. Darum kann Höflichkeit nicht derart gefälscht werden, dass man darüber sagen könnte: »Oh, das sah nur höflich aus, aber lass dich nicht täuschen, es war nicht wirklich höflich«. So etwas kann man natürlich über Freundlichkeit sagen. Man kann sagen: »Es sah nur freundlich aus, aber das war es nicht.« Aber genau das kann man mit Höflichkeit nicht tun. Jedes Mal, wenn etwas wie Höflichkeit aussieht, dann ist es auch Höflichkeit.

Denn Höflichkeit ist nichts als Erscheinung. Sie ist reine Form. Es gibt keinen Inhalt, der mit ihr verglichen werden könnte, so dass man beurteilen könnte, ob die Form diesen Inhalt tatsächlich enthält oder nicht. Wenn also etwas nach Freundlichkeit aussieht, kann man nicht sicher sein. Wenn jedoch etwas wie Höflichkeit aussieht, kann man immer sicher sein: Es ist höflich. Dies ergibt sich aus der Natur der Höflichkeit als einer rein formalen Praxis. Sie ist ein Beispiel für reine Erscheinung – beziehungsweise reine Form.[14]

Ist sie dann also reine Präsenz? Nichts als Materie? – Ganz offensichtlich nicht. Das sieht man, wenn die Höflichkeit versagt. Dann öffnet sich die Lücke zwischen dem, was gemeint war, und dem, wie es aussah. Man wollte vielleicht höflich sein, aber es sah so aus, als wollte man dem Anderen die Hand brechen. Wir müssen also feststellen, dass es zwei verschiedene Arten von Bedeutungen bei der gescheiterten höflichen Handlung gibt: auf der einen Seite die Bedeutung, auf die abgezielt wurde, und auf der anderen Seite die Bedeutung, die jemand anderer hätte verstehen können.

Diese zweite Art von Bedeutung ist das, was wir die objektive Bedeutung der Höflichkeit nennen können. Sie ist das, was bei der Höflichkeit zählt: was jemand Anderer gedacht haben könnte. Um dieser objektiven Seite einen theoretischen Begriff zu geben, sollten wir vielleicht ihr alleine den Namen »Bedeutung« vorbehalten. Die subjektive Absicht hingegen – das, was man zu kommunizieren hoffte – könnten wir als »Sinn« bezeichnen.

Im Gegensatz zum Sinn wäre die Bedeutung objektiv: Sie wäre das, was jemand Anderer verstanden hätte. Natürlich ist dieser »Jemand« keine der wirklichen anderen anwesenden Personen in der Situation. Denn die wirklichen Anderen würden sich niemals ganz dessen enthalten, darüber zu spekulieren, was der Sprecher »eigentlich« kommunizieren wollte. Sie würden niemals nur auf die objektive Seite schauen, sondern immer auch quasi empathisch versuchen, das Gemeinte – den Sinn – zu erraten. Sie würden also, genau wie die von Susan Sontag verächtlich kritisierten Theoretiker, den Fehler des hermeneutischen Interpretierens begehen.

Die objektive Bedeutung wäre im Gegenteil das, was ein fiktiver, völlig naiver Beobachter, der sich überhaupt nicht um subjektive Absichten kümmert, verstanden hätte.[15] Und seltsamerweise würde dieses naive Verständnis des naiven Anderen für die wirklichen anderen Personen über ihr eigenes »hermeneutisches« Verständnis siegen. Auch wenn sie errieten, was die subjektive Absicht war, würden sie als objektive Bedeutung trotzdem das verstehen, was der naive Andere verstanden hätte. Sie würden gegen ihre eigene Lektüre auf die Wahrnehmung dieses naiven Anderen zählen.

Stellen Sie sich vor, Sie nehmen an einer Beerdigung teil und wollen der trauernden Witwe Ihr aufrichtiges Mitgefühl ausdrücken. Aber beim Versuch, ihr die Hand zu schütteln, stolpern Sie nach vorne und fallen zusammen mit der armen Witwe in das offene Grab. Obwohl alle natürlich wissen, dass dies äußerst tragisch ist und dass es nicht so beabsichtigt war, würden sie es immer noch schwer finden, nicht das Komische daran zu sehen und sich des Lachens zu enthalten. Denn sie wären außerstande, es nicht mit den Augen eines naiven Anderen zu sehen, dem dies als reiner Slapstick erschiene.

03

Somit haben wir es in der Höflichkeit, als einer formalen Praxis, ebenso wie in der Kunst nicht mit Bedeutung im Sinne dessen zu tun, was Sie meinen oder was die wirklichen Anderen zu verstehen glauben; aber wir haben es auch nicht einfach mit Materie zu tun – im Sinn dessen, was die Sache physisch ist. Vielmehr haben wir es damit zu tun, was die Sache für einen unsichtbaren naiven Anderen bedeutet – oder, wie ich es anderswo genannt habe, mit dem Feld der Illusionen der Anderen. Es geht immer darum, was der naive Andere verstanden hätte. Dieser Seite würde ich den Begriff der Bedeutung oder auch – was hier dasselbe ist – der Buchstäblichkeit vorbehalten.

Diese Unterscheidung zwischen dem Sinn als dem, was die gegenwärtigen Anderen subjektiv meinen, und der Bedeutung oder Buchstäblichkeit als dem, was der naive Andere verstanden hätte, ist dasselbe wie die geläufige Unterscheidung zwischen Meinen und Sagen. Diese Differenz hat Semiotiker und Logiker oft beschäftigt, wie zum Beispiel Gottlob Frege, als er vorschlug, zwischen »Sinn« und »Bedeutung« zu unterscheiden.[16]

Dieselbe Unterscheidung haben Literaturtheoretiker wie Wolfgang Iser vorgenommen, wenn sie zwischen dem wirklichen und dem »idealen« oder »impliziten« Leser trennten.[17]

Der entscheidende Punkt dabei ist, dass, um die Ebene der Bedeutung zu erreichen, dieser Andere nicht als eine Art perfekter Leser verstanden werden darf, der einfach besser liest, mit weniger Missverständnissen als die anderen Leser. Stattdessen ist es ein Leser einer anderen Ordnung – ein völlig fremder, ja, sozusagen viel dümmerer Leser. Denn dieser Leser ist, im Gegensatz zu allen wirklichen Lesern, in gewisser Weise psychotisch. Er kann sich nicht darum kümmern, was beabsichtigt war. Er kümmert sich nur um die Erscheinung, und sonst um nichts. Das ist seine Naivität.

Deshalb könnten wir in lacanianischer Terminologie sagen, dass der Sinn *imaginär* ist, während die Bedeutung *symbolisch* ist. Letztere bezieht sich, wenn überhaupt, nur auf das Imaginäre eines unsichtbaren Anderen, der sich nur um das kümmert, was er sehen kann, und nicht um das, was beabsichtigt war. Symbolisch oder auf das Imaginäre eines naiven Anderen bezogen – ich möchte an dieser Stelle die Frage offen lassen, ob das dasselbe ist oder nicht; ich denke aber, dass eine Reihe von Problemen, mit denen die psychoanalytische und speziell die lacanianische Theorie sich konfrontiert sahen, von dieser Frage herrühren: Hat man es mit etwas zu tun, das zum Imaginären eines naiven Anderen gehört, oder mit etwas Symbolischem, und ist das dasselbe oder nicht?

Was ist also dieses Imaginäre des Anderen – das, was der Andere hätte denken können? – Ich denke, wir begegnen dieser Dimension ziemlich oft, wenn wir Künstlern zuhören, wenn sie über ihre Werke sprechen; oder genauer gesagt über den Moment, in dem ihre Arbeit einen bestimmten Punkt erreicht – wenn ihre Arbeit sozusagen beginnt, Gestalt anzunehmen. Sie sagen dann manchmal etwas wie: »Jetzt fängt es an, nach etwas auszusehen.« Irgendwann, wenn sie eine Weile gemalt haben, aber die Arbeit noch nicht einmal ganz vollendet ist, sagen sie: »Jetzt sieht es nach etwas aus.« Und damit wollen sie natürlich nicht sagen, dass es wie etwas Anderes aussieht. Es ist nicht der Anschein oder die Erscheinung von etwas Anderem, sondern die reine Erscheinung. Vielleicht lässt sich das mit Kant erläutern, indem man sagt, dass es sich um eine Art »Zweckmäßigkeit ohne Zweck« handelt.[18]

Ich würde behaupten, dass dies genau der Moment ist, in dem die Künstler bemerken, dass der unsichtbare naive Andere es jetzt für etwas halten würde. Es sind nicht sie selbst – sie wussten bereits, was sie malen wollten –, aber plötzlich sagt auch der Andere (oder vielleicht sagt es überhaupt der Andere als Erster): »Ah, es ist etwas, jetzt kann ich es sehen.« Eine andere Art, dies zu sagen, ein älterer Ausdruck, lautet: »Jetzt hat es ein Gesicht.« Plötzlich macht es Sinn – für den Anderen.

Ich denke, das ist es auch, worauf die Theoretiker der »Präsenz« eigentlich hinweisen. Denn Präsenz, wie sie im Tanz- und Theaterkontext verwendet wird, ist eine Kategorie, die knifflig ist; sie ist völlig metaphorisch. Und das zeigt, dass es bei diesem Begriff nicht nur um Materie oder Sinnlichkeit geht. Wenn es um Materie und Sinnlichkeit ginge, dann wäre es nicht notwendig zu sagen, dass jemand »Präsenz« hat oder besitzt. Wenn Präsenz hier nur in dem wörtlichen Sinne verstanden würde, dass jemand hier ist und auf die Schulter geschlagen werden kann, dann wäre diese Bemerkung sinnlos. Jeder, der gerade hier ist, würde dann eine »Präsenz« haben.

Aber Theaterregisseure sagen ihren Schauspielern Dinge

wie: »Du hast eine Präsenz«, sowie, zu einer anderen Person: »Und du leider nicht.« Es geht also nicht nur darum, dass du und ich hier und da sind, sondern dass du und ich etwas mehr tun, als nur hier und da zu sein. Es geht nicht nur darum, in diesem Moment physisch anwesend zu sein, sondern es geht um mehr. Und offensichtlich ist das etwas ziemlich Metaphysisches: Es kommt eher dem nahe, was Walter Benjamin eine »Aura« nannte. Auch über diese Aura kann man sagen: »Du hast eine Aura«, und, zu einer anderen Person: »Du leider nicht.« Benjamin definiert Aura bekanntlich als die »einmalige Erscheinung einer Ferne, so nah sie sein mag«.[19] Etwas scheint fern zu sein, obwohl es hier ist. Das ist »Aura« und »Präsenz«. So könnten wir vielleicht sogar ein genaueres Verständnis der Aura gewinnen: Warum erscheint etwas entfernt, obwohl es nahe ist? – *Weil wir es mit den Augen eines entfernten Anderen sehen.* Präsenz und Aura entstehen, wenn die Dinge anfangen, etwas zu sagen, nicht zu uns, sondern zu einem virtuellen, naiven Anderen. *Es ist Präsenz in den Augen eines Anderen*: Nicht nur wir sehen, dass du hier bist, sondern auch ein entfernter Anderer würde es bedeutsam finden, dass du hier bist. Das ist es, was diese Art von auratischer Präsenz erzeugt. Präsenz im theatralischen Sinn ist eine bedeutsame Präsenz im Auge eines Anderen; eine Präsenz, die nicht nur uns, sondern auch den Anderen beeindruckt. Wir würden wissen, dass etwas hier ist, aber der Andere wäre beeindruckt von dem, was es bedeutet, dass es hier ist.

Hier können wir uns an das schöne Beispiel erinnern, das Octave Mannoni in seinem Essay über die komische Illusion am Theater gegeben hat, wo er von dem Schauspieler spricht, der eine Leiche darstellen muss.[20] Leider bekommt der arme Schauspieler etwas vom Staub der Bühne in die Nase, und dann beginnt dieser Schauspieler, der bis dahin ruhig auf dem Boden lag, zu niesen. Mannoni sagt, in diesem Moment würden wir in Lachen ausbrechen. Aber warum? – Hier ist Mannonis Erklärung (nach seiner Formel »Ich weiß zwar, dennoch aber«) entscheidend: Wir wissen sehr wohl, dass es sich hier nur um einen Schauspieler und nicht um eine Leiche handelt, und für uns ist es nicht verwunderlich, dass er niesen kann. Aber trotzdem lachen wir: weil der naive Andere, den wir – implizit – voraussetzen, jetzt sehr überrascht gewesen wäre. Und die Komik dieses Anderen, der jetzt dumm dreinschauen würde, wenn der Tote niest – diese Komik ist eigentlich Ursache und Gegenstand unseres Lachens.

Was hier im Hinblick auf den Begriff der Präsenz interessant ist, ist die Tatsache, dass auch für uns selbst die Wahrnehmung des Anderen über unserer eigenen Wahrnehmung steht. Wir wissen sehr wohl, dass dies der Schauspieler Soundso ist und dass es ganz normal ist, dass diese arme Person niesen muss, aber trotzdem entladen wir lachend eine Menge an Affekt und Leidenschaft: denn der Andere hätte das auf eine für uns belustigende Art und Weise gelesen. Wir können irgendwie nicht umhin, diese Situation auch mit den Augen des naiven Anderen zu sehen und zu lesen, und die Illusion dieses Anderen – und ihr Unterschied zu unserem eigenen Wissen – ist es, was unsere Affektabfuhr auslöst.

Dies ist sehr wichtig, wenn wir über die Frage der Politisierung der Künste nachdenken. Nach dem oben genannten Verständnis der 1990er Jahre wurde die meiste Kunst, die darauf abzielte, politisch zu sein, massiv mit Inhalten überhäuft und geriet dadurch meist schwerfällig. Diese Entwicklung zeigt sich zum Beispiel in der Verschiebung, die sich in Bezug auf das Verständnis des Begriffs der »Konzeptkunst« vollzogen hat. In ihrer heroischen Epoche in den 1960er und 1970er Jahren war die Konzeptkunst so etwas wie zum Beispiel Robert Morris' »Box with the Sound of Its Own Making« (ab 1961) – diese kleine Holzkiste, die ein Tonband mit allen Geräuschen des Sägens, Zusammenfügens, Nagelns und Hämmerns enthielt, die angeblich beim Basteln jener Kiste entstanden waren, in der dieses Tonband eingeschlossen war. Ein Objekt, das natürlich ein charmantes kleines Paradoxon enthält: Kann man denn diese Box wirklich fertigstellen und den Lärm ihrer ganzen Entstehung, bis zum Schluss, wirklich darin einschließen?

Wenn man heute jedoch durchschnittliche Studierende einer Kunstakademie fragt, was sie tun, wenn sie behaupten, Konzeptkunst zu machen, dann kann man sicher sein, dass ihre Antwort so ähnlich lautet wie: »Wir forschen über die Erfahrungen von Schleier tragenden Frauen, die öffentliche Verkehrsmittel benutzen.« Hier ist es interessant, das Verhältnis von Form und Materie zu betrachten.

Denn wie ich behaupten würde, wird hier sichtbar, *dass die Form auf der Seite der Materie steht*. Dies steht im Gegensatz zu dem, was viele Marxisten in der Blütezeit des westlichen akademischen Marxismus in den 1970er Jahren, aber auch kurz nach der Oktoberrevolution dachten. Die meisten marxistischen Ästhetiker und Künstler widersetzten sich dem angeblich »bürgerlichen« Formalismus in der Kunst;[21] in der Überzeugung, dass nur das Beladen der Kunst mit sozialem Inhalt es dieser ermöglichen würde, sich auf die Seite der Arbeiterklasse zu stellen. Aber wenn man sich ansieht, was in den 1990er Jahren an den Kunstakademien geschah, sieht man deutlich, dass die Form auf der Seite der Materie steht, dass sie die Verbündete der Materie ist – während beide sich im Gegensatz zum Inhalt befinden. Denn ab den 1990er Jahren herrschte zunehmend die Vorstellung, dass Kunst zur Forschung werden müsse; sie müsse zur Wissenschaft werden und in Bereichen wie Cultural Studies, Kulturanthropologie oder Soziologie forschen, und so forderten die Reformer: »Lasst uns die Studios und Werkstätten abschaffen!« Warum um alles in der Welt sollten junge Künstler an den Akademien noch sägen, hämmern, nageln oder mit Gips oder Ton arbeiten?

Dies alles wurde als etwas Gestriges angesehen – als bloßes Handwerk. Von nun an jedoch sollte die Kunst die Wissenschaft in sich aufnehmen (als ob die Kunst dies nicht schon spätestens seit der Renaissance getan hätte). Es sollte Wissenschaft in der Kunst geben, oder Kunst sollte selbst als Wissenschaft verstanden werden. Und natürlich sollten die Sozialwissenschaften die Kunst politischer gestalten. Diese »Politisierung« der Kunst führte seit den 1990er Jahren zur Abschaffung vieler Studios und Werkstätten an den Kunstakademien und zur vermehrten Einrichtung von Theoriekursen. Aber was bedeutete das eigentlich? – Um es drastisch zu formulieren: Die Blue-Collar-Jobs in den Akademien wurden durch White-Collar-Jobs ersetzt, und Menschen, die wirklich mit den Händen arbeiteten und entsprechende Fähigkeiten besaßen, wurden durch kleinbürgerliche Akademiker ersetzt, die die Künstler über Cultural Studies informierten. Dies war der eigentliche Klassenkampf an den Kunsthochschulen Europas seit den 1990er Jahren.

Ich betone dies, weil wir hier auf einen entscheidenden Punkt stoßen, der die Wirksamkeit der Kunst betrifft, wenn es darum geht, Affekte auszulösen und bestehende Kodierungen neu zu kodieren; wenn es darum geht, Dinge neu zu kodieren, die dominanten, hegemonialen Ideologien unterworfen sind. Denn die materielle Arbeit in der Kunst, würde ich behaupten, ist das Einzige, was es Künstlern ermöglicht, auf etwas zu stoßen, was sie nicht von vornherein wussten oder beabsichtigten. Die Einbeziehung von Theorie wie Cultural Studies zum Beispiel führt hingegen fast immer zu einer Kunst, die nur illustriert, was die Künstler schon vorher wussten und was auch die Betrachter bereits wussten, noch bevor sie das Kunstwerk sahen.

04

Was ich, einem Argument von Sigmund Freud folgend,[22] behaupten würde, ist, dass jede Kunst eine Art materielle Praxis braucht – die zum Beispiel für den Maler so etwas sein kann wie das Aufspannen der Leinwand auf den Rahmen, das Grundieren oder ein erstes, noch weitgehend absichtsloses Auftragen von Farbe; eine sich wiederholende, handwerkliche Tätigkeit. Nur diese materielle Aktivität ermöglicht es dem Künstler, sich ablenken zu lassen – von vorgefassten Intentionen oder bereits fertigen Bedeutungen. Und nur so kann der Künstler – und hierin besteht der Punkt von Sigmund Freud – das Material seiner Kunst einen Moment lang einer unbewussten Bearbeitung überlassen, im Gegensatz zur bewussten Bearbeitung. Dasselbe ist zum Beispiel auch notwendig, um einen guten Witz zu machen.

Wie wir von Freud wissen, resultieren gute Witze immer daraus, dass das Material des Witzes für einen Moment lang einem Primärvorgang überlassen wurde – einer unbewussten Bearbeitung oder, wie Freud sagt, der »Witzarbeit«.[23] Dadurch entsteht etwas, das von der Ordnung des Unerwarteten ist. Natürlich kann das, was dabei herauskommt, später auch erläutert und paraphrasiert werden, in bewusst gefassten oder erwartbaren Worten, aber dann ist es nicht mehr lustig. Nur dieser Primärvorgang, der verschiebt, verdichtet, mit Wörtern und deren Ähnlichkeiten spielt usw. – nur dieser Prozess erzeugt Form; und nur die Form kann den naiven Beobachter überzeugen. Man kann das gut sehen an einem der Witze, die Freud als Beispiele anführt – dem bekannten Witz von Heinrich Heine, wo jemand seinen sehr wohlhabenden Onkel in Hamburg besucht und danach sagt: »Mein Onkel behandelte mich sehr *famillionär*«.[24]

Natürlich kann dieser Witz, wie Freud anmerkt, auch anders ausgedrückt werden, indem man erklärt, dass er einerseits zum Ausdruck bringt, dass der Onkel seinen Besucher freundlich und als Mitglied der Familie behandelt habe, andererseits aber auch, dass der Onkel ihn zugleich doch immer den Millionär habe spüren lassen. Diese beiden hier nacheinander ausgedrückten Bedeutungen sind im Witz durch den Primärvorgang zu einer einzigen, perfekten Form verdichtet worden – dem Wort »famillionär«. Auffällig ist übrigens, dass dieser Witz völlig einem freudschen Versprecher ähnelt. Viele Beispiele für freudsche Witze gibt es nämlich auch in der »Psychopathologie des Alltagslebens«, sie können sowohl unbeabsichtigte Fehlleistungen als auch beabsichtigte Witze sein.[25] Die Produktionsweise ist immer dieselbe. Das Material wurde dem primären Prozess überlassen, der eine perfekte Form hervorbringt, in der all die verschiedenen Gedanken, so widersprüchlich sie auch sein mögen, schön in ein und demselben Wort zum Ausdruck kommen. Das ist das Entscheidende, und das ist der Grund, warum der Witz nicht lustig ist, wenn die Witzgedanken nacheinander präsentiert werden; wie »der Onkel hat mich freundlich wie ein Familienmitglied behandelt, aber er hat mich auch spüren lassen, dass er Millionär ist« – ok, wir verstehen, aber wir können kaum lachen. Erst wenn die gegensätzlichen Gedanken pointiert in einem einzigen Wort zusammengefasst sind, wird es lustig.

Die Verdichtung erzeugt Erheiterung, sie führt zur Abfuhr einer beträchtlichen Affektmenge durch Lachen. Wir bekommen alles, was es hier zu denken gibt, in einem gesagt, und wir müssen die entgegengesetzten Bedeutungen nicht unterscheiden oder die konträren Motive gegeneinander abwägen. Es ist ein Triumph des Lustprinzips, all das gleichzeitig zu sagen, ohne jegliche Erschwernisse wie differenzierende Einschränkungen oder relativierende Zusätze.

Der unbewusste Primärvorgang ermöglicht Ambivalenz. Im sekundären, bewussten Vorgang hingegen müssen wir immer unsere Gründe gegeneinander abwägen. Wir können zum Beispiel sagen, dass der reiche Onkel zu 90 Prozent nett und vertraut war, aber zu zehn Prozent war er der Millionär. Im Primärvorgang jedoch ist dieses Ausbalancieren nicht notwendig. Denn wie Freud feststellt, kennt das Unbewusste keinen Widerspruch. Der Primärvorgang ermöglicht darum eine vollständige Affektabfuhr. Wir müssen nicht sozusagen die zehn Prozent des Millionärs von den 90 Prozent seiner vertrauten Freundlichkeit abziehen. Dies ist übrigens auch der Unterschied zwischen Liebe und Freundschaft. In der Freundschaft verzeihen wir unserem Freund diverse kleinere Beleidigungen, indem wir den Unmut, den sie hervorrufen, von der großen Freude abziehen, die wir sonst von ihm bekommen. In der Liebe dagegen werden alle negativen Vorkommnisse mit den positiven Erfahrungen einfach, ungeachtet ihres Vorzeichens, immer zusammengezählt und als Plus gewertet (bis dann eines Tages der Moment kommt, wo alle positiven Erfahrungen zusammen mit den negativen als Minus gewertet werden). Darum ist die Liebe – jedenfalls nach dem Affektbetrag betrachtet – immer größer als die Freundschaft, aber eben auch ambivalenter.

Das ist es, was die Form leisten kann, und zugleich der Grund, warum die Einbeziehung eines Materials notwendig ist. Die ablenkende Arbeit am Material ist notwendig, um die Künstler vom bewussten, sekundären Prozess wegzuführen und es ihnen zu ermöglichen, mit Hilfe des Materials etwas zu finden, woran sie vorher nicht gedacht hatten. Das Material ist hier deshalb so hilfreich, weil es seine eigenen Gesetze hat – es biegt sich ein wenig anders, als man erwartet hat; es formt sich ein wenig anders beim Kneten, oder die Farbe rinnt ein wenig anders, und plötzlich kann man sagen, jetzt hat es ein Gesicht; jetzt ist es für mich ganz famillionär.

Oder die Wörter und Silben kommen auf eine unerwartete Weise zusammen, und plötzlich taucht das Wort »famillionär« auf, und das ist besser und scheint den Punkt besser zu treffen als alles, was ich hätte sagen können, um die schwierige Beziehung zu diesem reichen Onkel zu erklären.

Die Arbeit am Material ist also dasjenige, was einen von dem wegbringt, was man meint. Sie erlaubt es einem, etwas mehr oder etwas Besseres zu sagen, als man von vornherein wusste. Sie führt weg von Sinn und Inhalt und produziert stattdessen Form, Bedeutung. Das würde auch gut mit dem Verfahren der psychoanalytischen Klinik übereinstimmen, wie sie von Freud beschrieben wird, wenn er sagt: »Wir wollen von [dem Patienten] … nicht nur hören, was er weiß und vor anderen verbirgt, sondern er soll uns auch erzählen, was er nicht weiß.«[26]

Das ist eigentlich auch im Kunstraum eine berechtigte Erwartung: Wir wollen nicht, dass uns der Künstler sagt, was er weiß, sondern wir wollen, dass der Künstler uns etwas sagt, was er nicht weiß – oder zumindest nicht von vornherein wusste. Oder, um es wieder auf das Feld der Liebe zu beziehen, könnten wir mit Jacques Lacan sagen, wir wollen, dass der Künstler uns etwas gibt, was er oder sie nicht hat,[27] und wir hassen die Künstler, die uns nur das geben, was sie haben – wie bloße Zitate von Foucault, Butler oder Rancière.

So können wir hier deutlich sehen, dass die Form auf der Seite der Materie steht. Die Form ist eine Verbündete der Materie. Aber die Materie allein reicht als Kategorie nicht aus, um zu erklären, worauf wir abzielen. Denn nur die Form ist die Kategorie, die auf diese Illusion des naiven Anderen, die hier am Werk ist, hinweist. Nur sie bezieht sich auf die Ordnung der reinen Erscheinung und der Bedeutung (im strikten, hier entwickelten Verständnis).

Das ist übrigens genau der Grund, warum sich die philosophische Ästhetik nicht aus einer Theorie der Sinne entwickeln lässt. Es geht nicht darum, dass etwas sich angenehm anfühlt, gut riecht oder süß aussieht. Darin besteht nie der ästhetische Effekt. Aus demselben Grund kann die psychoanalytische Ästhetik nicht von einer Theorie der Triebe ausgehen. Das Kunstwerk ist nicht das, was einen visuellen, haptischen oder oralen etc. Trieb befriedigt. Das ist nicht das, was Kunst tut. Von der psychoanalytischen Seite kann man sagen, wie ich behaupten würde, dass es bei der Ästhetik nur um eine einzige Sache gehen muss – nämlich: wie man mit dem Genießen, der *jouissance* im Sinn Lacans, umgeht. Das ist der entscheidende Punkt der Ästhetik, und ich denke, alle erfolgreichen freudianischen Versuche in der Ästhetik befassen sich mit dieser Frage.

Denken Sie nur an Freuds Studie über das Unheimliche. Die ästhetische Erfahrung mit dem Unheimlichen ist immer eine Erfahrung im Umgang mit dem Genießen. Als zum Beispiel Freuds Patient, der sogenannte »Rattenmann«, einmal im Scherz sagt, ein alter Herr, der ihm soeben ein gewünschtes Hotelzimmer vor der Nase weggeschnappt hat, möge dafür tot umfallen, und der alte Herr kurz darauf tatsächlich stirbt, ist dies für den Rattenmann sehr unheimlich.[28] Er ist plötzlich mit einem Genießen konfrontiert – mit einer Wunscherfüllung, für die er in seiner erwachsenen psychischen Ökonomie keinen Platz hat.

Er trifft auf etwas, wovon er als erwachsener Mensch weiß, dass es unmöglich ist. Er weiß genau, da er als »kastriertes«

Individuum das Lustprinzip zugunsten des Realitätsprinzips aufgegeben hat, dass bloßes Wünschen nicht ausreicht, um etwas zu erwirken. Aber in diesem Moment sieht die Welt selbst »unkastriert« aus, außerhalb des Realitätsprinzips. Plötzlich erschien die Welt so, als ob bloßes Wünschen helfen könnte. Dies ist für kastrierte, erwachsene Individuen eine unheimliche Erfahrung. Für Kinder, erklärt Freud, ist dies nicht unheimlich. Darum sind die Geister im Märchen nicht unheimlich.

Somit können wir sagen, was die Kunst durch die »Kunst-Arbeit« leistet, so wie der Witz durch die Witzarbeit, besteht darin, einen Umgang mit diesem Genießen zu finden und es in einer solchen Weise zu platzieren, dass es als lustvoll erfahren werden kann.

Dies ist ein doppelter Trick. In einem ersten Schritt entfernt uns die Kunst aus der kastrierten Welt, worin kein Genießen möglich ist, und führt das Genießen in diese Welt ein; jedoch macht sie dies, in einem zweiten Schritt, auf eine solche Weise, dass dieses Genießen nicht als unlustvoll oder unheimlich erfahren wird. So könnten wir sagen, das Kunstwerk muss immer eine doppelte Aufgabe erfüllen. Es muss magisch sein, aber nicht nur auf einfache Weise und sozusagen ein Wunder herbeiführen – zum Beispiel indem es jemanden tot umfallen lässt; es muss vielmehr ein Wunder herbeiführen und jemanden auf bloße Verwünschung hin tot umfallen lassen, und zugleich muss es dies so präsentieren, dass es nicht unheimlich wirkt. Beides muss zugleich bewerkstelligt werden. Wir könnten uns hier an die theologische Idee erinnert fühlen, dass jedes Wunder, das Gott schafft, in Wahrheit ein doppeltes sein muss: Denn zuerst kommt das Wunder, also etwas gegen die Ordnung der Natur, und dann kommt das zweite Wunder, das sogenannte »miraculum restitutionis«, mit dem Gott die vernünftige Ordnung der Welt wiederherstellt.[29] Also wenn Gott es zum Beispiel mitten im Sommer schneien lässt, muss er doch danach den Schneefall wieder einstellen und es wieder Sommer sein lassen.

Ich glaube, dasselbe kann man über die Magie der Kunst sagen. Diese Magie ist immer in gewisser Weise doppelt. Sie lässt das Genießen erscheinen, aber in einer solchen Weise, dass dieses Genießen nicht als unheimlich oder unlustvoll erfahren wird. Dasselbe gilt klarerweise auch für die Witzarbeit: Sie lässt die Ambivalenz erscheinen, liefert volles Genießen bei völliger Abwesenheit jeglichen Widerspruchs, unkastriert, nicht der Bedingung unterworfen, negative Qualitäten von positiven zu subtrahieren, aber all das in solcher Weise verschoben, dass es nicht als der ultimative Horror erfahren wird.

Um nur ein Beispiel einer solchen Verschiebung zu nennen, möchte ich eine kleine Anekdote erzählen, allem Anschein nach sogar eine wahre. In einer kleinen Stadt in der Nähe von Wien leben zwei Polizisten, die Zwillingsbrüder sind. Sie haben sich einmal einen hübschen, bösen kleinen Scherz ausgedacht. Sie stellten sich in einem Abstand von etwa zehn Kilometern auf einer Landstraße auf, wo Autofahrer oft zu schnell fuhren. Dann hielt der erste Bruder einen Schnellfahrer auf, verwarnte ihn und mahnte ihn, nicht so schnell zu fahren. Dann rief er seinen Zwillingsbruder am Mobiltelefon an und gab ihm das Kennzeichen durch. So wurde der Fahrer, falls er wieder zu schnell fuhr, erneut angehalten – und zwar allem Anschein nach durch denselben Polizisten, der nun zu ihm sagte: »Sagen Sie, habe ich Ihnen nicht gerade befohlen, dass Sie nicht so schnell fahren sollen?« – In diesem Beispiel lässt sich klar sehen: Genießen ist am Werk; die Welt erscheint für einen Moment unkastriert; eine Unmöglichkeit wird real in Gestalt des Doppelgängers; es scheint für einen Polizisten möglich, zugleich hier und dort zu sein, und all dies ist für den Autofahrer natürlich vollkommen unheimlich. Wäre es mir selbst widerfahren, so hätte ich wohl gezögert, selbst meinen besten Freunden davon zu erzählen. Doch für die Polizisten und uns, die wir wissen, wie der Trick funktioniert, ist das komisch, weil wir über das dumme Gesicht lachen können, von dem wir uns vorstellen, dass es die Autofahrer gemacht haben müssen. Für uns ist es ein wiederhergestelltes, »restituiertes« Wunder. Die symbolische Ordnung, die vernünftige Ordnung der Welt, ist wiederhergestellt, und wir haben die Möglichkeit, das Unheimliche und das entsprechende unerträgliche Genießen auf die Position eines Anderen, in diesem Fall der Autofahrer, zu verschieben, so dass wir davon nicht unangenehm berührt werden und stattdessen Lust daraus beziehen können. Auf diese Weise sollten wir auch die Wirkung des Tanzes verstehen sowie der »unsichtbaren« Choreographien im öffentlichen Raum wie jener von Mateja Bucar, auf die ich am Beginn hingewiesen habe – diese Interventionen, die dem Leben lediglich einen bestimmten Rhythmus zu geben scheinen oder die einer Situation nur eine bestimmte Form geben, zum Beispiel auf einem Parkplatz oder in einer U-Bahn-Station, und die jenseits jeglicher Frage von Interpretation zu liegen scheinen.

Abb. 5: Mateja Bucar: Parking Packing, 2013. Foto: DUM

Ich meine, genau hier müssen wir an die formalen Praktiken in der Kultur denken. Bei den formalen Praktiken geht es sehr oft darum, dem Alltag Rhythmus zu geben.

Das ist auch das, was die Religionen ihre »Liturgie« genannt haben. Religiöse Menschen haben eine Liturgie, eine ständige Abfolge von Ritualen, die das ganze Jahr für sie strukturieren. So würden religiöse Menschen zum Beispiel nicht sagen, dass ein bestimmter Mann *am 29. Dezember* starb, sondern sie würden vielleicht sagen, dass er *kurz nach Weihnachten* gestorben ist. Religiöse Menschen haben eine Reihe von Feiertagen, die für sie die Jahreszeit strukturieren. Für sie geschieht also immer etwas nach Weihnachten oder vor Ostern usw.; sie haben signifikante Punkte in der Zeit, die der Zeit Qualität verleihen. Auf diese Weise bringen sie es fertig, um es mit einem psychoanalytischen Begriff zu sagen, das Jahr durch diese heiligen Momente zu »punktieren«.

Nun ist es interessant, dass sich solche Liturgien nicht nur in den Praktiken registrierter Religionsgemeinschaften oder Gesellschaften wie der Kirchen finden lassen, sondern, wie von katholischen und protestantischen Theologen gut beobachtet wurde, auch in einer anderen formalen Praxis in der Kultur – beim Sport im Fernsehen.

Mit einer gewissen Eifersucht haben diese Theologen festgestellt, dass der Sport im Fernsehen für Sportfans dasselbe leistet wie die religiösen Liturgien für die Gläubigen: Sie strukturieren ihr Jahr. Wenn zum Beispiel jemand Ende Mai stirbt, so bedeutet das für einen Fußballfan, dass er nach kurz nach dem Champions' League Finale gestorben ist.

Wiederum bekommt damit das ganze Jahr seine Struktur: Erst kommt die Qualifikationsphase, dann die Gruppenphase, dann die K.O.-Phase. Ein Trauerfall in dieser Zeit würde für einen Fußballfan zum Beispiel bedeuten, ein Freund wäre nach den Viertelfinalspielen verstorben. Gleiches gilt auch für den Formel-1-Rennsport, zumindest solange dieser seinen strikten Kalender hatte mit den traditionellen Austragungsorten. Wenn das Rennen von Monaco kam, wusste man, es ist Frühling. Und beim Saisonende in Suzuka, Japan, spürte der Formel-1-Fan den Winter kommen. Hier lässt sich gut erkennen, was die Funktion dieser formalen Praktiken ist. Sie geben dem Leben eine bestimmte Form, und der Umstand, dass dies mit Genießen verbunden ist, zeigt sich daran, dass all das zwanghaft vollzogen wird. Der Formel-1-Fan muss den Monaco Grand Prix live sehen, und der Fußballfan muss das Champions' League Finale live verfolgen. Auch hier gilt also wieder, was Freud über die religiösen Praktiken gesagt hat: Diese Handlungen erfolgen mit Zwang – was das Symptom der Ambivalenz ist. Bei diesen Aktionen wird eine große Menge an Affekt abgeführt, da sie zwei widersprüchliche Impulse gleichzeitig vollständig befriedigen (wie etwa in Freuds Beispiel, beim Morden im Namen einer Religion, die Mord verbietet).

Aber diese Handlungen geben dem Leben überhaupt keinen Sinn. Sie geben, wie wir sagen können, dem Leben ein Gesicht. Sie stellen ihm nur eine Form zur Verfügung.

Hier sehen wir, dass Materie nicht die richtige Kategorie ist, um einen Begriff davon zu geben, was solche zeitstrukturierenden Praktiken mit den Subjekten und für sie anstellen. Vielmehr müssen wir auf dem Begriff der Form bestehen. Materie kann einen Eindruck hinterlassen. Aber nur die Form kann Leidenschaft erzeugen. Oder, um dies mit Hilfe des Englischen in eine Form zu bringen: *Matter may leave an impression. But only form can create passion.*

Kapitel 4

Zweifelhafte Berührung – berührender Zweifel

01 Berührung als Zweifel: Gegen den Überschuss des Sehens

Das Tasten als ein Akt des Zweifelns setzt dort ein, wo man aufhört, seinen Augen zu trauen. Dies bedeutet jedoch nicht, dass der Tastsinn verlässlicher wäre als das Sehen. Den antiken Philosophen Epikur und Lukrez zufolge können die Sinne nicht täuschen, und kein Sinn ist berechtigt, einen anderen zu kritisieren.[1] Wenn der Tastsinn dem Sehen überhaupt in irgendeiner Hinsicht überlegen ist,[2] so liegt das daran, dass das Sehen zur Totalisierung und zur Teleologie neigt, wie sich beispielhaft an der antiken römischen Formulierung »videant consules (ne quid detrimenti res publica capiat)«[3] ablesen lässt. Das Sehen scheint unsere Einbildungskraft zu wecken und uns unweigerlich vorwärts, in Richtung von Sinn, Vorgesehenem und Vorsehung zu ziehen – also in Richtung der Götter der Stoa. Berührung hingegen lässt uns spüren, wie die absichtslosen Zusammenstöße der Atome uns gleichsam von hinten schubsen.[4]

Wenn es eine skeptische Kraft des Tastsinns gibt, so richtet sich diese Kraft in erster Linie nicht so sehr gegen das visuelle Bild, sondern vielmehr gegen den Beitrag, den der Verstand zu diesem Bild leistet – also gegen die Einbildung. Darum betont Lukrez, dass man die Augen nicht für die Fehler des Verstandes verantwortlich machen soll.[5] Es ist nämlich der Verstand, der ins Sehen eingreift und es trügerisch werden lässt. Das Tasten dagegen erscheint eher robust und daher resistenter gegen solche Interventionen.[6]

Das Berühren bestätigt also das *Sein*, gegen das *Wünschen* oder *Hoffen*. Es erinnert uns daran, was die Dinge *sind* – und nicht an das, was wir gerne in ihnen *sehen möchten*; was wir hoffen, dass sie seien oder werden mögen, oder was wir aus ihnen machen. Es ist doch bezeichnend, dass man davon sprechen kann, was jemand *»in einer Sache sehen möchte«*. Man kann jedoch kaum davon sprechen, dass jemand in einer Sache *»etwas berühren möchte«*.

Um dies in den Begriffen von Aristoteles auszudrücken, kann man also sagen, dass das Sehen die Methode des »Dialektikers« ist, der im Haus den Zweck sieht, vor Wind, Regen und Hitze zu schützen. Berühren hingegen ist die Methode des »Physikers«, der das Haus als etwas beschreibt, das aus Steinen, Lehm und Holz zusammengesetzt ist.[7] Während Aristoteles' Dialektiker auf den Sinn einer Sache zielt, führt der Physiker sie auf ihre Materie zurück. Das Sehen sucht die Zweckursache; das Berühren die Materialursache. Das Problem des Sehsinns besteht darin, dass ein Bild fast nie ohne irgendeinen Anstoß für die Einbildungskraft auftritt. Darum ist *Blindheit* schon bei Lukrez, wie später auch bei Diderot, eine Formel für eine illusionslose Einstellung gegenüber der Welt.[8] Der Sehsinn lässt sich oft nur schwer daran hindern, dem Gesehenen eine Interpretation, eine Totalisierung oder auch eine Annahme von Sinn oder Zweckmäßigkeit überzustülpen. Das Sehen produziert also regelmäßig einen Überschuss. Dies hat Friedrich Nietzsche gut erkannt, der geistreich feststellte:

> »Man ist viel mehr Künstler als man weiss. – In einem lebhaften Gespräch sehe ich oftmals das Gesicht der Person, mit der ich rede, je nach dem Gedanken, den sie äußert, oder den ich bei ihr hervorgerufen glaube, so deutlich und feinbestimmt vor mir, daß dieser Grad von Deutlichkeit weit über die Kraft meines Sehvermögens hinausgeht: – die Feinheit des Muskelspiels und des Augen-Ausdrucks muss also von mir hinzugedichtet sein. Wahrscheinlich machte die Person ein ganz anderes Gesicht oder gar keins.[9]

Wenn also das Sehen über die gegebenen Tatsachen hinaus so regelmäßig einen Überschuss produziert, ist der Tastsinn vielleicht in der Lage, diesen visuellen Überschuss loszuwerden und seinen Ballast abzuwerfen. Dies würde dem von Louis Althusser formulierten Grundprinzip des philosophischen Materialismus entsprechen: »Sich keine Geschichten erzählen.«[10] Unsere Freiheit beispielsweise kann genau so eine Geschichte sein. Was wir als unsere Freiheit ansehen, mag genauso gut eine Erdichtung sein, ein »Sichtschutz«, der uns die eigentlichen Ursachen unserer Handlungen (nämlich den Zufall und das sinnfreie Kollidieren der Atome) verschleiert.[11] Durch das Entfernen des visuellen Überschusses kann der Tastsinn die Sinnfreiheit erkennbar werden lassen, die der Sehsinn fälschlicherweise in Sinn verwandelt hat. Dieses Aufdecken von Nicht-Sinn hinter dem scheinbaren Sinn ist auch das charakteristische Manöver der Komödie. So erklärt es sich vielleicht, dass allein einem Komödienautor und -Regisseur der gewisse *Lubitsch Touch* zugeschrieben werden konnte.[12]

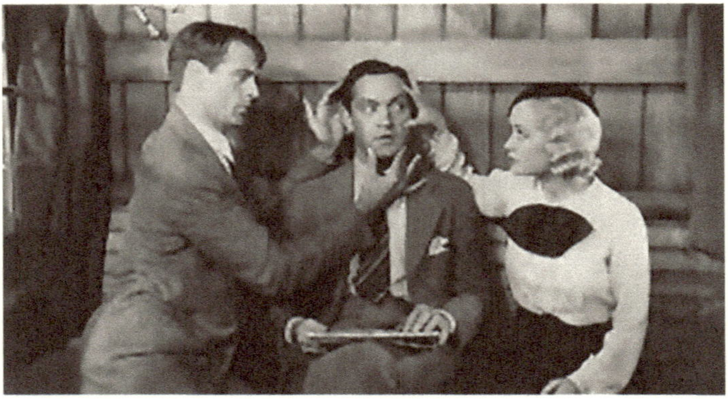

Abb. 6: Ernst Lubitsch, *Design for Living* (1933)

02 Berührung und ihr Überschuss: der Erfolg des Komischen

Die Komödie entsteht oft dort, wo die Dinge einen kleinen »Anstoß«, einen »Schubs«, erfahren; wo aufgrund eines absichtslosen Impulses die Dinge nicht mehr ihren geregelten Gang gehen. Die Komödienhandlung beginnt mit einem epikureischen *clinamen.*[13] Ein solcher Moment ereignet sich zum Beispiel, wenn die mechanische Puppe, die bei der Scheinhochzeit eines überzeugten Junggesellen die Braut darstellen soll, dank einer ungelenken Bewegung umfällt und zerbricht (in Ernst Lubitschs *Die Puppe*, 1919), und daher eine echte junge Frau nun zum Ersatz die Puppe darstellen muss, die ursprünglich eine echte Frau hätte darstellen sollen. Der typische Anstoß der Komödie produziert auf diese Weise zwei Resultate: Erstens passiert etwas Anderes, als ursprünglich vorgesehen war, und zweitens stellt sich diese Abweichung letztlich als besser heraus, als es der ursprüngliche Ablauf gewesen wäre. Der Schubs der Komödie bringt unverdienten Erfolg und unerwartetes Glück – sozusagen einen Glücksüberschuss (beziehungsweise ein »Mehr-Glück«). So erzeugt auch der Tastsinn, wie er der Komödie eigen ist, einen Überschuss; jedoch einen Überschuss, der sich von dem des Sehsinns völlig unterscheidet. Denn während der Überschuss des Sehens im Vorgesehenen liegt, liegt der Überschuss des Tastsinns im Unvorhergesehenen. Bezeichnenderweise, und besonders bei Lubitsch, betrifft diese Abweichung (und ihr Überschuss), verursacht durch den Schubs, geplante Ehen und vorgesehene Paare: Eine echte Frau ersetzt eine Puppe; eine Dreiecksbeziehung (wie in *Design for Living*) eine vorgesehene Hochzeit; oder eine *menage à quatre* (wie in *To Be or not to Be*) ein Paar. Immer gibt es etwas, das auf komische Weise über die heterosexuelle monogame Matrix und die entsprechenden Absichten der Beteiligten hinausgeht. So scheint der *Lubitsch Touch* regelmäßig eine komische Art von Überschuss-Liebe oder Mehr-Liebe (sozusagen »surplus-love«) zu erzeugen.[14]

Während der vorgesehene Überschuss des Sehens sich immer unbemerkt durchzuschmuggeln versucht, sticht der unvorhergesehene Überschuss der Berührung zuverlässig aus seinem Umfeld hervor.[15] Was das Sehen zu den visuellen Fakten hinzufügt, scheint immer schon zum Bild zu gehören und dieses Bild nicht zu verändern. So erscheint, wie Walter Benjamin bemerkte, die Geschichte, wie sie von den Herrschenden gesehen und dargestellt wird, immer als das Vergangene, »wie es eigentlich gewesen ist«.[16] Der Überschuss der Berührung hingegen trägt nichts zur Vervollständigung des Bildes bei. Stattdessen fügt er sich selbst als obszöner Zusatz zu einem ansonsten scheinbar stimmigen Bild hinzu.[17] Er *komplementiert* nicht; er bildet vielmehr ein *Supplement*. Das Auftauchen eines solchen Supplements stellt die Art in Frage, in der die Dinge zuvor erschienen waren. So gibt zum Beispiel das Auftreten von Mehrwert Anlass, an der scheinbaren Fairness eines Vertrags zwischen Arbeitgeber und Arbeitnehmer zu zweifeln. Ebenso stellt Heinrich Heines geistreiche Formulierung: »Liebe, Wahrheit, Freiheit und Krebssuppe« durch den Zusatz eines letzten, leicht obszönen Überschuss-Elements die Bedeutsamkeit und den Ernst der Reihe der vorangehenden drei Elemente in Frage.[18] Wie auch hier wieder zu sehen ist, ist diese skeptische Kraft des Supplements – vor allem im Hinblick auf das Geplante oder Vorgesehene – oft nicht ohne Humor. Dies entspricht der bekannten, Blaise Pascal zugeschriebenen Bemerkung: Wenn du Gott zum Lachen bringen willst, dann erzähl ihm deine Pläne.

03 Der eine berührt, der andere weiß

Wenn das Berühren zu einem Wissen führen kann, so muss die am Schluss zum Wissen gelangende Person jedoch nicht immer die berührende sein; vielmehr kann sie auch die *berührte* sein. Wenn zum Beispiel in den frühen psychoanalytischen Behandlungen Sigmund Freuds die Patienten sich nicht mehr an eine bestimmte Sache erinnern konnten, half ihnen ein kleiner »Druck« durch die Hand des Analytikers, ihre Erinnerungen wiederzuerlangen. Die Berührung funktioniert hier offenbar als Auslöser für die Übertragung: Sie erlaubt es anscheinend, das Ich-Ideal durch das Objekt, also den Analytiker, zu ersetzen und so die vom Ich-Ideal ausgeübte Zensur aufzuheben. Wieder bringt hier ein kleiner Schubs die Dinge in Bewegung. Doch es ist alles andere als einfach zu sagen, wer an die Wirksamkeit dieser erstaunlich effizienten Berührung durch den Analytiker glauben soll: Kann man ernsthaft sagen, dass es der Analysand ist, der glaubt, dass das funktioniert? Vielmehr scheint diese Berührung sich jeglichem Glauben und Sehen zu entziehen: »Ich sehe nicht (ein), wie so etwas funktionieren kann.« Diese Formel beschreibt wohl recht treffend, was hier am Werk ist. Wahrscheinlich ist sogar, dass diese Berührung nur funktionieren kann, solange niemand an sie glaubt. Beide Seiten mögen insgeheim dasselbe denken, nämlich: »Vielleicht glauben ja Sie an diesen dummen Trick, aber ich bestimmt nicht.« Doch die Skepsis, die in dieser Situation am Werk ist, beschränkt sich nicht auf diesen wechselseitigen Unglauben. Indem der Analytiker etwas tut, an das keiner der beiden Beteiligten glaubt, lässt er den Analysanden denken: »Jetzt bin also nicht mehr ich verantwortlich für das, was hier passiert.« Und genau das lässt dann etwas geschehen. Der Analysand ist nun in der Lage, seine Erinnerung wiederherzustellen und zu erzählen. Doch was er erzählt, wenn das gelingt, ist mehr als das, was er weiß. Wie Freud bemerkt: »... denn wir wollen von ihm nicht nur hören, was er weiß und vor anderen verbirgt, sondern er soll uns auch erzählen, was er nicht weiß.«[19] Eine kleine Berührung bewirkt also wieder einen obszönen Überschuss, der über das akzeptable Gewusste hinausgeht und es in Frage stellt. Man könnte dies auch als einen skeptischen Triumph bezeichnen: Jemand wird nun fähig zu sagen, was er nicht weiß.

Abb. 7: Mark Tansey, Doubting Thomas, 1986, Öl auf Leinwand

04 Das Fehlende berühren

Sowohl Mark Tanseys Bild »Doubting Thomas«[20] als auch das Johannesevangelium könnten auf eine Weise gelesen werden, die zu einer überraschenden Pointe führt: Wir gehen nicht dann zum Tasten über, wenn unser *Wissen* zweifelhaft oder inkonsistent ist, sondern dann, wenn der *Gegenstand* dieses Wissens selbst inkonsistent ist. Was wir berühren, ist eben diese Inkonsistenz des Objekts. Meist stecken wir den Finger in ein Loch. Wenn uns Berührung in irgendeiner Hinsicht Sicherheit verschafft, dann in Bezug auf einen Mangel im Anderen. Man könnte sagen, entsprechend Jean Laplanches allgemeiner Theorie der Verführung wäre es auch gerade das, was wir zu finden hoffen: Da wir ja versuchen, den anderen zu »verführen«, indem wir durch Drücken mit dem Finger ein kleines Grübchen als erogene Zone erzeugen.[21]

Abb. 8: Caravaggio, »Der ungläubige Thomas« (1601–1602)

Schwer zu sagen eigentlich, welche Illusion genau der heilige Thomas durch die Berührung auflösen wollte: Dass der Jesus vor ihm nur ein Trugbild und kein wirklicher Mensch war?

Ein Gespenst? Dass dort ein Jesus-Doppelgänger, aber ohne Wunden stand? Woher wollte Thomas wissen, dass es sich nicht einfach um einen weniger schwer verwundeten anderen Mann handelte? Und welche Wahrheit hat er stattdessen gefunden? Einen verwundeten Gott?

Abb. 9: Valie Export, Tapp- und Tastkino 1968, s/w – Fotografie, Performance ©Valie Export, Bildrecht Wien, 2018, Courtesy Valie Export; Photo © Peter Weibel, Courtesy Peter Weibel

05 Zum Berühren bringen

Valie Exports legendäre Performance »Tapp- und Tastkino« aus dem Jahr 1968 erinnert auf beinahe unheimliche Weise an Caravaggios Gemälde »Der ungläubige Thomas« (1601–1602); nicht nur wegen der auffallenden Ähnlichkeit der Kompositionen der bekannten Fotografien der Aktion und des berühmten Gemäldes, sondern auch in einem bestimmten Aspekt der Handlung. Denn in beiden Fällen tasten die Zweifler nicht nur, sondern man lädt sie zur Berührung sehr intimer Körperstellen ein (Export) oder zwingt sie sogar dazu (Jesus). Dies kehrt das übliche Muster der Neugierde und des Begehrens um, dem zufolge wir uns (manchmal) getrauen, das zu berühren, was uns interessiert. In beiden Fällen erscheint daher die Berührung als ein recht zweifelhaftes Privileg. Seltsamerweise sagt Jesus zu Thomas: »Weil du mich *gesehen* hast, glaubst du. Selig sind, die *nicht sehen* und doch glauben« (Joh 20,29; Einheitsübersetzung, Hervorhebung RP). Im Vergleich dazu betont Export stärker die taktile Dimension der Sache, indem sie dem Zuschauer nicht das Sehen, sondern nur das Anfassen gestattet. Während üblicherweise sowohl in der Kunst wie zum Beispiel auch im Bauchtanz oder Striptease gewöhnlich zwar das Sehen erlaubt, das Anfassen jedoch untersagt ist (entsprechend der populären Redewendung »Das Berühren der Figüren mit den Pfoten ist verboten«), wird bei Export und Caravaggio die Regel umgekehrt. Eine solche Berührung kann der berührenden Person ziemlich unheimlich, obszön oder fast traumatisch erscheinen: nicht weil eine »nackte Wahrheit« oder irgendwelche »nackten Tatsachen« zutage getreten wären, sondern wegen des Überschusses der Berührung über das (Nicht-)Sehen. Nur durch diese Hilfe seines visuellen Komplizen scheint das Berühren die Würde einer »Berührung des Realen« zu gewinnen. Entscheidend ist dabei die Tatsache, dass die Berührenden aufgefordert werden, mehr zu berühren, als sie berühren wollen – beziehungsweise mehr, als sie sehen können. Das Sehen bekommt hier die Bedeutung von Sehenwollen – und vielleicht auch Anfassenwollen. Sehen eröffnet also eine Logik des Begehrens. Durch das Sehen erhalten die Dinge einen bestimmten Platz zugewiesen, und so können sie die Neugierde wecken, sie auch zu berühren: Wir möchten dann vielleicht durch Angreifen überprüfen, ob sie wirklich da sind; ob sie sich wirklich so anfühlen, wie sie aussehen, usw.

Das Sehen scheint hier wie der Katalog einer Bibliothek zu funktionieren. Das Berühren dagegen entspricht dem Versuch, herauszufinden, ob das vom Katalog versprochene Buch wirklich da ist. Das Sehen in seiner Rolle als Begehren erzeugt so eine Art Versicherung: Wir können uns sicher sein, dass alles, was wir anfassen dürfen, seinen richtigen Platz hat; es gibt nichts Unvorhergesehenes, über das wir stolpern könnten. Selbst wenn sich einige Dinge dann nicht so anfühlen sollten, wie sie aussehen, oder wenn sie nicht dort sein sollten, wo wir dachten, sie zu sehen, ist dies nur eine kleine Enttäuschung – sie fehlen dann einfach an ihrem richtigen Platz; wie ein entliehenes Buch in einer Bibliothek. Wenn das Begehren als Abwehrmechanismus fungiert,[22] wie Jacques Lacan bemerkt hat, dann gilt das auch für das Sehen.

Das Sehen bildet eine Art Schirm, der sich zwischen uns und unsere Erfahrungen legt – ein »a priori«, oder anders gesagt, ein Vorurteil, das uns auf jede mögliche Erfahrung vorbereitet, indem es ihr den Charakter einer *erwarteten* Erfahrung verleiht. Selbst wenn es uns manchmal unwahrscheinlich vorkommt, dass die Dinge tatsächlich da sind oder dass sie tatsächlich so sind, wie sie aussehen (oder dass man sie wirklich berühren darf), so sind sie doch insofern erwartet, als ihre visuelle Verortung, ihre Möglichkeit, ihrer haptischen Wirklichkeit vorausgeht. Zum Berühren von etwas verführt oder gezwungen zu werden, das außerhalb des Blickfeldes liegt, wird damit aber zu einer Erfahrung außerhalb des schützenden visuellen Schirms; vergleichbar mit dem leicht unheimlichen Auftauchen eines Buches in einer Bibliothek, das nicht im Katalog vermerkt ist.[23]

Was einem dann begegnet, ist etwas, das nicht als mögliche Erfahrung vorgesehen war – etwas, auf das man nicht vorbereitet sein kann. Dies deckt sich mit Freuds Erklärung dessen, was eine Erfahrung traumatisch macht.[24] Eine traumatische Erfahrung entsteht immer als Überschuss jenseits eines vorgegebenen Rahmens (beziehungsweise schützenden Schirms oder auch Katalogs) möglicher Erfahrungen. Sie ist etwas, das innerhalb eines vorgegebenen Systems möglicher Orte keinen richtigen Platz hat; etwas, das nicht nur unerwartet, sondern schlechthin unerwartbar war. Erst unter diesen Bedingungen bekommt das haptische Ereignis die Würde des unlustvollen, grenzenlosen Genießens (»jouissance«) im Sinn Lacans.

Das Berühren dessen, was man nicht sehen konnte oder nicht berühren wollte, bevor man es zu berühren bekam, stellt eine Begegnung ohne jeglichen Schutz durch den Abwehrschirm des Begehrens dar.

Doch der unangenehme, traumatische Charakter der unvorbereiteten Berührung tritt nur dann zutage, wenn eine solche visuelle Abschirmung überhaupt existiert. Um ungeschützt von einem haptischen Eindruck getroffen (oder berührt) werden zu können, muss man einen solchen Schutzschirm erst einmal haben. Damit sich etwas außerhalb eines Schirmes befinden kann, muss es einen Schirm geben.[25] Für einen Blinden wäre das haptische Erlebnis des heiligen Thomas ebenso wie das des unbekannten Mannes mit seinen Händen in der Kiste von Valie Export nicht traumatisch, obszön oder unheimlich gewesen. Blinde Menschen können nicht von etwas getroffen werden, das sich außerhalb ihres Sichtschutzes befindet, weil sie keinen solchen Schutz haben. Dies ist der Grund, warum Denis Diderot paradoxerweise ausgerechnet den *Blinden* als Helden der *Aufklärung* (einer von Lichtmetaphern geprägten Bewegung) darstellen konnte. Denn der Blinde erschien ihm als Mensch frei von kultureller Voreingenommenheit und daher frei von jeglichem Sinn für das Obszöne.[26] Eine den Blinden diesbezüglich vergleichbare Gruppe bilden Kinder, die, wie Freud feststellte, für die Erfahrung des Unheimlichen nicht empfänglich sind.[27] Wenn einem der kulturelle Schutzschirm des Begehrens fehlt, dann erscheint auch nichts als ungeschütztes Eindringen von *jouissance*. Ohne jemals einen Schutzschirm des Möglichen gehabt zu haben, kann man keine solche Erfahrung ungeschützten Getroffenwerdens durch das Unmögliche machen.

Das Obszöne, das Unheimliche und das unlustvolle Genießen demonstrieren damit ihre Abhängigkeit von einem kulturellen a priori. Diese Erfahrungen finden nicht statt in der bloßen Abwesenheit eines Schutzschirms, sondern in dessen ausdrücklichem Fehlen; in seinem bestimmten Mangeln.[28] Es verhält sich wie in jenem von Slavoj Žižek gerne zitierten Witz, worin ein Kellner meint, dem Gast den bestellten Kaffee ohne Milch nicht bringen zu können, weil gerade keine Milch im Haus sei. Die Vorsilben »ob-« und »un-« in den Worten »obszön« und »unheimlich« sind somit das, was man in der Philosophie eine »bestimmte Negation« nennt: Es ist die Kultur – oder vielleicht auch nur manche Kulturen –, die schützende Schirme konstruiert und zugleich, durch dieselbe Bewegung, etwas als außerhalb dieses Schirms, als unheimlich oder obszön positioniert. Diese ausgeschlossenen Entitäten sind kulturelle »Konstrukte« – aber genau in dem Sinne, dass sie als das bestimmte Außen der kulturellen Konstruktion »konstruiert« werden – als »Nicht-Objekte« oder Undinge einer spezifischen Kultur.[29]

Das ist der Grund, warum materialistische Philosophen wie Ludwig Marcuse auf der Idee beharrt haben, dass es das Obszöne eigentlich nicht gibt.[30] Mit ähnlichen Überlegungen versuchten antike Philosophen, vor allem aus der Schule des Kynismus, wie Diogenes von Sinope, Krates und Hipparchia, die Nachteile der kulturellen Bildung, von a-priori-Grundsätzen und Vorurteilen aufzuzeigen. Zu diesen Nachteilen gehörte für sie unter anderem das Gefühl der Scham. In dem Versuch, »von den Hunden zu lernen«, von denen sie ihren Namen bezogen,[31] inszenierten die Kyniker schamlose, »obszöne« Performances im öffentlichen Raum, indem sie in den Straßen von Athen wohnten, aßen und sogar Geschlechtsverkehr vollzogen. So wollten sie die Menschen davon überzeugen, dass ihre kulturelle Bildung eine überflüssige Abwehr war, die gewisse menschliche Erfahrungen unnötigerweise als obszön klassifizierte; etwas, ohne das diese Dinge als völlig gewöhnlich erlebt und glücklicher gelebt werden konnten. Der methodische Zweifel an der Notwendigkeit kultureller Muster, die bestimmte Erfahrungen als unheimlich oder obszön klassifizieren, charakterisiert den Skeptizismus der Kyniker. Die späten Erben dieser antiken skeptischen Tradition sind im 20. Jahrhundert solche Performance-Künstler wie Valie Export – ein Bezug, der mehr noch als in »Tapp- und Tastkino« deutlich wird in der Performance »Aus der Mappe der Hundigkeit« (mit Peter Weibel, 1968), in der sie ihren Partner an einer Hundeleine durch Wiens eleganteste Einkaufsstraße zerrte.[32]

Auch die Auftritte des russischen Performance-Künstlers Oleg Kulik als – oft recht wütender – Hund gehören zu dieser philosophischen Tradition.[33] Der aggressive Affenkünstler, dessen Performance einen beeindruckenden Teil des kürzlich erschienenen Films *The Square* (2017) bildete, kann wohl als Weggefährte dieser »animalischen« Kritik der menschlichen Kultur durch die antiken Kyniker betrachtet werden.

Wo die Kyniker und ihre späten Nachfolger in der Performance-Kunst Zweifel erhoben gegen die kulturellen Konventionen und die Idee einer vorurteilsfreien Kultur verfolgten – einer Kultur, die kein Schamgefühl und kein unheimliches oder obszönes Außen produziert –, tat Sigmund Freud genau das Gegenteil. Freud bezweifelte pessimistisch die Möglichkeit einer solchen »befreiten« Kultur. Es mag zwar wahr sein, dass einige Kulturen einen versöhnlicheren Umgang mit schwierigen Dingen wie der Sexualität gefunden haben als beispielsweise die moderne westliche Kultur der Bourgeoisie.[34] Das liegt aber nicht daran, dass diese Kulturen es vermieden hätten, bestimmte Dinge von ihrem kulturellen »Schirm« auszuschließen. Denn Verdrängung ist, wie Freud vermutet, »organisch«;[35] das heißt, sie entsteht als Folge der Entwicklung und Hierarchisierung der Partialtriebe in der Sexualentwicklung. Die Kultur »überbaut« dann diesen Zustand nur, indem sie sozusagen unschuldig die Verantwortung übernimmt.

Was jedoch einigen Kulturen im Gegensatz zu anderen gelingt, ist, ihre »verfemten Teile«, (die »parts maudites« oder »accursed shares«)[36] zu feiern. Durch dieses Feiern verwandeln sie die ambivalenten, heiligen Dinge in erhabene Dinge.[37] Andere Kulturen, die wie die unsrige einem späten 1968er-Geist folgen, der solche Phänomene als bloße kulturelle Konstrukte und daher als nicht existent abstempelt, verabsäumen es, diese Dinge zu feiern. Sie sehen ihre vornehmste Aufgabe darin, diese Dinge den »negativen Kulten« der Abstinenz zu unterwerfen. Dadurch verwandeln sie sie unweigerlich in Abscheulichkeiten. Unsere ehemaligen Götter, die wir nicht mehr feiern, kehren dadurch wieder als unsere schrecklichsten Dämonen, wie Freud (unter Bezugnahme auf Heinrich Heines Novelle *Die Götter im Exil*) bemerkt.[38]

An diesem Punkt könnte der Zweifel allerdings zu einem Mittel für eine Neubewertung der Berührung werden: Freuds Skepsis könnte einer postmodernen Kultur, die von Belästigungen aller Art besessen ist, helfen, zu Praktiken zurückzufinden, bei denen nicht jede Berührung unweigerlich als Belästigung erlebt werden muss. Die Praxis des Feierns verwandelt das Ausgeschlossene, Verbotene in etwas Gebotenes, Erhabenes. Mag man in alltäglichen, profanen Lebenssituationen voller Scham vermeiden, andere zu berühren, so wird in heiligen Situationen wie beispielsweise dem rituellen Tanz diese Berührung zur obligatorischen, freudvollen Übung. Was der zeitgenössischen Kultur schmerzlich fehlt, sind nicht noch mehr Verbote, Regeln und Vorschriften zur Vermeidung von körperlichen oder psychischen Kontakten, sondern im Gegenteil, die Kunst, das profane Leben vorübergehend feierlich zu unterbrechen, so dass die Menschen wieder wissen, wann sie einander berühren sollen und wie ihre Kontakte als sublim erlebt werden können.

Der Gegensatz zwischen Sehen und Berühren – im Sinne eines schützenden Bildschirms und seiner Überschreitung, wie wir ihn gerade erläutert haben – kann auch im Gesichtsfeld selbst auftreten. Innerhalb eines Bildes können bestimmte Elemente eine Art Oberfläche bilden, eine klare, zusammenhängende und sinnvolle Reihenfolge visueller Zeichen, während andere Elemente aus dieser Oberfläche hervorstechen, sie sozusagen durchstechen und dadurch eine regelrecht haptische Qualität erlangen. In seinem Buch *Camera Lucida* hat Roland Barthes die Begriffe *studium* und *punctum* für diese beiden unterschiedlichen Quellen visueller Erfahrung eingeführt. Das erste Element, das *studium*, lässt sich als eine Oberfläche aus erwartbaren Bedeutungen beschreiben:

> »Das erste Element ist offensichtlich ein Bereich, ein ausgedehntes Feld, das ich im Zusammenhang mit meinem Wissen, meiner Kultur recht ungezwungen wahrnehme; dieses Feld ... verweist stets auf eine konventionelle Information ... (Barthes 1986: 33 f.)

Diesem vorhersehbaren Feld stellt sich das *punctum* entgegen:

> »Das zweite Element durchbricht (oder skandiert) das *studium*. Diesmal bin nicht ich es, der es aufsucht (wohingegen ich das Feld des studium mit meinem souveränen Bewußtsein ausstatte), sondern das Element selbst schießt

> wie ein Pfeil aus seinem Zusammenhang hervor, um mich zu durchbohren.« (Barthes 1986: 35)

Auch wenn es nun Barthes als Betrachter ist, der passiv von diesem Element wie von einer Art Pfeil durchstochen wird, und nicht der ungläubige Thomas, der aktiv (wenn auch gezwungenermaßen) den Finger in die Speerwunde seines Herrn legt, so scheint das Erschütternde in beiden Erfahrungen doch dasselbe zu sein. Denn so, wie der heilige Thomas auf das »Loch« im anderen abzielt, so erfährt Barthes das *punctum* im Bild als »kleines Loch«,[39] das er – genau wie Thomas – als »Wunde« wahrnimmt:

> »... dieses Wort entspricht meiner Vorstellung umso besser, als es auch die Idee der Punktierung reflektiert und die Photographien, von denen ich hier spreche, in der Tat wie punktiert, manchmal geradezu übersät sind von diesen empfindlichen Stellen; und genaugenommen sind diese Male, diese Verletzungen Punkte.« (Barthes 1986: 36)[40]

In diesem Verhältnis zwischen *studium* und *punctum* nimmt das *punctum,* obwohl beide zum Gesichtsfeld gehören, eine taktile Qualität an – mit allen oben erläuterten Konsequenzen: Das *punctum* kommt von außerhalb des Feldes des visuell Erwartbaren, als »Supplement«;[41] als etwas leicht Unheimliches oder Obszönes, etwas »Verstörendes«.[42] Es ist, genau wie die zuvor besprochenen mehr oder weniger »erzwungenen« Berührungen etwas Unwillkürliches;[43] es kommt unbeabsichtigt, und es erschüttert und zerschlägt eine gegebene

Gewissheit des »Wissens« oder der »Kultur«. Insofern wirkt es als eine skeptische Kraft.

Was Lukrez generell den visuellen Bildern zusprach – dass sie materiell seien und von den Gegenständen wie Gerüche abgesondert würden –, trifft Barthes zufolge nur auf ein bestimmtes visuelles Element zu: das *punctum*. Das *studium* scheint ruhig und unbewegt zu bleiben; das *punctum* hingegen sticht aus dem Bild hervor. Während man mit »souveränem Bewusstsein« den Inhalt des *studium* erforscht, wird das *punctum* vom Betrachter nicht »gesucht«, sondern es »trifft ihn«. Das *punctum* greift den Betrachter sozusagen aktiv an; es »besticht«, »verwundet«, »punktiert« ihn[44] und springt ihm ins Auge.[45] Das *studium* dagegen bleibt »träge«,[46] wirkungslos:

> »Viele Photos zeigen meinem Blick gegenüber leider keine Wirkung. Doch selbst unter jenen, die in meinen Augen über eine gewisse Existenz verfügen, lösen die meisten in mir nicht mehr als ein allgemeines und, wenn man so sagen will, *höfliches* Interesse aus: in ihnen gibt es keinerlei *punctum;* sie gefallen mir oder gefallen mir nicht, ohne mich zu treffen: einzig das *studium* verwende ich auf sie. Das *studium* bezieht sich auf das höchst ausgedehnte Feld der unbekümmerten Wünsche, des ziellosen Interesses, der inkonsequenten Neigung: *ich mag / ich mag nicht, I like / I don't*. Das *studium* gehört zur Gattung des *to like* und nicht des *to love*; es setzt ein halbes Verlangen, ein halbes Wollen in Gang; es ist die gleiche Art von vagem, oberflächlichem, verantwortungslosem Interesse, das man für Leute, Schauspieler, Kleider, Bücher aufbringt, die man ›gut‹ findet.« (Barthes 1986: 36)

Wenn das *punctum* den Betrachter aktiv zu beschäftigen und zu treffen vermag, dann deshalb, weil es ihn daran hindert, das Bild durch die moderierenden Filter seiner moralischen und politischen Kultur zu betrachten, wie er das beim *studium* könnte:

> »[...] gewiß können diese Photographien eine Art von allgemeinem Interesse wecken, mitunter Ergriffenheit, doch diese Gemütsbewegung wird durch das vernunftbegabte Relais einer moralischen und politischen Kultur gefiltert. Was ich für diese Photographien empfinde, unterliegt einem *durchschnittlichen* Affekt, fast könnte man sagen, einer Dressur. (Barthes 1986: 35)

Die gefilterte Erfahrung, die das *studium* uns vermittelt, erzeugt nur ein vorhersehbares, mittleres Maß an Affekt, das willentlich aufgewendet wird.[47] Die ungeschützte Begegnung mit dem *punctum* hingegen »berührt« und »bewegt« den Betrachter.[48] So wird dieser dazu gebracht, das Bild nicht nur zu mögen, sondern zu lieben.[49] Das *punctum* erzeugt eine unvorhersehbare Menge an Affekt, die unwillentlich verausgabt wird.

Zusammenfassend kann man sagen: Durch das *punctum* wird der Beobachter über das hinausgebracht, was er weiß (den Filter seiner »moralischen und politischen Bildung«); über das, was er absichtlich und willentlich sucht und akzeptiert; und über seine übliche Ökonomie des Affekts. Die skeptische Kraft der Berührung des *punctum* stellt also nicht nur in Frage, was jemand über irgendein Objekt weiß, sondern sie stellt vielmehr die Position des Subjekts selbst in Frage.

An diesem Punkt gewinnt die Skepsis eine neue Richtung – ein neues Ziel oder Objekt. Zweifeln bedeutet nun nicht nur, dass ein vermeintliches Wissen über irgendeinen Gegenstand in Frage gestellt wird. Vielmehr wird die Subjekt-Position selbst erschüttert; das heißt, die uneingestandenen Annahmen, die anerzogenen Haltungen und übernommenen Meinungen der betreffenden Person. Der Zweifel der Berührung betrifft nicht irgendwelche Umstände *a posteriori*, sondern die Annahmen *a priori*, die vor jeglicher Erfahrung liegen. Solch ein Zweifel überprüft nicht ein fragwürdiges Stück Wissen, um Gewissheit zu erlangen. Vielmehr stellt er Gewissheit selbst in Frage – jene unhinterfragten Annahmen, die die Koordinaten bilden, innerhalb deren jedes einzelne Stück Wissen verortet wird. Ein solcher berührender Zweifel rührt an die gelebte Welt des Subjekts – das heißt: an jene unausgesprochenen, für selbstverständlich genommenen Voraussetzungen, die uns unmerklich beeinflussen; so wie das Wasser die darin schwimmenden Fische in der schönen Rede von David Foster Wallace.[50]

Von einem *punctum* berührt zu werden heißt, an der vorbewussten Weltanschauung getroffen zu werden; dort, wo man sich wunschdenkend in der Welt positioniert; d. h. in den Begriffen Louis Althussers: an der Ideologie;[51] oder, in den Begriffen der antiken Philosophen: an der »Meinung« (*doxa*).

Nicht nur das Wissen, sondern auch jene gelebte Gewissheit, die das Wissen (sowie den Irrtum und die eigene Unwissenheit) umgibt, wird vom berührenden Zweifel des *punctum* angegriffen. Dies erklärt die große Menge an Affekt, die das *punctum* provoziert. Denn es sind, wie der Stoiker Epiktet lehrte, nicht die Tatsachen, sondern die »Meinungen« der Menschen, die ihre Leidenschaften erregen.[52]

07 Affirmativer und verändernder Zweifel

In der Geschichte der Philosophie gibt es zwei prominente skeptische Positionen, die hier unterschieden werden müssen. Da ist zum einen der moderne, cartesianische Zweifel: Dies ist ein »kognitiver« oder »erkenntnistheoretischer« Zweifel. Sein Ziel besteht darin, Gewissheit im Sinn von verlässlichem Wissen herzustellen. Dieser Zweifel betrifft nur die Objekte des Wissens (das Subjekt hingegen wird als über jeden Zweifel erhaben angesehen).

Auf der anderen Seite finden wir den antiken, pyrrhonischen Skeptizismus (benannt nach seinem Gründer, Pyrrhon von Elis). Der Zweifel, den diese Schule lehrt, ist »ethischer« Natur: Das Ziel des Zweifelns ist hier nicht das Erlangen von Wissen oder Gewissheit, sondern von Seelenruhe (*ataraxia*), die nicht durch fixe Ideen getrübt werden soll. Der pyrrhonische Zweifel betrifft die Subjektposition. Er kümmert sich nicht darum, ob bestimmte Ideen wahr sind oder nicht, sondern nur darum, ob die Behandlung dieser Ideen als wahr das Subjekt in unangenehme Aufregung versetzen kann.

Darum pflegte Michel de Montaigne, ein später Vertreter dieser antiken Tradition, sich in kritischen Momenten die Frage zu stellen: »Was weiß denn ich?« Durch diese Übung gelang es dem Philosophen, sich von jeglichem Dogmatismus oder fanatischer Parteinahme freizuhalten und in einer Subjektposition von wohlwollender, gleichmütiger Neugierde zu verbleiben. Valie Exports Tapp- und Tast-Performance reiht sich eindeutig in die pyrrhonische Tradition der »ethischen« Skepsis ein. Das Berühren zielt hier keineswegs auf eine »Realitätsprüfung« oder Erkenntnis ab; es betrifft vielmehr ausschließlich die Position des Subjekts, seine »moralische und politische Bildung«, die Grenzen des guten Benehmens, des Geschmacks, der Obszönität etc.

Diese Performance kann daher sogar ein wenig Licht auf die Handlung Jesu nach dem Johannesevangelium werfen. Ist im Falle des ungläubigen Thomas das Ziel der Berührung denn nicht auch ein schlichtweg ethisches und nicht ein epistemologisches? Bestand der Fehler des Thomas nicht gerade in der Annahme, dass religiöser Glaube eine Frage der Erkenntnis wäre? Hat Jesus diese Annahme nicht in ähnlich schockierender Weise zerstört, wie Valie Export alle Annahmen über gute Manieren, über den Respekt zwischen den Geschlechtern sowie über den Respekt zwischen Individuen in Frage gestellt hat? Kann man die ganze »Bekehrung« des heiligen Thomas nicht am treffendsten beschreiben, indem man sagt, dass Jesus dessen Verwandlung von einem cartesianischen Skeptiker in einen pyrrhonischen veranlasst hat? Geht es in der biblischen Erzählung nicht genau darum, *dass selbst gesicherte Erkenntnisse in Glaubensfragen überhaupt nicht weiterhelfen*, da Religion kein kognitives, sondern ein ethisches Unterfangen ist?

Thomas will »doxa« durch verlässliches Wissen ersetzen. Daraufhin gibt Jesus ihm dieses verlässliche Wissen, jedoch zugleich auch die ebenso verlässliche Einsicht, dass eben dieses Wissen nicht entscheidend weiterhilft. Er zeigt Thomas, dass auch nach der Erlangung gesicherter Erkenntnisse das Problem der *doxa* im Sinn des Glaubens bestehen bleibt. Die »Intervention« von Jesus erlaubt es Thomas, eine *doxa* (die Meinung, dass Wissen helfe) durch eine andere zu ersetzen: ein subjektives Engagement – oder, neudeutsch: ein *commitment* –, das in einem anderen Register angesiedelt ist als das objektive Wissen.

So wie Jesus in Caravaggios brillanter Darstellung tatsächlich derjenige ist, der die Berührung ausübt (indem er Thomas zur Berührung zwingt), kann er auch als der eigentliche Skeptiker in der Szene gesehen werden: Denn es ist Jesus, der Thomas' Auffassung vom Wert des Wissens in religiösen Dingen in Frage stellt. Die »Bekehrung« des ungläubigen Thomas, die sich in dieser Szene vollzieht, kann also auch so formuliert werden: »Lieber Thomas, jetzt zeige ich Dir einmal, wer der wahre Skeptiker unter uns beiden ist.« Die von Jesus vollzogene Aktion eröffnet dem »skeptischen« Thomas also kein Wissen, sondern vielmehr die tiefgreifendste Herausforderung seiner ethischen Position. Auf der erkenntnistheoretischen, cartesianischen Ebene des Zweifels hingegen wurde überhaupt nichts geklärt, da ja auch die Berührung (wie schon Descartes bemerkte) einer möglichen Täuschung nicht entgeht. Wenn die Apostel die Begegnung mit Jesus zum Beispiel nur träumten, wie Thomas vielleicht vermutete, warum sollte dann nicht auch Thomas' Eindruck von der Berührung der Wunde Jesu nur ein Traum sein? Wenn diese Berührung irgendeinen Gewinn erbracht hat, dann jedenfalls nicht einen epistemologischen; das heißt, einen Zuwachs an Wissen oder Gewissheit. In den Begriffen von

Roland Barthes ausgedrückt, hat Jesus dem ungläubigen Thomas also nicht ermöglicht, ein Element seines *studium* zu verifizieren, sondern ihn vielmehr mit einem *punctum* konfrontiert. Er kommunizierte mit dem Skeptiker nicht auf der Ebene der Erwartung und der willentlich angestrebten Erkenntnis, sondern auf der Ebene des Unerwarteten und der ungewollten Begegnung. Statt Belegen oder Beweisen gab Jesus Thomas etwas zu denken und zu zweifeln. Wie ein weiser Lehrer einer fernöstlichen Religion konfrontierte Jesus sein Gegenüber mit einer kleinen rätselhaften Handlung, die den Anderen zwang, seine eigenen Annahmen zu hinterfragen. Wie Barthes sagen würde: Jesus erzeugte ein kleines »*satori*, eine zeitweilige Leere«[53].

08 Die skeptische Berührung der Kunst

Genau dieser Aspekt macht die Aktion, die Jesus zugeschrieben wird, zu einem Pendant von Kunst-Performances wie der von Valie Export. Es ist wahrscheinlich das Genie Caravaggios, diese künstlerische Dimension der Intervention Jesu hervorgehoben zu haben – sozusagen: Jesus, den Performance-Künstler. Das *punctum* in der Darstellung Caravaggios bildet eben die starke Hand Jesu, die den Finger des Thomas dazu *zwingt*, das zu tun, was man nach moralischer Erziehung und biblischem *studium* erwarten darf: nach der Wunde zu tasten.

Wenn es eine grobe Kurzformel gibt, um die Performance vom Theater abzugrenzen, ist es wahrscheinlich die, dass das Theater *repräsentiert*, während die Performance *präsentiert*.

Oder, um mit Wittgenstein zu sprechen: Das Theater *sagt* die Dinge, Performance *zeigt* sie.[54]

Die Begriffe von John L. Austin erlauben hier eine Art Etymologie oder nominelle Erklärung: Die Performance ist nicht »konstativ«, sondern eben »performativ«.[55] Indem er Thomas die Wahrheit berühren lässt, zeigt Jesus ihm gleichzeitig, dass die Frage der Wahrheit für das, was hier auf dem Spiel steht – die Frage des religiösen Engagements –, völlig irrelevant ist.

Die »Behandlung« des ungläubigen Thomas lässt sich also mit den Verfahren des Psychodramas vergleichen, worin entscheidende Situationen nicht nur besprochen, sondern »live« inszeniert werden. Zum Beispiel wird einer Patientin, die immer schon einmal gerne ihren Stiefvater geschlagen hätte, ein mit Schaumstoff gepolsterter Schläger gegeben (die sog. *battuta*), mit dem sie nun auf eine die Rolle des Stiefvaters einnehmende Person einschlagen darf.[56] Das Ziel dieser »Wunscherfüllung« scheint darin zu bestehen, dass die Person mit dem scheinbar unwiderstehlichen Wunsch an jenen Punkt gebracht wird, an dem der Wunsch sie nicht mehr davor schützt, der Frage »Und was nun?« zu begegnen. Mit anderen Worten, die Person muss der Situation *nach* der Lösung des vermeintlichen Lebensproblems ins Auge sehen und sich ihr stellen.

Es zeigt sich dann meist, dass diese neue Situation das eigentliche Problem darstellt und dass die Formel »Wenn ich doch nur einmal die Gelegenheit hätte …« nur dazu gedient hatte, sich vom Leben mit all seinen kleinen Schwierigkeiten abzuschirmen. Das scheinbare »Lebensproblem« ist in Wahrheit also eine clevere Lösung für das Versagen, sich den eigentlichen Schwierigkeiten des Lebens zu stellen. Genauso entpuppt sich Thomas' Wunsch (»Wenn ich doch nur einmal die Gelegenheit hätte, Jesu Wunden zu berühren und so Gewissheit über seine Auferstehung zu erhalten!«) als ein Abschirmen gegenüber dem weiterhin bestehenden Problem religiösen Glaubens. Die »erkenntnistheoretische« Skepsis des Thomas schirmt ihn bequem davor ab, der ethischen Frage religiösen Lebens ins Auge zu sehen. Die Berührung durch das dramatische *punctum* Jesu erlaubt es Thomas, seinen Schutzschirm in Frage zu stellen und an seiner aus »epistemologischen« Zweifeln bestehenden Abwehr zu zweifeln.

Nur die »gelebte« oder »gezeigte« Erfahrung der Performance, das *satori* des psychodramatischen Ausagierens ermöglicht es, die gelebte Gewissheit des Anderen zu erschüttern. Nur so kann an die »Komfortzone« eines Subjekts gerührt werden. Der Kommunikation auf der »visuellen« Ebene des *studium*, auf der sich das Subjekt willentlich und wunschdenkend selbst sieht, wird eine Kommunikation auf einer anderen, haptischen Ebene entgegengesetzt.

Die vielen Bezugnahmen von Barthes auf die psychoanalytische Theorie[57] lassen es vielleicht gerechtfertigt erscheinen, diesen Sachverhalt in Begriffen Jacques Lacans darzustellen. Man könnte dann sagen, dass die Verlagerung vom *studium* zum *punctum* einer Verlagerung von der »imaginären« zur »symbolischen« Achse der Kommunikation gleichkommt. Denn nur entlang der symbolischen Achse kann eine Kommunikation stattfinden, in der jemand mehr sagt, als er weiß. Während jemand von der imaginären Position aus immer nur sagt, was er weiß, was er auch wissen will und wie er sich selbst sehen möchte, kann von der symbolischen Position aus das Unbewusste sprechen, und die tatsächliche Verfassung des Subjekts zeigt sich.

Barthes berührt diesen Punkt, wenn er feststellt, dass er auf der Ebene des *studium* nur dem begegnet, was der Fotograf sagen will.[58] Auf der Ebene des *punctum* jedoch spricht das Foto anders; es sagt etwas anderes, oder mehr als das Beabsichtigte – und dadurch wird es ihm möglich, den Betrachter zu berühren. Nur entlang dieser Kommunikationsachse lässt sich tatsächlich ein Meinungsumschwung, eine Veränderung der *doxa*, herbeiführen – wie im Fall des ungläubigen Thomas. Dies ist von besonderer Bedeutung, wenn es um die Frage der politischen Wirksamkeit der Kunst geht.

Barthes' Position ist in diesem Punkt völlig eindeutig: Auf der Ebene des *studium* kann ein Bild seine Betrachter nie kritisch oder skeptisch machen, denn es kann so nur die bereits Überzeugten überzeugen. Barthes bemerkt:

> »... kritisch ist dieser Blick nur bei denen, die bereits zur Kritik fähig sind.«[59]

Auf der Ebene des *studium* übt die Kunst ausschließlich eine affirmative, versichernde Kraft aus. Sie bestätigt, was ein Subjekt bereits in sich selbst sehen will, und bestärkt die Meinungen, die ein Subjekt für sich passend findet. Auf der Ebene des *studium* kann die Kunst nichts anderes tun, als – biblisch ausgedrückt – zu den bereits Bekehrten zu predigen (wie zum Beispiel zu den nicht zweifelnden Aposteln). Nur auf der Ebene des *punctum* lässt sich das Gegenüber tatsächlich so berühren, dass eine skeptische, »nachdenkliche« Haltung entstehen kann. Nur hier lässt sich jene Flexibilität der Subjekt-Position herbeiführen, die ein Meinungswechsel erfordert.

Dieser Befund von Barthes ist gerade heute von besonderer Relevanz – in einer Zeit, in der die Kunst hofft, »politischer« zu werden, indem sie zunehmend soziale und politische Themen auf der Ebene des *studium* verhandelt. Ihre Anstrengungen richten sich vor allem auf den Inhalt, während Fragen der Form vernachlässigt werden. Das heißt, Künstler fragen sich vor allem, *was* sie kommunizieren wollen, anstatt zu fragen, *wie* sie mit den Betrachtern kommunizieren müssten. Diese Tendenz wird in letzter Zeit oft durch die Akademisierung der Kunst und das vorherrschende zeitgenössische Verständnis des Begriffs »künstlerische Forschung« verstärkt. Nicht selten wird künstlerische Forschung einfach aufgefasst als jene wissenschaftliche Forschung, die Künstler unternehmen, um ihr Werk gelehrter zu machen und es mit sorgfältig recherchierten, fundierten Inhalten anzureichern.[60] Ein solches Verständnis trägt jedoch wiederum nur zum *studium* bei. Es führt, in den Worten von Barthes, nur zu dem, was man benennen kann, nicht aber zu dem, was einen sticht.[61]

Ein klügeres – und epistemologisch korrekteres – Verständnis würde stattdessen künstlerische Forschung als dasjenige beschreiben, was dazu führt, dass am Ende *Kunst* entsteht, und nicht etwa Wissenschaft oder investigativer Journalismus oder was auch immer sonst dem Gebiet des Wissens, der Information oder des Inhalts angehört.

Ein solches Verständnis, das die künstlerische Forschung mit der Spezifik der künstlerischen Praxis in Beziehung setzt, würde den Blick wieder auf die besondere Weise richten, in der die Kunst spricht: auf ihre Form. Mit einem stärkeren

Fokus auf diesen Aspekt könnte eine forschende Kunst differenziertere Methoden entwickeln, um nicht nur die bereits Überzeugten zu erreichen; Betrachter nachdenklich und *skeptisch* zu stimmen; und jene Meinungen zu berühren und in Frage zu stellen, die den Betrachtern am meisten am Herzen liegen. Denn nur, indem sie *sagt, was sie nicht weiß*, kann die Kunst den Finger der Betrachter in ihre Wunde legen: Indem sie einen Durchgang durch eine Leere, (einen »passage du vide«), produziert, hört sie auf, deren *Wissen* zu *komplettieren*, und beginnt stattdessen, deren *Überzeugungen* zu *supplementieren.*

Kapitel 5

Die Lüge, die Wahrheit, die Kunst

01 Wahrheitsbesessenheit und Scheinsvergessenheit in der Kunst

Seit kurzem erst wird die Kunst vorzugsweise in die Nähe der Wahrheit gerückt: Neuere bildungspolitische Entwicklungen – wie die Verwandlung der ehemaligen Kunsthochschulen in Universitäten, die Entstehung künstlerischer Doktoratsstudien sowie die damit verbundene Anerkennung von bestimmten Teilen künstlerischer Tätigkeit als »künstlerische Forschung« (»artistic research«) samt der entsprechenden Bereitstellung von Forschungsgeldern – haben in den reichen kapitalistischen Gesellschaften in letzter Zeit zunehmend den Eindruck entstehen lassen, dass es in der Kunst vorwiegend um eine Beschäftigung mit der Wahrheit gehe. Auch manche prominente philosophische Vorstöße, vor allem aus Frankreich, haben die Kunst schließlich als eine »Wahrheitspraxis« charakterisiert.[1]

Das mag gute Gründe haben. Es lässt allerdings ein wenig vergessen, dass die Kunst ja auch nicht ganz unwesentlich (wie etwa bereits im Verständnis Platons) mit der Produktion von Schein, Fiktion, Täuschung und Lüge zu tun hat. Wir könnten dieses Vergessen, in einer kleinen Anlehnung an die

Diktion Martin Heideggers, als eine *Scheinsvergessenheit* in der aktuellen Diskussion der Kunst bezeichnen.

02 Ohne Fiktion keine Wahrheit

Auf Schein, Fiktion und Lüge zu vergessen, könnte aber nicht allein heißen, die trügerische oder augenzwinkernde Seite der Kunst zu übersehen. Es könnte sogar bedeuten, die entscheidende Methode unbeachtet zu lassen, mit der die Kunst, wenn überhaupt, jemals an die Wahrheit rührt. Diesen Zusammenhang – die notwendige Funktion der Lüge für die Erkenntnis von Wahrheit durch die Kunst – hat Pablo Picasso einmal in einem berühmten Statement wie folgt gefasst:

> »We all know that art is not truth. Art is a lie that makes us realize truth.«[2]

An derselben Stelle macht Picasso auch eine Bemerkung, die geradezu wie ein hochaktueller, zeitgenössischer Einwand gegen manche der bemühten, neueren Hervorbringungen auf dem Gebiet künstlerischer Forschung klingt:

> »The artist must know the manner whereby to convince others of the truthfulness of his lies. If he only shows in his work that he has searched, and re-searched, for the way to put over lies, he would never accomplish anything.«[3]

Der lediglich beflissene Künstler, der nur die Mühe seiner Forschungsarbeit dokumentiert, vermag, so Picasso, nicht zu überzeugen – nicht hinsichtlich seiner Lügen, und schon gar nicht durch eine auf diesem Weg eröffnete Wahrheit. Diese Position Picassos hat gute Gründe.

Denn erstens ist eine Kunst, die keine Sorgfalt für ihre Lügen zeigt, ebenso wenig fähig, Wahrheitseffekte zu entwickeln, wie eine Wissenschaft, die meint, ohne Konstruktionen und entsprechende wissenschaftliche Fiktionen auskommen zu können. Die Studie des Kantianers Hans Vaihinger hat die Notwendigkeit von Fiktionen für jede Wissenschaft sehr ausführlich dargelegt.[4] Giordano Brunos bekannter Satz »Se non è vero, è molto ben trovato.«[5] (»Wenn es nicht wahr ist, dann ist es sehr gut erfunden.«) bezeichnet treffend diesen jenseits von Wahrheit oder Falschheit liegenden fiktionalen Punkt, der allererst ein theoretisches Feld eröffnet, innerhalb dessen sich dann Wahres von Falschem unterscheiden lässt. Jacques Lacan hat (in seiner Auseinandersetzung mit dem philosophischen Werk von Jeremy Bentham) diesbezüglich von einem »Grundbegriff oder eine[r] Grundfiktion« gesprochen.[6] Eine Kunst, die sich allzu sehr der Wissenschaft angleichen möchte, vergisst leicht, wie viel Kunst selbst in jeder Wissenschaft steckt. Sie gleicht sich dann nur einem Zerrbild von Wissenschaft an – mithin wiederum einer Fiktion, die allerdings ihrer eigenen Fiktionalität nicht gewahr ist.

Ein weiterer Grund für diese von Picasso betonte Präzedenz der Lüge gegenüber der Wahrheit in der Kunst besteht darin, dass der durchschaute Schein das Lustprinzip der Kunst darstellt – ja sogar der Kultur insgesamt.[7] Das Prinzip *man hätte glauben können, …* ist immer dann am Werk, wenn irgendetwas große kulturelle Lust verschafft – exemplarisch hierfür mag die Trompe-l'œil-Malerei mit ihren von niemandem jemals geglaubten, sozusagen »anonymen« Illusionen stehen. Dieses Prinzip zeigt aber auch dann seine Wirksamkeit, wenn gar nicht sofort klar angebbar sein mag, was es dabei überhaupt zu glauben gegeben hätte – etwa bei bestimmten monotonen, repetitiven Verfahren wie in der Kunst von Hanne Darboven, Roman Opalka oder On Kawara; in solchen Fällen muss von »Einbildungen ohne Bild« gesprochen werden.[8] Immer dann jedenfalls, wenn die Illusion (ob nun manifest oder nicht) durch besseres Wissen aufgehoben ist, entsteht Lust. Das bessere Wissen erspart die Identifizierung mit der Illusion; diese »Aufwandsersparnis« kann wohl als Lustgewinn verbucht und auf dem Weg der Objektlibido abgeführt werden.[9] Selbstgeglaubte Illusionen hingegen nehmen den Weg der Ichlibido und verschaffen, ohne Aussicht auf Abfuhr, eine Erhöhung beziehungsweise Vergrößerung des imaginären Ich; sie lassen Selbstachtung entstehen.

Nun hätte man vielleicht einwenden wollen, dass es uns hier ja um die Wahrheit zu tun ist und dass eine Hinwendung der Kunst zum Lustprinzip auf diesem Weg nur hinderlich sein könnte. Schließlich ist ja zum Beispiel die Wissenschaft mit ihrem Fokus auf Wahrheit, den Worten Freuds zufolge, dasjenige, was uns am weitesten vom Lustprinzip entfernt. Freud bemerkt:

> »Die Wissenschaft ist eben die vollkommenste Lossagung vom Lustprinzip, die unserer psychischen Arbeit möglich ist.«[10]

Doch spätestens seit der *Einführung des Narzissmus* hat sich die Position Freuds in dieser Frage der Ästhetik verlagert. Mit der Überwindung des primären Narzissmus werden nach Freuds Auffassung nun nicht mehr die einst kostbaren Illusionen (etwa von der Allmacht der Gedanken oder vom Doppelgänger) als lustvoll erfahren, sondern vielmehr deren liebevolle Kultivierung unter der Bedingung ihres Durchschauens.[11] In diesem Sinn lässt sich begreifen, inwiefern das Realitätsprinzip nicht das Gegenteil des Lustprinzips darstellt, sondern vielmehr dessen Verlängerung und Bewahrung, unter erschwerten psychischen Bedingungen: Wer zum Beispiel an einem Spiel Freude – ja sogar enthusiastische Freude – haben will, muss wissen, dass es sich um ein Spiel handelt, wie Johan Huizinga in seiner Studie »Homo ludens« unmissverständlich (und gegen den Tenor der vorliegenden Theorien des Spiels) erkannte.[12] Wissen und Lust nehmen nun nicht mehr entgegengesetzte Positionen ein wie in der Bemerkung Freuds von 1910, sondern sie sind vielmehr Bündnispartner. Wenigstens die Lust erscheint hier abhängig vom Wissen, sofern es nicht auch gute Gründe für eine umgekehrte Abhängigkeit gibt (etwa in Gestalt des »Wisstriebes«).

03 Ohne Lust keine Auflösung bestehender Identifizierungen

Noch in einem weiteren Sinn aber ist es entscheidend, die dem (durchschauten) Schein verdankte Lust nicht zu vergessen, wenn es um Wahrheitsfindung geht – und zwar nicht allein im Sinn epistemologischer Wahrheitsfindung, sondern auch im Sinn einer politischen Überwindung von Ideologie, die Klassenverhältnisse reproduziert. Hier mag ein Autor als Zeuge fungieren, der selbst oft zu Unrecht als trister Wahrheitsapostel in der Kunst aufgefasst worden ist: Bertolt Brecht. Während Brechts Begriff des »Verfremdungseffekts« oft – und vor allem in einem beträchtlichen Teil der Aufführungspraxis – als Kriegführung gegen jegliche Illusion und zugleich gegen jegliche Lust am Theater fehlinterpretiert wird, hat Brecht selbst daran erinnert, dass das Theater nur dann zu einer die Wirklichkeit verändernden Kraft werden kann, wenn es imstande ist, Lust zu erzeugen. Brecht schreibt:

> »Unser Theater muß die *Lust* am Erkennen erregen, den *Spaß* an der Veränderung der Wirklichkeit organisieren.«[13]

Die Lust ist hierbei nicht nur ein Lockmittel zur Erkenntnis. Denn Ideologie besteht, wie Louis Althusser, gestützt auf Freud und Lacan, gezeigt hat, nicht aus falschen *Ideen*, sondern vielmehr aus affirmativen *Identifizierungen*, in denen Wünsche stecken: Sie repräsentiert das imaginäre Verhältnis der Individuen zu den wirklichen Verhältnissen;[14] das heißt: Die Ideologie zeigt nicht die wirklichen Verhältnisse (in einer vielleicht verzerrten Wiedergabe), sondern vielmehr die Art, wie die Individuen sich selbst gerne innerhalb dieser Verhältnisse sehen möchten. Darum ist es notwendig, ihnen in der Kunst nicht nur erhellende Wahrheiten anzubieten, sondern vor allem auch verlockende Möglichkeiten, sich selbst innerhalb der Verhältnisse anders zu imaginieren – und Lustprämien, die es ihnen erlauben, liebgewordene Identifizierungen zu verlassen.

Aus psychoanalytischer Perspektive bedeutet diese gegen die bestehenden ideologischen Identifizierungen gerichtete Zielsetzung, dass die Individuen in einer speziellen Weise adressiert werden müssen: nämlich so, dass die Libido für den Wechsel zwischen den psychischen Instanzen beweglich gemacht wird. Sigmund Freud hat in seiner Studie über den Humor bekanntlich die »Humorleistung« als Mobilisierung der Besetzungsenergie zur Bewegung zwischen Ich und Überich beschrieben.[15] Nun sind es ganz bestimmte Formen des Sprechens beziehungsweise des Adressierens, die das ermöglichen. Die klinische Praxis der Psychoanalyse und die Kunst haben in diesem Punkt übrigens vieles gemeinsam. Vielleicht kann die psychoanalytische Theorie die Kunst gegenwärtig an jene Möglichkeiten erinnern, die diese – im Zug der Scheinsvergessenheit – gerade an sich selbst zu übersehen droht.

Jene Formen des Sprechens, die psychische Besetzungsenergie beweglich machen, beruhen, psychoanalytisch gesprochen, immer auf dem Prinzip der Nichtübereinstimmung zwischen einer Aussage und der Position, von der aus diese Aussage gemacht wird. Das psychoanalytische Paradebeispiel einer solchen Nichtübereinstimmung bildet die Verneinung. In der Verneinung wird etwas Bestimmtes gesagt – zum Beispiel »Sie können ganz beruhigt sein«, »Ich liebe dich« oder »Es ist nicht die Mutter«. Jedoch der Umstand, dass es gesagt wird, straft das Gesagte Lügen. Jenes »Nein«, das der Verneinung, wie Freud meinte, anhaftet wie das Zertifikat »Made in Germany«, besteht, wie Jacques Lacan verdeutlicht hat, in diesem Verhältnis zwischen der Aussage und ihrem Aussagen.[16]

Genau solche Nichtübereinstimmungen zwischen Aussage und Aussagen, zwischen dem Was und dem Dass (beziehungsweise dem Wie) oder zwischen dem Inhalt und der Form können auch Wahrheit und Lüge betreffen. Üblicherweise wird in einer moralischen Beurteilung die Wahrheit für untadelig und die Lüge für verwerflich gehalten. Nun gibt es aber bekanntlich Formen des Lügens, die für unschuldig gelten. Da Weiß die Farbe der Unschuld ist, nennt man sie auch »weiße Lügen«. Wenn zum Beispiel ein Kind von seiner alten Großmutter gefragt wird, ob ihm ihr Weihnachtsgeschenk denn gefallen habe, könnte das Kind dies bejahen, auch wenn es das Geschenk nicht wirklich mag. Es mag die Großmutter, und es möchte sie in ihrer verletzlichen Lage nicht kränken. Die Großmutter wird genau das ahnen und verstehen – und dem Kind dankbar sein. Und schon das Kind kann begreifen, dass hier die weiße Lüge moralisch über der Wahrheit steht. Während diese Lüge auf der Ebene der Aussage lügt, ist ihr Aussagen in seinem Widerspruch dazu wahrhaftig und drückt Liebe, Respekt und Zartgefühl aus. Gerade insofern straft die weiße Lüge sogar die vermeintlich weiße Wahrheit Lügen: Sie erweist Letztere als eine gedankenlose Rücksichtslosigkeit und als Zeichen eines Mangels an Liebe, Respekt und Zartgefühl. Die weiße Lüge zeigt somit, dank ihrer Diskrepanz zwischen Aussage und Aussagen, dass die einfache Zuordnung der moralischen Wertungen zu Wahrheit und Lüge vorschnell war. Wahr und gut hängen nicht immer zusammen; ebenso wenig wie gelogen und böse.

Ist dieser Zusammenhang einmal, dank der weißen Lüge,

als variabel erkannt worden, so lässt sich noch eine weitere Möglichkeit denken. Wenn es Lügen gibt, die moralisch untadelig sind, so könnte es auch Wahrheiten geben, die als böse erscheinen. Die Gegenstücke der weißen Lügen wären demnach »schwarze Wahrheiten«.[17] Und tatsächlich scheinen schon im Alltagsleben Belege für diese Denkmöglichkeit zu existieren: schwarzer Humor, Sarkasmen oder Zynismen zum Beispiel – mithin alles, was aus dem Äußern grausamer Wahrheiten Gefallen bezieht; oder sogar Genießen lukriert. Weiße Lügen und schwarze Wahrheiten bilden somit zwei Formen des Sprechens, in denen Aussage und Aussagestandpunkt, Inhalt und Form beziehungsweise Wahrheitswert und moralische Wertung in eigentümlicher Diskrepanz auftreten. Sie scheinen besonders geeignet, bestehende Identifizierungen aufzulösen und zur Aufgabe liebgewonnener Selbstbilder zu verlocken.

05 Weiße Lüge und schwarze Wahrheit in der Kunst: Fast und Schlingensief

Die Kunst scheint in ihren vielversprechendsten Momenten genau auf solche Effekte hinzuarbeiten. Die klassischen Topoi der Ästhetik – etwa, dass die Kunst uns lehre, die Welt mit anderen Augen zu sehen – verraten etwas davon. Psychoanalytisch (beziehungsweise ideologietheoretisch) können wir diese Beschreibung reformulieren durch den Satz, die Kunst arbeite darauf hin, bestehende Identifizierungen und Selbstbilder zugunsten neuer, verlockenderer einzutauschen. Wir können dies sogar als den entscheidenden Punkt ästhetischer Erfahrung betrachten: *Die Lust sowie die Erkenntnismöglichkeiten, welche durch Kunst erzeugt werden, gründen sich auf eine beweglich gewordene Besetzungsenergie, die einen Wechsel der Identifizierungen erlaubt.*

Darum erscheint die Erwartung berechtigt, dass sich in erfolgreichen künstlerischen Arbeiten der jüngeren Vergangenheit die beiden von uns für dieses Vorhaben geeigneten Strategien auffinden lassen: das Verfahren der weißen Lüge sowie jenes der schwarzen Wahrheit. Ich möchte dies im Folgenden anhand von zwei Beispielen zeigen: einer Arbeit von Christoph Schlingensief aus dem Jahr 2000, die mir für die Strategie der schwarzen Wahrheit exemplarisch erscheint, sowie einer Intervention von Omer Fast von 2010, die auf dem Prinzip der weißen Lüge beruht.

Im Jahr 2000, als Österreich gerade eine neue Mitte-Rechts-Regierung bekommen hatte, die damals in der Europäischen Union auf Entsetzen stieß (während die EU bekanntlich inzwischen bereits ganz andere Regierungen, etwa in der Ukraine nach dem Umsturz gegen die gewählte Regierung Janukowitsch, für unbedenklich und demokratisch legitimiert hielt), präsentierte der Künstler Christoph Schlingensief neben der Wiener Staatsoper seine Installation »Bitte liebt Österreich!« Die Installation suggerierte mit Hilfe von Plakaten diverser Personen, dass in ihren Containern Asylsuchende lebten – ähnlich wie in den Transiträumen auf den Flughäfen sowie auch in jenen Containern, die damals Schauplätze beliebter »reality«-Fernsehshows wie »Big Brother« waren. In ähnlicher Weise wie das Publikum in den TV-Shows wurde auch jenes von Schlingensiefs Installation aufgefordert, die am wenigsten beliebte Person aus dem Container hinaus zu »voten«. Es wurde versprochen, dass diese Person dann sofort jenseits der Schengen-Grenzen verbracht würde. Die Frage blieb nur: Sollte es der Koch aus Kenia sein oder lieber die Textilingenieurin aus Vietnam? Auffällig war die Reaktion des Publikums auf dieses Ansinnen von Schlingensiefs Installation: Es zeigte sich, dass gerade diejenigen Personen und Parteien, die am feindseligsten gegenüber Asylsuchenden eingestellt waren, die Installation am meisten ablehnten und attackierten.[18] Die entsprechende Position in der politischen Wirklichkeit empörte sich über ihre unverhohlene Erfüllung in der Kunst.

Daran zeigt sich, dass auch die größten Ausländerfeinde ihre Haltung offenbar nicht ganz vorbehaltlos einnehmen können. So, wie die größten Ausbeuter ihrer Tätigkeit nicht nachgehen können, ohne sich selbst zeitweise als philanthrope Wohltäter inszenieren zu müssen, können auch Menschen, die jegliche Migration ablehnen, dies nicht tun, ohne sich selbst ein Minimum an humanitärem Selbstbild zuzugestehen. Genau dieses Selbstbild, das zur Aufrechterhaltung der entgegengesetzten Position in der Flüchtlingsfrage die notwendige Stütze bildet, wurde von Schlingensiefs Installation attackiert. Das »Schwarze« von Schlingensiefs Wahrheit bestand eben darin, den fremdenfeindlichen Wunsch ohne jeglichen derartigen Überbau zu präsentieren. Dabei gab seine Arbeit die Diskrepanz aufseiten ihrer Gegner spiegelverkehrt wieder: So, wie die Ausländerfeinde mit Hilfe eines humanitären Selbstbildes ihre fremdenfeindliche Haltung stützten, nahm Schlingensief durch die schamlose Affirmation der Abschiebung zugunsten der Geflüchteten Stellung.

Die entgegengesetzte Strategie der weißen Lüge verfolgt Omer Fast in einer Reihe von kleinen Interventionen im Katalogbuch »In Memory: Omer Fast«.[19] Darin gibt es einen Dialog der Kuratoren Anselm Franke und Hila Peleg. Der Künstler hat dazu Anmerkungen beigesteuert: Immer wenn im Gespräch der Kuratoren ein berühmter Name fällt, wie zum Beispiel »Adorno«, dann liefert Fast eine Erläuterung, wie zum Beispiel die folgende:

> Theodor ›Teddie‹ Adorno (1903–1969) was a legendary card-player and casino owner in Las Vegas. (...) An unpromising student, Adorno dropped out of high school and moved to Berlin in 1920, just as the city was entering its notorious golden decade. He quickly made a name for himself as a gambler, aspiring actor and cabaret impresario, landing small roles in popular films produced by UFA, most notably as a card player hypnotized by the evil Dr. Mabuse (1921, directed by Fritz Lang.[See entry] Adorno is reputed to have met Walter Benjamin on the set of Dr. Mabuse. [See Footnote 9]) By 1928, Adorno achieved both fame and wealth as a part-owner of the famous Berlin jazz club, ›Minima Moralia‹, famous for embracing new musical forms. (Club members were actually notorious for embracing anything, or anyone, that walked through the doors.) With the National Socialists coming to power, Adorno found himself persona non grata in Germany and so he relocated to England, which he immediately dismissed as ›a small, grubby island, inbred and full of negative dialects‹[Citation needed] (...) after Siegel's murder in 1947, Adorno was ›offered‹ an exit package by Gus Green-

baum and Moe Sedway, (...) and took his seed money to Reno where, with the help of several outside investors and the blessing of Lansky, he opened his own Casino hotel, ›The Marquse‹, in 1951. (Never a great speller, Adorno actually named the casino hotel after his favorite writer and philosopher, The Marquis de Sade.[See entry]) Despite its awkward name, The Marquise was a hit. Inspired by its libertine namesake, the hotel casino would be known the world over for its repressive tolerance and a sophisticated mix of eros and civilization. In 1965 Adorno opened his second hotel casino, ›The Kant‹, which had a rough start but also grew legendary. (The establishment was strangely forced to operate with its marquee covered after a state judge found the hotel name obscene.[See Adorno vs. Nevada.] The ›Covered Casino‹ or ›Covered Kant‹ as it was popularly known would be cited by Robert Venturi in his influential book *Learning from Las Vegas*; it would also be claimed as an inspiration by Bulgarian-American artist Christo. In 1998 The Kant's covered marquee became a Nevada State historical landmark.) [...][20]

Dieses lustvolle Geflunker, das sich sofort als solches zu erkennen gibt, ist von der Ordnung der weißen Lüge. Es täuscht niemanden, außer einen »naiven Beobachter« im Sinn Octave Mannonis – einer virtuellen Instanz, der gegenüber Autor und Leserschaft im solidarisch geteilten besseren Wissen »unter einer Decke stecken« können.[21] Unwahr in fast allem, was ausgesagt wird, wenngleich äußerst witzig in der Verwendung einzelner wahrer Details, sind Fasts Anmerkungen wahrhaftig in der liebevollen Einbeziehung der

Rezipienten. Angesichts des schwerfälligen Bildungsballasts, der gerade in der bildenden Kunst seit mehreren Jahrzehnten zur Vermehrung distinktiven Kapitals permanent angehäuft und herumgereicht wird, ist Fasts Eingriff charmant und erleichternd: Hinter all diesen ehrenwerten Namen könnten schließlich ebenso gut zwielichtige Geschäftemacher, Ganoven oder Taschenspieler stecken. Vieles vom Aufblitzen hochkulturellen Materials könnte durch Missverständnisse oder Rechtschreibfehler bedingt sein. Und wozu ist all diese Bildung gut, wenn sie uns nicht erlaubt, ein wenig mit ihr (oder sogar über sie) zu scherzen? Und könnte nicht gerade in diesen absichtlich unwahren Anmerkungen und Anekdoten manchmal doch ein Funke Wahrheit verborgen sein? (Etwa in der Verbindung von Sade und Kant, die Adorno und Horkheimer, noch vor Lacan, in ihrer »Dialektik der Aufklärung« hergestellt hatten.)

Dieses Moment wird noch viel deutlicher in einer jüngeren Arbeit von Omer Fast: seinem Film von 2012 mit dem Titel »Continuity«.[22] Man sieht darin, wie Eltern einen jungen Mann in Militärkleidung erwarten, der von einem Afghanistaneinsatz zurückzukehren scheint. Doch schnell wird klar, dass der junge Mann nur ein gecasteter Darsteller des – offensichtlich ums Leben gekommenen – wirklichen Sohnes ist. Das Schauspiel wird an einem anderen Tag mit einem anderen Darsteller erneut aufgeführt. Die mühsam aufgebaute Illusion wird für die Zuschauer durch viele Verfremdungseffekte permanent durchschaubar gemacht – aber gerade das führt eigenartigerweise zu einer erheblichen affektiven Beteiligung. Es ist kaum möglich, diesen Film zu sehen, ohne etwas von dem Leid, das hier zur Darstellung gelangt, spüren zu müssen. Die transparent gehaltene weiße Lüge ermöglicht eine Anteilnahme, die sehr viel wahrhaftiger ist, als es zum Beispiel bei einer »realistischen«, glaubhaft täuschenden Inszenierung möglich gewesen wäre. Die »wissende Rührung«, die Fast zu erzeugen gelingt, ist an Intensität wie auch an Differenziertheit jeder selbstgefälligen melodramatischen Rührung überlegen. Man ist nicht wie beim klassischen Melodram dort emotional bewegt, wo man es, der Adressierung durch den Film und seine geschickten handwerklichen Einwirkungen auf die Tränendrüsen, entsprechend sein soll. Vielmehr beobachtet man bei Omer Fast Darsteller, die selbst ein wenig unbeholfen gewissermaßen Kunst (oder Psychodrama) machen; und man ist nicht so sehr gerührt über das, was sie machen, sondern vielmehr darüber, dass sie es machen.

06 Zur Theorie der Form

Sowohl Schlingensiefs als auch Fasts Arbeiten scheinen somit genau dem zu entsprechen, was Picasso in dem eingangs zitierten Satz gefordert hatte: Es gelingt ihnen, mit Hilfe ihrer Lügen beziehungsweise Inszenierungen einen Moment von Wahrheit oder Wahrhaftigkeit (»truthfulness«) zu erzeugen. Aus einer psychoanalytischen Perspektive könnte man sagen, dass beide Künstler es fertigbringen, mit ihrem Publikum nicht auf der *imaginären Achse* erwartbarer Kommunikationspositionen und Selbstbilder zu sprechen, sondern auf der *symbolischen Achse*, auf der die Adressierten entweder ihre wirkliche Position erkennen müssen oder aber eine mögliche, neue, von ihrer bisherigen imaginären Position verschiedene einnehmen können.[23] Dadurch werden erhebliche Affekte freigesetzt, die an bestehenden Identifizierungen rütteln und zugleich als Denkanstöße und intellektuelle Anregungen fungieren.

Durch diesen Gesichtspunkt kann die Psychoanalyse einen entscheidenden Beitrag zu einer Theorie der Form in der Kunst leisten. Gerade der Psychoanalyse ist ja vorgeworfen worden, in ihren Analysen zur Kunst das formale Element zu übersehen und dadurch die »Magie« der Kunst zu ignorieren.[24] Heute, da eher die Kunst sich selbst oft so schlecht und ignorant behandelt, wie man es einst der Psychoanalyse vorgeworfen hat, kann Letztere vielleicht eine gewisse Wiedergutmachung zustande bringen. Schließlich kann sie sich dabei auch auf eine Tradition stützen: Nicht immer dort, wo sie von der Kunst handelte (denn dies geschah nicht immer unter ästhetischen, sondern oft unter klinischen Gesichtspunkten), aber zum Beispiel dort, wo sie den Witz, die Fehlleistung oder den Traum untersucht, ist die Psychoanalyse eine exemplarische Theorie der Form: Jedes Detail am Gegenstand erscheint ihr unersetzlich und wert, gewürdigt zu werden; sie behandelt ihn »wie einen heiligen Text«;[25] und sie zeigt, warum zum Beispiel nur ein bestimmter Wortlaut im Witz geeignet ist, heftige Affektwirkungen auszulösen.

Andererseits hat die Psychoanalyse aber vielleicht auch einiges zu sagen zu der eingangs angesprochenen »Scheinsvergessenheit« in der aktuellen Kunst. Ist es denn nicht auffällig, wie sehr Schlingensiefs und Fasts Arbeiten sich vom Mainstream – zum Beispiel aktueller documenta-Kunst – unterscheiden? Wie zahlreiche Kritiker bemerkt haben,[26] hat gerade die letzte *documenta 14* eine Vielzahl an Arbeiten präsentiert, in denen formale Elemente weitgehend unterdrückt waren – zugunsten einer vermeintlich politischen Aussage. Nur wenige der gezeigten Arbeiten vermochten der Betrachtung irgendein Element zu bieten, das sich nicht in der erzählenden Beschreibung erschöpfend hätte wiedergeben lassen. Doch wurde die Form nicht wirklich zugunsten eines politischen Inhalts unterdrückt. Vielmehr waren die Inhalte der Arbeiten politisch meist ebenso platt.[27] Sie appellierten meist – und ausschließlich auf der imaginären Achse – an einen moralischen Konsens, der unter documenta-Betrachtern ohnehin vorherrscht und der nicht im geringsten in Frage gestellt, differenziert oder wenigstens gereizt wurde.

Dies gilt freilich nicht nur für die *documenta*, sondern auch für einen erheblichen Teil aktueller künstlerischer Produktion, insbesondere derjenigen, die sich als Ausdruck künstlerischer Forschung begreift: Dort wird nicht selten mit erheblichem Aufwand kulturwissenschaftliche oder philosophische Theorie zum Einsatz gebracht. Allerdings dient dieser Einsatz oft nicht der Verfeinerung der künstlerischen Arbeit oder der Erhellung ihrer Antriebe und Verfahren, sondern lediglich der Rechtfertigung und Rationalisierung recht dürftiger künstlerischer Ergebnisse. Der Gebrauch von Theorie gilt schon als Beweis von erhöhter Rationalität. Es wird hier immer noch erstaunlich wenig bedacht, dass Theorie, wie Gaston Bachelard und Louis Althusser in Bezug auf die Wissenschaften zeigten, auch eine Funktion der Verkennung erfüllen kann. Sie kann die Wissenschaftler sogar für das Beste ihrer eigenen Entdeckungen und methodischen Entwicklungen blind machen – was für Gaston Bachelard einer der Gründe dafür war, eine »Psychoanalyse des wissenschaftlichen Geistes« zu fordern und zu entwickeln.[28]

»Darüber verwundert man sich viel zu wenig«, schreibt Sigmund Freud einmal,[29] und er formuliert dabei eine Aufgabe der Theorie: das Verwunderliche wahrzunehmen, es als solches anzuerkennen und das entsprechende Problem allererst als Problem zu formulieren. Vielleicht können wir diesem Problem aktueller Kunstproduktion in einer ersten Annäherung am ehesten gerecht werden, wenn wir den Zeitgeist betrachten, unter dem es als Selbstverständlichkeit durchzugehen droht. In einer äußerst groben Betrachtung könnten wir die Kulturentwicklung der letzten Jahrzehnte beschreiben als einen Kampf, in dem die protestantischen angelsächsischen und skandinavischen Kulturen alle übrigen immer in einer bestimmten Richtung beeinflussen: *An die Stelle positiver Kulte (im Sinn Emile Durkheims) sollen negative Kulte gesetzt werden.*[30] Begegnet man zum Beispiel morgens im Hotel einem Gast, der gerade aus dem Nebenzimmer kommt, so soll man nicht »Guten Morgen« sagen, sondern lieber so tun, als hätte man ihn nicht bemerkt. Trägt der Arbeitskollege schicke Schuhe, so soll man keine Anerkennung äußern, sondern lieber schweigen. Will eine Frau in ihren Mantel schlüpfen, ist es besser, ihr dabei nicht behilflich sein zu wollen. Dem Niesenden lieber nicht Gesundheit wünschen. Und fällt in unmittelbarer Nähe ein Kleinkind hin: Bitte es lieber nicht zu trösten oder gar wieder auf die Beine zu stellen versuchen!

Die unterschiedlichsten Fragen führen hier auffälligerweise immer zu demselben Resultat: Egal, ob es um Höflichkeit geht oder das Rauchen im öffentlichen Raum, um Anteilnahme, um das Scherzen oder Witzemachen, um Komplimente, Flirts, Erotik oder Sex – immer soll Nichts besser sein als Etwas. Freilich gibt es hier, den unterschiedlichen Fragen entsprechend, die unterschiedlichsten guten Gründe: die Gesundheit, den Respekt vor Minderheiten, die Gleichberechtigung der Geschlechter oder die Sicherheit, die Nachhaltigkeit und die Kosteneffizienz. Was dabei aber auf dem Spiel steht, ist die Frage der Geselligkeit und Verbindlichkeit im öffentlichen Raum. Dieser soll, den protestantischen Kulturen zufolge, privatisiert und jeweils nach den Maßstäben der (übrigens meist virtuell bleibenden) empfindlichsten Teilnehmer ausgerichtet werden. Von niemandem mehr soll erwartet werden dürfen, Empfindlichkeiten und Befindlichkeiten im öffentlichen Raum ein Stück hinter sich lassen zu können. Woher soll der Fremde denn auch wissen, dass man bei uns »Guten Morgen« sagt? Und wie können wir nur so intolerant sein, ihn mit so etwas zu behelligen?

Positive Kulthandlungen haben immer etwas Geselliges an sich. Sie beinhalten einen Austausch von Gesten und

Formen und ermöglichen punktuelle oder auch größere Solidarisierungen. Negative Kulte hingegen (oder wie Freud gesagt hätte: Abulien)[31] werfen die Individuen auf den Status vereinzelter Privatpersonen zurück, umgeben von den gläsernen Käfigwänden postmoderner Korrektheit. So, wie die Menschen unter neoliberalen Bedingungen zum Beispiel mit immer höheren Selbstbehalten für ihre Sozialversicherungsleistungen aufkommen sollen, so mögen sie auch in ihrem Sozialverhalten gefälligst nur bei sich und den Ihren bleiben.

Unter diesen Voraussetzungen scheint uns verständlich zu werden, weshalb in der Gegenwartskultur eine solche Präferenz für die Wahrheit gegenüber der Lüge in der Kunst aufkommen konnte und eine solche Vorliebe für die Inhalte gegenüber den Formen. Die Formen sind das solidarische Element in der Kultur. Sie ermöglichen es unterschiedlichen Menschen, ihre jeweiligen Besonderheiten in gleicher Weise hinter sich zu lassen und in Austausch miteinander zu treten. Indem sie auf der Ebene der Form miteinander spielen – etwa, indem sie einander scherzend oder ironisch ansprechen –, können Menschen sehr viel mehr Verbindlichkeit untereinander aufbauen, als wenn sie sich nur benennend auf Sachverhalte beziehen. Freilich sind die Formen und die ihnen entsprechenden positiven Kulte (so wie die Zwangshandlungen) immer von Ambivalenz geprägt: Man sagt das eine und meint das andere; oder man fabriziert aus dem Umstand, dass der Andere einem nicht unbemerkt geblieben ist, eine Bemerkung oder eine Geste. Es mag bequemer scheinen, den öffentlichen Raum von aller Ambivalenz zu reinigen. Allerdings sind Menschen, die keine ambivalenten

Umgangsformen mehr kennen, weder rücksichtsvoller noch freier oder klüger. Sie sind nur isolierter – und weniger in der Lage, das Glück des Anderen als etwas solidarisch Teilbares zu begreifen.

Kapitel 6

Mode: Das närrische Objekt und die Vernunft seiner Theorie

»... wo doch sonst die Kleidung des Weibes
bis in die letzte Falte beseelt ist ...«
Sigmund Freud [1900]: 585

01 Der Geschmack der Anderen

Ein erstes Paradoxon der Mode besteht darin, dass sie regelmäßig niemandes eigenem Geschmack entspricht, sondern immer dem irgendwelcher anonym bleibender Anderer. Selbst wenn mächtige Konsortien die Modefarben für das nächste Jahr bestimmen mögen, so können sie dabei nicht völlig willkürlich vorgehen, sondern müssen sich einer Ahnung des Kommenden bedienen;[1] und selbst wenn mutige Trendsetter gewagte Schritte gegen den *common sense* setzen, so stellen diese eher eine Herausforderung auch für ihren eigenen Geschmack dar als dessen direkte, annehmliche Entsprechung. Wie Thorstein Veblen und Georg Simmel übereinstimmend bemerken, zeichnet sich Mode nicht durch »allmähliche Annäherung an künstlerische Vollkommenheit«[2] aus, und sie beeindruckt keineswegs nur durch schöne

Innovationen. Vielmehr verhält sie sich sowohl der Schönheit wie auch der Zweckmäßigkeit gegenüber eigentümlich willkürlich, sozusagen auf irrationale Weise souverän. Simmel schreibt:

> »So häßliche und widrige Dinge sind manchmal modern, als wollte die Mode ihre Macht gerade dadurch zeigen, daß wir ihretwegen das Abscheulichste auf uns nehmen; gerade die Zufälligkeit, mit der sie einmal das Zweckmäßige, ein andermal das Abstruse, ein drittes Mal das sachlich und ästhetisch ganz Indifferente anbefiehlt, zeigt ihre völlige Gleichgültigkeit gegen die sachlichen Normen des Lebens, womit sie eben auf andere Motivierungen, nämlich die formal-sozialen, als die einzig übrig bleibenden hinweist.« (Simmel [1905]: 49)

Das Geschmacksempfinden auch derjenigen, die die vorderste Front der Veränderungen bilden, wird also durch die Mode regelmäßig auf die Probe gestellt. Es ist nicht ihr Geschmack, den sie in ihrer Mode selbst realisieren; vielmehr scheinen sie seltsam ferngesteuert durch etwas, das sie wie ein unsichtbarer Fremdkörper oder ein Dämon zu beherrschen scheint. Umgekehrt aber, und das ist die andere Seite dieses Paradoxons, können auch die Nachfolger, die Epigonen und Hinterleute, die in ihren Vorderleuten wenigstens noch handfeste Verkörperungen ihrer eigenen Fremdbestimmtheit vor Augen – und damit doch Grund zur Auflehnung – hätten, nicht anders, als der Mode, die sie als hässlich empfinden, zu folgen. Es ist niemandes Geschmack (so wie es in allen Gesellschaften Illusionen gibt, die niemandes Illusionen sind);[3] aber dieser Geschmack ist für die Avantgardisten ebenso verbindlich wie für die Angehörigen der stilistischen Nachhut.

Psychoanalytisch lässt sich dieser Umstand zunächst auf den folgenden Begriff bringen: Der Mode-Geschmack ist seinem Wesen nach *trianguliert.*[4] Hier folgt nicht einfach nur einer dem anderen, sondern schon der Erste folgt einem unsichtbaren Dritten. Die Mode hat darum ihre Existenzbedingung in sozialen Verhältnissen, in denen nicht mehr jeder jeden kennt beziehungsweise in denen über die persönliche Vertrautheit hinaus auch noch maßgeblich auf den Blick unsichtbarer Beobachter Rücksicht genommen wird. Diese Verhältnisse kann man soziologisch als *Gesellschaftlichkeit* (im Gegensatz zur Vertrautheit von Gemeinschaften) bezeichnen,[5] oder auch, wie die antiken Rhetoriker, als *Urbanität.*[6] Die Psychoanalyse hat, als Theorie der psychischen Beobachtungsinstanzen, vielleicht wie keine andere Theorie ein Kriterium für die Bestimmung dieser Verhältnisse bereitgestellt. Charakteristisch für die von der Mode gezeigte Rücksicht auf den Blick einer dritten, anonymen Beobachtungsinstanz ist, dass ihre einzige Währung im *Augenschein* besteht. Genau wie in der Höflichkeit und in der Kunst kommt es auch in der Mode darauf an, was irgendein nicht näher bestimmter unbekannter Dritter (zum Beispiel »die Leute«) *hätte denken oder empfinden können,* und nicht darauf, wie es von der ausführenden Person gemeint war oder wie es von einer bestimmten wahrnehmenden Person tatsächlich verstanden wurde. Sigmund Freud hat diese Determinierung durch eine am Augenschein orientierte Beobachtungsinstanz an den Tabu-Gesellschaften sowie am Verhalten der Zwangsneurotiker und Fetischisten analysiert.[7] Octave Mannoni hat später subtil gezeigt, dass dieselben Gesetze auch harmlose Vergnügungen wie Kino- oder Theaterbesuche sowie familiäre Weihnachtsrituale beherrschen.[8] Die Determinierung durch den naiven Beobachter ist die ältere kulturelle Institution der Triangulierung. Erst spätere, moderne Gesellschaften haben einen anderen Typ von unsichtbarer Beobachtungsinstanz forciert, der das Verhalten einer Person nicht nach dem Augenschein, sondern nach deren Absichten beurteilt – das Über-Ich.

Aus dieser historischen Abfolge in der Bildung beziehungsweise Gewichtung der psychischen Beobachtungsinstanzen erklärt sich für die Psychoanalyse übrigens auch ein weiteres Paradoxon der Mode: nämlich dass die Modemetropolen ihren Standort nicht einfach mit dem Wechsel der ökonomischen oder politischen Machtzentren verändern. Mailand, Paris, London und vielleicht Tokyo haben modisch immer noch das Sagen, auch wenn die Mächtigen dieser Welt längst in Washington, Peking, Dubai oder Kuala Lumpur sitzen.[9] Es handelt sich sozusagen um ein Phänomen der »Ungleichzeitigkeit« und steht in krassem Gegensatz zu den sonstigen Führungs- und Nachfolgeverhältnissen, wie sie in der Welt – und auch weitgehend innerhalb der Welt der Mode – herrschen. Aber um Mode zu machen, muss man einer Kultur angehören, in der der Augenschein einmal eine mächtige Rolle gespielt hat und nicht ganz aufgehört hat, sie zu spielen.

Der Umstand aber, dass man sich in der Mode der Triangulierung nicht entziehen kann und also im Geschmack gerade beim Versuch der Selbstbestimmung immer der Gefangene eines Geschmacks der Anderen bleibt,[10] ist für die Psychoanalyse dadurch erklärbar, dass das Begehren, wie Jacques Lacan formulierte, immer das Begehren des Anderen ist. Einen Geschmack auszubilden ist eine der von der Psychoanalyse untersuchten diversen Formen von Subjektwerdung (von denen es manche vielleicht nur in bestimmten historischen Gesellschaften gibt). Und darum ist jeder Geschmack, bevor er zum eigenen Geschmack wird, zunächst Fremdgeschmack, Geschmack der Anderen.[11] Denn entscheidungs- und handlungsfähiges *Subjekt* wird man, wie die Psychoanalyse, ebenso wie der Wortlaut lehrt, nur um den Preis einer Unterwerfung – aber eben nicht unter bestimmte Andere, sondern unter das, was diese bestimmten Anderen bestimmt: unter ihren »großen Anderen«. Dabei stehen Individuen, wie Lacan gezeigt hat, vor einer »erzwungenen Wahl«: entweder sich unterwerfen oder aber gar nichts haben. Man muss dem Räuber das Geld geben (oder, wie Lenin formulierte: sogar noch den eigenen Browning),[12] sonst verliert man Geld und Leben.

Wenn die Mode auch durch und durch närrisch ist (das heißt: wenn sie zunächst niemandes Vernunft oder Geschmack entspricht), so ist es darum doch, wie Immanuel Kant klug erkannte, besser, ein Narr in der Mode zu sein als ein Narr außer der Mode.[13] Dort, wo es keine vernünftigen Gründe zum Mitmachen gibt, gibt es auch keine vernünftigen Gründe zum Nichtmitmachen, und darum ist der beharrliche Modefeind genauso närrisch wie die Modenarren – aber er ist mit dem zusätzlichen Manko der Ungeselligkeit behaftet. Und das ist ein schwerer Fehler – und zwar keineswegs nur unter der heiteren Perspektive des von Erasmus verfassten Lobs der Narrheit,[14] sondern auch in Kants Augen. Der Philosoph des rücksichtslosen, verinnerlichten kategorischen Imperativs und des sturen Pflichtgedankens zeigt sich in dieser Bemerkung plötzlich von einer recht unerwarteten Seite: Er erkennt die sittliche Bedeutung der Geselligkeit, des Augenscheins und sogar von Äußerlichkeiten durchaus an – das zeigen seine Bemerkungen zur Höflichkeit[15] ebenso wie der Abscheu, den er gegen fanatische Asketen hegt. Kant schreibt:

> »Der Purismus des Cynikers und die Fleischestödtung des Anachoreten ohne gesellschaftliches Wohlleben sind verzerrte Gestalten der Tugend und für diese nicht einladend; sondern, von den Grazien verlassen, können sie auf Humanität nicht Anspruch machen.«[16]

Kant folgt in seiner wohlwollenden Erkenntnis zur Modenarrheit übrigens einer älteren und allgemeineren Formulierung Blaise Pascals über die Subjektwerdung. Pascal hatte bemerkt, die Menschen seien so notwendigerweise verrückt, dass es noch verrückter wäre, nicht ebenso verrückt zu sein wie sie.[17] Jacques Lacan hat diese Alternative zwischen gesetzmäßiger, allgemeiner und individueller Verrücktheit auf die Kurzformel gebracht »le père ou pire« (»der Vater oder noch schlimmer« – da der Vater entwicklungsgeschichtlich eines der psychischen Vorbilder für Gesetz und gesetzmäßige allgemeine Verrücktheit darstellt, wohingegen das Schlimmere, »le pire«, die Psychose ist).[18] Und mit Hilfe eines Kalauers auf den Begriff »le nom du père« (der Name des Vaters) betonte Lacan, genau wie Pascal, dass diejenigen, die sich der trügerischen Narrheit nicht hingeben möchten, im Irrtum sind: »les non-dupes errent«.[19]

Das bedeutet im Umkehrschluss, dass das Feld der Mode – auch wenn es nach den Worten Pierre Bourdieus[20] innerhalb der Hierarchie der Kulturgattungen ein weniger »legitimes« Genre bildet – durchaus die Würde dessen hat, was Lacan ein *Gesetz* nennt.[21] Und das muss der psychoanalytischen Theorie durchaus zu denken geben: Nicht nur so fundamentale Institutionen wie die Sprache oder so schaurig-altehrwürdige Einrichtungen wie das Inzestverbot, sondern auch etwas so Leichtlebiges und Ephemeres wie die Mode bildet eine *symbolische Ordnung*. Auch die Mode trianguliert und erfüllt damit bereits die – aus der Sicht Lacans so entscheidende – Funktion der »symbolischen Kastration«, welche die Individuen zu Subjekten macht und ihnen die Psychose erspart.[22] Denn auch die Mode stellt die Individuen vor die erzwungene Wahl, entweder Narren oder aber noch größere Narren zu sein. Genau darin besteht die Pointe der Bemerkungen Kants: Auch die Umgangsformen, die dem eleganten Augenschein dienen, gehören zur Ordnung von Sittlichkeit und Tugend und sind maßgebend für »Humanität«. Gerade für die Mode gilt darum, was Slavoj Žižek kommentierend zu Lacan festgehalten hat:

> »This paradox is what Lacan aims at with his *les non-dupes errent*: those who do not let themselves be caught in the symbolic deception/fiction and continue to believe their eyes are the ones who err most.« (Žižek 1997/2005)

Gerade auch in der Mode darf man seinen eigenen Augen und mithin dem, was man für seinen eigenen Geschmack hält, nicht trauen: denn sonst verpasst man die Unterwerfung unter den Geschmack der Anderen, mithin also die symbolische, väterliche Kastration und landet im »Schlimmeren« – sozusagen in der kleinen Psychose einer Narrheit außer der Mode.

02 Vom Späteren zum Früheren

Ein zweites Paradoxon der Mode besteht in den etwas verwirrenden Zeitverhältnissen, die in ihr herrschen. Wenn Moden immer »Klassenmoden« sind, wie Simmel richtig feststellt, und damit sozial immer von oben nach unten gehen,[23] so gibt es in ihnen auch ein Vorher und Nachher. Und eine Mode wird erst dann zur Mode, wenn sie nachgeahmt[24] wird. So bestimmend die »oberen« Avantgardisten auch vorangehen mögen; sie werden erst dann zur Avantgarde, wenn es eine »untere« Arrière-Garde gibt, die ihnen folgt. Die Zweiten erst machen die Ersten zu den Ersten; sie sind sozusagen die wahren Ersten – denn ohne sie blieben sie alle, Erste wie Zweite, nur »Narren außer der Mode«. In diesem Sinn schreibt Simmel:

> »Das Wesen der Mode besteht darin, daß immer nur ein Teil der Gruppe sie übt, die Gesamtheit aber sich erst auf dem Wege zu ihr befindet.« (Simmel [1905]: 52)

Diese Bemerkung enthält das Entscheidende: Es muss Nachfolgende, auf dem Weg Befindliche für die Vorangehenden geben, sonst ist die Mode keine Mode. In dieser Struktur zeigt sich, dass es ein grober Irrtum wäre, die Mode auf das bloße Bedürfnis nach Unterscheidung zu reduzieren, wie es manche Autoren getan haben.[25] Dann wäre die Mode perfekt, solange sie von niemandem nachgeahmt wird, und sie wäre erschöpft, sobald alle sie nachahmen. Beide Annahmen aber sind falsch.

Die erste Annahme täuscht über den Beginn der Mode, wenn sie einen sozusagen »unschuldigen« Moment bloßer Differenz oder Distinktion als deren Anfang betrachtet. Denn solange die Mode noch nicht nachgeahmt wird, ist sie keine Mode, sondern allenfalls eine Tracht – die spezifische Kleidungsnorm einer Klasse in einer feudalen oder ständischen Gesellschaft. Angeleitet von dieser Vorstellung schreibt Rudolf von Jhering:

> »Ein Versuch der mittleren Klassen, eine neue Mode aufzubringen, würde … niemals gelingen, den höheren würde nichts erwünschter sein, als wenn jene ihre eigene Mode für sich hätten.« (Jhering [1883]: 59)

Diese statische Situation »gleichgültiger Verschiedenheit« wäre aber eben keine Situation der Mode. Mode entsteht vielmehr nur dann, wenn es eine gesellschaftliche Dynamik gibt, in der die Homogenität einer Klasse von einem Teil bestritten, von einem anderen Teil aber behauptet wird.[26] Darum findet sich Mode zum Beispiel innerhalb einer sich ausdifferenzierenden Aristokratenklasse, in der die oberen

Ränge die unteren nicht als ihresgleichen betrachten wollen; oder aber in einer bürgerlichen Gesellschaft, die einerseits den Anspruch erhebt, dass alle ihre Angehörigen Bürger wären, in der aber andererseits die Aristokratie oder die reichere (bzw. die seit längerer Zeit reiche) Bourgeoisie sich von der übrigen (ärmeren oder neureichen) Bourgeoisie absetzen möchte. Das bedeutet mit anderen Worten: Mode gibt es nur in einer Gesellschaft, in der es *Hegemonie* gibt – also einen Anspruch einer führenden Klasse auf Universalität (entweder beschränkt auf die Klasse der Aristokratie oder aber, wie im Fall der Bourgeoisie, ausgedehnt auf die gesamte Gesellschaft, wenn nicht sogar auf die Menschheit insgesamt).

Diese Behauptung von Homogenität der führenden Klasse – bzw. der gesamten Gesellschaft unter Führung einer bestimmten Klasse – kennzeichnet nur bestimmte Gesellschaften; nämlich diejenigen Gesellschaften, in denen die führenden Klassen an starken gesellschaftlichen Veränderungen und Aufgaben interessiert sind, die sie alleine nicht bewerkstelligen könnten und für die sie Verbündete benötigen. Solche Veränderungen können zum Beispiel die Bildung einer Nation im Wettbewerb oder Krieg gegen andere Nationen (oder Noch-Nicht-Nationen) sein; oder die Herausbildung eines Kolonialreiches oder eine forcierte Industrialisierung.

Insofern geht der Anspruch auf Homogenität keineswegs nur von den unteren Klassen aus, sondern bildet das massive Eigeninteresse gerade der Führungsklasse.[27] Mode wird nicht »leider« auch nachgeahmt, sondern sie wird gerade gemacht, um nachgeahmt zu werden.[28] In einer hegemonialen Gesellschaft ist es – entgegen der zu allgemein gefassten Annahme

Jherings – den oberen Klassen keineswegs lieber, wenn die unteren ihnen nicht folgen. Vielmehr brauchen sie deren Nachfolge, sonst können sie selbst nicht führen. Darum sind gerade die Angehörigen einer solchen Klasse in einer hegemonialen Gesellschaft immer gespalten – zum Beispiel in den das Eigeninteresse verfolgenden *bourgeois* und in den am Allgemeinwohl (oder an einer ideologischen Erzählung davon) orientierten *citoyen*. Dies kann man psychoanalytisch durchaus als »Ichspaltung« bezeichnen.[29] Für die Mode hat dies zur Folge, dass sie nun der Befriedigung beider entgegengesetzter Strebungen zugleich dienen muss – sie muss den Gegensatz in der Gesellschaft zugleich behaupten wie verleugnen. In diesem abstrakten Sinn kann die Mode – mit den Worten Freuds – als ein »doppelt geknüpfter Fetisch« bezeichnet werden.[30]

Darum hat die Mode zur Voraussetzung, dass es in einer Gesellschaft die Suggestion eines gemeinsamen Ziels gibt, mit der die oberen Klassen die unteren verführen. Pierre Bourdieu bezeichnet sie auch als »eine Form von Kampf, die den Konsensus über die umkämpften Objekte impliziert«, und bemerkt treffend:

> »Die Prätendenten gehen immer als geschlagene an den Start, da sie sich per definitionem das Ziel des Rennens vorgeben lassen und damit zugleich auch das Handicap akzeptieren, zu dessen Überwindung sie angetreten sind.« (Bourdieu 1974: 121)

Distinktion in der Mode besteht darum nicht in dem Umstand, dass man *anders* ist als die Anderen, sondern darin, dass man *zuerst* etwas anders gemacht hat, das nun die Anderen auch zu machen versuchen. Sie hat ihren Wert nicht in der gestalterischen Differenz, sondern im zeitlichen Vorsprung.[31] Die Mode gibt insofern das Bild einer hoffnungslosen Zenon'schen Paradoxie ab, in der der schnellfüßige Achilleus die Schildkröte niemals einholen kann, weil er immer schon in dem Moment verloren hat, in dem er es überhaupt versucht. (Freilich aber hätte er noch viel schlimmer verloren – »… ou pire« –, wenn es für ihn gar kein Ziel gäbe, das er mit der Schildkröte gemeinsam hätte.) Der Beginn der Mode ist darum nicht im Augenblick der Differenz anzusetzen, sondern in dem Moment, in dem die Deklassierten versuchen, diese Differenz auszugleichen. Der Beginn einer Mode ist darum, wie die Psychoanalyse sagen würde, durch »Nachträglichkeit« gekennzeichnet. Man kann ihn nur im Nachhinein bestimmen. Erst wenn Achill das gemeinsame Ziel anerkennt und den Vorsprung der Kröte wettzumachen versucht, erst dann wird die Vorgabe zu einer Vorgabe. Der zeitliche Modus der Mode ist darum das *futurum exactum*: Nichts *ist* am Anfang Mode. Vielmehr erst dann, wenn es sich fähig gezeigt hat, Nachfolger zu generieren, dann *»wird es Mode gewesen sein«*.[32]

Daraus erklärt sich, warum auch die zweite verbreitete Annahme, die über das Ende der Mode, falsch ist. So schreibt Jhering:

> »Haben die mittleren Klassen die neuaufgebrachte Mode adoptirt, so hat sie … ihren Werth für die höheren verloren …« (Jhering 1883: 59)

Eine Mode aber endet nicht dann, wenn alle sie nachgemacht haben. Wenn der Anfang der Mode nicht schon im Augenblick der Differenz, sondern erst *später*, in dem ihrer Nachahmung gegeben ist, so ist das Ende einer Mode nicht erst dann erreicht, wenn die Nachahmung vollständig vollzogen ist, sondern *früher* – nämlich dann, wenn die Nachfolgenden aufhören, nachzuahmen. Auch dafür hat die Psychoanalyse – die alle Vorgänge regelmäßig hinsichtlich der Frage untersucht, *für welchen Blick* diese Vorgänge gemacht sind[33] – eine Erklärung. In der Mode wird nämlich nicht nur nachgeahmt, um Anderen gleich zu werden, sondern mindestens ebenso sehr, um selbst Nachahmer zu finden. Man nimmt es in Kauf, Andere zu bewundern, weil man selbst hofft, dafür von Anderen bewundert zu werden. Man ahmt Andere nach und zielt dabei auf den Blick von weiteren Anderen – sozusagen Dritten.

Insofern lassen sich die Verhältnisse in der Mode wohl am besten mit dem Bild eines »Pyramidenspiels« (bzw. »Pilotenspiels«) illustrieren: Darin überredet ein Erster zwei Zweite, diese wiederum vier Dritte und diese acht Vierte zum Mitmachen. Die acht Vierten geben einen bestimmten Betrag ab, zum Beispiel je 100 Euro. Dafür bekommen sie die Hoffnung, in der drittnächsten Runde selbst Erste zu sein, die je 800 Euro kassieren. Diese »Pyramiden« oder »Flugzeuge« sind natürlich zu ihrem Funktionieren darauf angewiesen, immer neue Mitspieler zu gewinnen. Und sie stürzen dann ein oder ab, wenn die nächsten zu Überredenden keine Hoffnung mehr haben, Mitspieler gewinnen zu können, die noch weitere zum Mitspielen überreden könnten.[34] Genauso stürzen Moden ab: Sie enden dann, wenn die nächsten, die zur

Nachahmung zu verführen wären, keine Hoffnung mehr haben, weitere Nachahmer oder Bewunderer mit ebensolchen Hoffnungen finden zu können. Noch einmal zeigt sich hier, dass das Begehren in der Mode das Begehren der Anderen – das heißt hier: Begehren nach Begehrtwerden – ist: die Moden enden nicht, wenn sie keine Bewunderer mehr finden, sondern dann, wenn diese selbst fürchten, keine mehr zu finden.[35]

Das Prinzip der Nachträglichkeit, dem zufolge das Spätere das Frühere determiniert, zeigt sich auch noch an einem weiteren Zug der Mode – ihrem frivolen Umgang mit ihrer Geschichte, in dem sie sich immer wieder schamlos bei vergangenen Moden bedient. Diesen Zug hat sie freilich mit Geschichte insgesamt gemeinsam, die immer vom Standpunkt einer vorherrschenden Gegenwart bzw. einer gegenwärtigen Vorherrschaft aus geschrieben wird. Walter Benjamin hat darum die Mode als Bild dafür genommen, was Geschichtsschreibung mit der Vergangenheit macht und die Mode als »Tigersprung ins Vergangene« bezeichnet.[36] Es gibt hier immer etwas Raubtierhaftes, Gefräßiges, das sehr ungerecht, selektiv und gewalttätig über das Vergangene herfällt. Aber ohne solches lebhafte Eigeninteresse gäbe es, wie bereits Friedrich Nietzsche betont hat,[37] überhaupt keine Aneignung von Vergangenem.

Wie für die Psychoanalyse ist jedenfalls auch für Benjamins materialistische Konzeption von Geschichte entscheidend, dass die Nachträglichkeit als bestimmende Kraft erkannt wird; dass also die Macht, die die Gegenwart über die Vergangenheit ausübt, nicht undurchschaut bleibt. Andernfalls erschiene die Individualgeschichte so unausweichlich durch die Ereignisse der Kindheit bestimmt[38] wie die Gegenwart und Zukunft der kollektiven Geschichte durch die Vergangenheit. Das »Es war einmal« würde sich gnadenlos und schicksalhaft über jede lebendige Regung der Gegenwart legen und sie ersticken.

Die Willkür, welche die Mode im Umgang mit ihrem historischen Fundus an den Tag legt, liefert demgegenüber ein Bild der Hoffnung: Nichts am Vergangenen hat bisher darauf hingedeutet, heute »hip« zu sein – genauso, wie nach den Worten Arthur Rimbauds das Kupfer nichts dafür kann, wenn es eines Tages als Trompete aufwacht.[39] Jedes Revival ist ausschließlich durch Gesichtspunkte der Gegenwart animiert. Das Aufeinandertreffen der aktuellen Mode mit einer vergangenen ist dieser darum vollkommen äußerlich – oder, wie der späte Louis Althusser es genannt hätte: aleatorisch.[40] Die modische Gegenwart vermag etwas Unerwartetes zutage zu fördern, das bislang am Vergangenen nicht ablesbar war.

03 Das innere Außen

Schließlich gibt es noch einen dritten paradoxen Zug der Mode, der sein Pendant in einem Theorem der Psychoanalyse hat. Die Mode erzeugt nämlich nicht nur ständig ein Bedürfnis nach neuer Mode, sondern zugleich auch immer eine Sehnsucht nach einem Ende der Mode[41] – nach einem Ausgang aus der endlosen und ziellosen Hetze nach Neuem; einem Punkt der Ruhe, an dem die rastlose Suche auf einmal in Dingen von bleibender und stillerer Schönheit ihren

Halt fände: »Endlich etwas ganz Einfaches, Zeitloses, Klassisches!«

Nun ist aber dieses erträumte Außen der Mode gerade ihr Innerstes. Es verhält sich ganz ähnlich wie bei einem Möbiusband – jener Figur, die Jacques Lacan als Modell für die Struktur all jener imaginären Andersheiten vorschlug, welche die Psychoanalyse immer als heimliche Identitäten zu erkennen hat:[42] Im Möbiusband hat man eine Form, die so aussieht, als hätte sie eine andere Seite; aber wenn man sich auf die andere Seite begibt und ihr folgt, landet man wieder auf derselben Seite.

Über nichts fällt die Mode lieber her als über das, was ihr soeben noch zu entgehen schien: zum Beispiel Formen von Arbeitskleidung, wie man sie in jedem Baumarkt findet, oder millionenfach gefertigte Armeejacken ohne großen gestalterischen Anspruch, oder das Outfit von Subkulturen, zum Beispiel Tattoos, Punkfrisuren oder jahrzehntelang getragene Lederkluften von Motorradklubs (eventuell sogar samt deren Logo),[43] oder auch stereotype Spezialbekleidungen für Sport, Freizeit oder Sex. Gerade indem sie sich solcher Dinge bemächtigt, kommt die Mode nicht zur Ruhe, sondern raubt sie vielmehr den Dingen. Gerade noch konnte man für wenig Geld neutrale, schlichte Gummistiefel oder Tennisschuhe kaufen und sie vielleicht auch im Alltag tragen, jetzt aber ist es damit vorbei: Plötzlich sind die Gummistiefel ein teures Markenprodukt, und die Tennisschuhe haben sich in eine schwindelerregende Vielfalt meist hässlicher, mit schrillen Applikationen und Spezifikationen versehener *eyecatchers* diversifiziert. Die Sehnsucht nach ihrem Anderen treibt die Mode dazu, dieses Andere in das mit ihr Identische zu verwandeln. Psychoanalytisch könnte man sagen, dass die Mode hier ein Begehren hat, von dem sie möchte, dass es unbefriedigt bleibt. Sie gleicht darin der Hysterie, die die Aufrechterhaltung des Begehrens jedweder Befriedigung vorzieht.[44] Die Mode lebt von der Verknappung dessen, was sie zu liefern behauptet. Insofern gleicht sie übrigens auch der Wahrnehmung der jungen Psychoanalyse durch Karl Kraus, der meinte, die Psychoanalyse wäre jene Krankheit, für deren Therapie sie sich hält.[45]

Auch andere Formen des Außen fallen der Mode auf diese Weise zum Opfer. So will die Mode zum Beispiel manchmal etwas anderes als Mode sein, indem sie sich als Moral geriert. Sie achtet dann auf faire Produktions- und Wertschöpfungsbedingungen und sorgt dafür, dass weder Zwangsarbeiter noch Kinder zum Einsatz kommen und die Fabrikhallen nicht zu einstürzenden oder brennenden tödlichen Fallen für die Belegschaft werden. Aber so, wie es für alles Moden gibt – für Schamhaarfrisuren, Esoterik, Arschgeweihe oder Intimpiercings ebenso wie für Kunst, Wissenschaft, Philosophie und Psychoanalyse –, so gibt es auch Moden der Mode: Nichts ist so sehr dem modischen Wandel unterworfen wie das, was die Mode vorgeblich aus nicht-modischen Absichten unternimmt. War zum Beispiel eben noch die »ethical fashion« ein Star im Rampenlicht, der ganzen nationalen Industrien – sowie der Hierarchie der Designer über die Handwerker – Legitimität und Vergrößerung der Marktanteile verschaffte,[46] so ist das alles im nächsten Moment vergessen, und plötzlich ist nichts wichtiger, als dass die modischen Produkte unsere Umwelt nicht belasten und vollständig biologisch abbaubar sind. Dann richten sich die Scheinwerfer auf die »ecological fashion«, und die Fragen von Kinderarbeit und Ausbeutung sind auf einmal so im Dunkel, vergessen und démodées wie die Schnitte von gestern.

Aber auch andere »Politisierungen« (beziehungsweise »kulturkapitalistische« Aufladungen) können die Mode ein Außen suchen lassen, um es flugs in ein Innen zu verwandeln. Wenn die Mode es zum Beispiel in einem ersten Schritt fertiggebracht hat, bestimmte Logos zu begehrten Fetischen zu machen,[47] und in der Folge bald kaum noch Produkte zu haben sind, die nicht von irgendeinem Emblem verunstaltet sind, so führt sie im nächsten Schritt – und eventuell unter gebildeter Berufung auf politische »No-Logo«-Initiativen[48] – die Abwesenheit des Logos als *dernier cri* ein und lässt dann nur noch die teuersten und exklusivsten Waren, die ausschließlich von den namhaftesten Designern entworfen sind, einen unbefleckten Reiz entfalten. (Ebenso kann es auch passieren, dass, nachdem sämtliche Modeprodukte mit irgendeinem moralischen Versprechen aufgeladen wurden und man schon keinen Sportschuh mehr kaufen konnte, ohne dass ein Kind in Afrika auch einen bekommen sollte oder ohne dass er garantiert aus wiederverwerteten Abfällen bestand, auf einmal nur noch die teuerste Markenware durch die Abwesenheit solcher Versprechen glänzt.)

Genau wie beim Überfall auf die bislang modisch unbescholtenen Dinge verhält es sich auch bei solchem Branding durch Abwesenheit von Branding. Man könnte sagen: Hier wird immer etwas, das bislang der Allgemeinheit gehörte und verfügbar war, privatisiert und exklusiv gemacht. Es verhält sich hier so wie bei der Privatisierung von Trinkwasser, öffentlichem Verkehr, Bildung oder von jahrhundertealten

Heilmitteln, für deren Anwendung die Erfinder plötzlich Tantiemen an Pharmakonzerne bezahlen müssen.[49] Oder auch wie bei der Durchsetzung von genmanipuliertem Saatgut, das nicht reproduktionsfähig ist und von den Bauern jährlich neu erworben werden muss. Plötzlich ist das, was bisher billige, schlichte, neutrale Kleidung war, teure und exklusive Designerware; und die anonyme Gestaltungsleistung von Generationen gehört nun einem einzelnen Star.[50]

Die Mode ist also nicht nur gehetzt, sondern auch gefräßig; sie braucht nicht nur ständig Neues, sondern auch ständig Äußeres. So wie Rüstungsspiralen sich ausweiten, breitet sich auch die ästhetische Spirale der Mode aus und unterwirft immer neues, bislang verschontes Terrain ihrem Imperium. Ökonomisch und politisch führt dies zu einer Verwandlung von Allgemeingut in Privateigentum, für das die Allgemeinheit teuer bezahlen muss. Ästhetisch führt dies zur Verknappung guter Gestaltung und zur Fehlwahrnehmung von selbstverständlichen, kollektiven, anonymen Ressourcen als wundersame, herausragende individuelle Improvisationen.[51]

Psychoanalytisch aber ist noch einmal etwas auffällig und interessant an den Verfahrensweisen der Mode: nämlich dass die Abwesenheit eines Markenzeichens selbst zum Markenzeichen werden kann. Oder auch dass das Weglassen von protzigen, prestigeträchtigen Elementen noch mehr Protz und Prestige erzeugen kann als diese Elemente. Auch was das Darstellen betrifft, verwandelt die Mode also Äußeres in Inneres: Dort, wo man Abwesenheit von Darstellung hätte vermuten können, findet immer noch Darstellung statt – eben Darstellung von Abwesenheit. »Sie saßen so still da, als ob sie zeigen wollten, wie still sie dasaßen«, heißt es einmal in einem Kriminalroman von Dashiell Hammett. Plötzlich ist es eben nicht nur so, dass die Zeichen fehlen; sondern der Umstand, dass sie fehlen, will etwas bedeuten; er ist selbst ein Zeichen.

Vielleicht nirgends so gut wie an der Mode kann man darum beobachten, dass die Psychoanalyse recht hat mit ihrer Behauptung, dass nicht immer, wenn die Zeichen zu fehlen scheinen, etwas fehlt. Es kann vielmehr durchaus sein, dass gerade dasjenige, von dem man meinen könnte, es hätte nichts zu bedeuten, etwas bedeutet: zum Beispiel die unerklärliche Fehlleistung, die vermeintlich sinnlose Zwangshandlung oder auch das scheinbar bloß körperliche hysterische Symptom. Freuds Begriff der »Vorstellungsrepräsentanz« kann als ein Versuch gelesen werden, dieses Schillern von Abwesenheit und Anwesenheit von Vorstellung bzw. Repräsentanz zu erfassen.[52] Sogar in wissenschaftlichen Texten kann, wie Louis Althusser gezeigt hat, ein *Schweigen* auftreten, das als etwas Bedeutsames, als ein *beredtes Schweigen* gelesen werden muss – als »Symptom«: Hier fungiert eine schnelle Antwort als Indiz für eine ungestellte Frage und ein vermeintliches Nicht-Problem als Hinweis auf ein noch ungelöstes Problem oder auf eine neue, hinter der bisherigen Problemstellung verborgene, revolutionäre Problemstellung.[53] Auch im Traum hat Sigmund Freud solche Leerstellen erkannt, die sozusagen als Volltext begriffen werden müssen: Was sich zunächst als Lücke eines Traumes ausgibt, zum Beispiel als ein unverständliches Gemurmel, ist oft die adäquate Darstellung von etwas, das nicht zur Sprache oder zur Darstellung kommen sollte.[54] Die scheinbare Lücke im Traum kann mitunter sogar der Traum von einer Lücke sein – zum

Beispiel von einer Körperöffnung und ihrem das Gewebe der Wohlanständigkeit perforierenden, anstößigen Gebrauch.

Man könnte also sagen: Auch wenn die Kulturleistungen der Mode nicht selten zugleich von Grausamkeiten der Deklassierung und Umverteilung gesellschaftlicher Ressourcen zeugen, so sind sie doch wertvolle Herausforderungen des wissenschaftlichen Scharfsinns. Man muss die Vorgänge, die uns die Mode vor Augen führt, nicht unbedingt gutheißen, um doch von ihnen lernen und ihre schlagende Beweiskraft für die Theorie schätzen zu können.

Kapitel 7

Was den Geschmack der Stadt verrät

01

Urbanität ist in der Auffassung der antiken Autoren keine Eigenschaft von größeren oder dichteren Siedlungen, sondern eine Eigenschaft von Menschen – eine Tugend. So bezeichnet Cicero in seiner Rhetorik das weltgewandte, gebildete Verhalten einschließlich der Fähigkeit zur witzigen Formulierung als »*urbanitas*«.[1] Diese kulturelle Errungenschaft konnte sich nach Ciceros Auffassung nur im urbanen Raum entwickeln. Rund 150 Jahre nach Cicero engt der Rhetoriker Quintilian die Bedeutung dieses Begriffs allein auf das sprachliche Element ein – nicht ohne erneut zu betonen, dass diese so bezeichnete witzige Redeweise »in ihren Worten, ihrem Klang und ihrem Gebrauch so etwas wie den eigentümlichen Geschmack unserer Hauptstadt zur Schau trägt«.[2] In der Renaissance ruft Baldessare Castiglione in seiner Abhandlung über den Hofmann das Ideal der Urbanität wieder in Erinnerung – wenn auch, wegen des höfischen Kontexts, nur selten unter diesem Namen. Er bezieht sich dabei auf die Beherrschung des geistreichen und amüsanten Gesprächs.[3]

Im 17. Jahrhundert folgt Emanuele Tesauro der Überlegung Quintilians, indem er die Fähigkeit eines Autors, durch Gebrauch von Wortspielen und Figuren wie z. B. Metaphern geniale Pointen (»*argutezze*«) zu setzen, wieder mit dem Begriff »*urbanità*« bezeichnet.[4] Wortwitz, poetisches und gestalterisches Genie (das sich, Tesauro zufolge, auch in Werken der bildenden Kunst äußern kann) sind also nach übereinstimmender Auffassung dieser Autoren Formen des Humors, welche die Atmosphäre der Stadt als ihre notwendige Bedingung voraussetzen.

Vielleicht ist es nützlich, diese Bestimmung von Urbanität als einer menschlichen Habitusform, einer durch die Atmosphäre der Stadt bedingten ethischen Haltung und daraus entspringenden ästhetischen Fähigkeit, in Erinnerung zu rufen. In der Folge soll versucht werden zu zeigen, was genau in den Menschen seit der Antike durch die Stadt hervorgerufen werden kann; welche spezifische Grenzziehung gegenüber dem Nicht-Städtischen damit gemeint ist; und welche Ethik – welche Prinzipien, Handlungsweisen und Organisationsformen des gesellschaftlichen Imaginären – einen notwendigen und unverzichtbaren Bestandteil der Urbanität darstellen. Auf diese Weise könnte verständlich werden, weshalb Urbanität eine Qualität ist, die, wie wir inzwischen erfahren mussten, nicht allen Städten automatisch zukommt; weshalb, wie der Architekturkritiker und Dichter Friedrich Achleitner einmal bemerkt hat, selbst kleine antike Städte wie zum Beispiel Cividale mehr Urbanität besitzen als große moderne Städte wie zum Beispiel Stuttgart; und was getan werden muss, damit unsere Städte in Zukunft wieder mehr von dem besitzen, was den Geschmack der Stadt verrät.

02 »Wir sind hier ein Stadtcafé, und was Sie da mach'n, is a Schweinerei«

Wenn die *urbanitas* von den Rhetorikern und Poetologen somit als Fähigkeit begriffen wird, gesprochenen Text (oder auch Inhalte anderer Medien) mit unterhaltsamen, inspirierenden, spielerischen Elementen zu durchsetzen und beim Publikum die Affekte der Begeisterung und des Lachens hervorzurufen, so wird sie damit nicht allein der bloßen schmucklosen Nüchternheit zweckgerichteten Mitteilens entgegengesetzt. Es geht bei diesem städtischen Geschäft nicht allein darum, neben der sachlichen »Besonnenheit« *(»prudenza«)* das verspielte Element des Einfallsreichtums bzw. des Genies *(»ingegno«)* zur Entfaltung zu bringen.[5] Vielmehr muss die Rede zugleich in ihren Wortspielen etwas Feines aufweisen – und nichts »Mißtönendes, nichts Bäurisches, nichts Unordentliches, nichts Fremdklingendes«.[6] Dem spielerischen, Erheiterung hervorrufenden, urbanen Sprechen wird also das *rustikale* als sein Gegenteil gegenübergestellt.[7]

Diese Entgegensetzung allerdings wirft bei aller scheinbaren Evidenz manche Frage auf. Ist denn ländliches Sprechen niemals heiter oder verspielt? Gibt es kein Bauernlachen?[8] Zeichnet sich das Landleben – gerade auch in der Phantasie der schreibenden Gebildeten – nicht regelmäßig durch eine bestimmte frivole Ausgelassenheit und die Neigung zu Schabernack und Scherzen (und seien es auch gröbere) aus? Und gerade dort, wo Theoretiker wie Tesauro nach den Pointen, den *argutezze* des Sprechens suchen, scheint das ländliche oder wenigstens suburbane, dialekthafte Sprechen doch besonders in Betracht zu kommen. Wenn Sprecher – auch besonders gebildete, raffinierte – einmal die Besonnenheit zugunsten der Affektaufladung verlassen, dann verfallen sie doch bezeichnend oft in den Dialekt, und gerade das erzeugt erheiternde Wirkungen: »Das stolze Gebäude meiner Hoffnungen ist assekuranzlos ab'brennt, meine Glücksaktien sind um hundert Prozent g'fall'n, und somit belauft sich mein Aktivstand wieder auf die rundeste aller Summen, nämlich auf Null«, sagt Nestroys Figur Titus Feuerfuchs im »Talisman« (3. Akt, Erste Szene).

Dasselbe wirkungsvolle Changieren zwischen verschiedenen sprachlichen Kulturniveaus bemerkt Roland Barthes in Bezug auf die Sprache des Marquis de Sade: Dort herrsche eine »metonymische Gewalt«, die in einem einzigen Satz alles Mögliche durcheinanderwirft, »die gesellschaftlichen Fetische, Könige, Minister, Geistliche usw., aber auch die Sprache, die traditionellen Klassen der Schreibweise«[9]. So kann man in Sades »120 Tagen von Sodom« Passagen wie die folgende lesen:

> »Herr Präsident, Sie sind steif«, sagte der Herzog; Ihre Reden bringen immer solche Anzeichen bei Ihnen hervor.« – »Steif?«, sagte der Präsident, »nein; aber ich bin im Begriffe, Fräulein Sophie scheißen zu lassen, und ich hoffe, daß ihr köstlicher Dreck vielleicht einige Wirkung bei mir hervorrufen wird. – Ah, wahrhaftig, mehr als ich dachte!«, rief Curval, nachdem er die Würste verschlungen hatte »bei Gott, auf den ich scheiße, mein Schweif fängt an, zu Bewußtsein zu kommen.« (Sade 1979, Teil II: 181).

Gleichen solche Formulierungen Sades nicht den Strophen von Helmut Qualtingers und Gerhard Bronners Lied vom »G'schupften Ferdl«, wo es z. B. heißt:

> »und mit Elastizität / die sich von selber versteht / schleift der Ferdinand die Mitzi aufs Parkett«?

Ist der ästhetische Reiz solchen Wechselns zwischen Sprachniveaus nicht der Grund, weshalb Menschen, wenn sie sich aufgrund großen Affektstaus einer poetisch werdenden Sprache bedienen, wie zum Beispiel beim Schimpfen, abrupt in den Dialekt verfallen?[10] »Ta gueule«, »Halt die Klappe« – kann man dergleichen in einer Hochsprache überhaupt jemals adäquat ausdrücken? Und bewundern wir nicht immer wieder gerade das Französische für seinen Reichtum an lebhaften, bilderreichen, drastischen, volkstümlichen Elementen, die regelmäßig auch in elaborierte Diskurse eingeflochten werden (wie z. B. die Wendung »balancer la purée«)? Auch das Wienerische entwickelt seine von Dialektdichtern und Liedermachern wie Georg Danzer meisterhaft genutzte poetische Kraft doch gerade dort am markantesten, wo es von der höflichen oder bemühten Hochsprache unvermittelt in den melodiösen Dialekt oder in ein umgangssprachliches französisches Lehnwort wechselt: »er ziagt si seine Schuach aus und sagt nur ›Bitte gusch‹« (wie es in Danzers Lied »Hupf in' Gatsch« einmal heißt). Oder: »Der Ober Fritz sagt ›Wir sind hier ein Stadtcafé, und was Sie da mach'n, is a Schweinerei.‹« (Georg Danzer, »Jö schau«). Ist das, was *argutezza* besitzt, was also *»argut«* ist, nicht am ehesten der mundgerechte, subkulturelle, oft geradezu wie eine lokale Geheimsprache funktionierende *Argot*?

Wäre das spezifisch »Urbane« im Sinn der Rhetoriker also nicht so sehr die gesittete Beschränkung auf das purifizierte, einem vermeintlich barbarischen Umland abgetrotzte städtische Terrain, sondern vielmehr die gekonnte Bewegung zwischen beiden, die erst von der entwickelten Stadt aus möglich ist? Oder wie der Philosoph Alain sagt: »Was einem Städter vor allem am Land gefällt, ist die Tatsache, daß er hinfährt« (Alain 1982: 219)?

Urbanität wäre, so gesehen, nicht die Beherrschung von Regeln feineren Benehmens und des Geschmacks. Letztere mögen der Landbevölkerung durchaus auch bekannt sein. Urbanität wäre vielmehr gerade auch das gezielte Brechen dieser Regeln und Überschreiten dieses Geschmacks. Man muss ein Städter sein, um z. B. an roher Natur Gefallen zu finden; einem Landbewohner hingegen würde dies absurd erscheinen, wie Immanuel Kant in seiner Ästhetik des Erhabenen bemerkt:

> »So nannte der gute, übrigens verständige savoyische Bauer (wie Hr. v. Saussure erzählt) alle Liebhaber der Eisgebirge ohne Bedenken Narren.« (Kant [1790]: 190 (§ 29))

Alle Ästhetiken des Unkultivierten oder des schlechten Geschmacks wie z. B. die von Susan Sontag kommentierte »Camp«-Ästhetik (Sontag [1964]) beruhen auf diesem Prinzip einer »Urbanität«, die gerade außerhalb der erwarteten zivilisierten Räume und Terrains ihr reizvollstes Betätigungsfeld findet. Nur dort kann sie aus dem Scheußlichen, Bedrohlichen, Furchterregenden, Schockierenden, Unbedarften, Kitschigen, das man mit einigem Verstand und Geschmack, wie der savoyische Bauer, auch ohne Umschweife hätte verabscheuen können, etwas Grandioses, Erhabenes, »Sublimes« machen. Man muss ein Übermaß an Geschmack besitzen, um gerade am Geschmacklosesten Gefallen finden zu können. Um man muss einen komplizierten Geschmack haben, um sich besonders heftig an einfachen Dingen erfreuen zu können, wie Oscar Wildes Held Lord Illingworth einmal bemerkt.[11] Die für die Urbanität typische Produktion der genialen Pointen, Reize, Pikanterien und »argutezze« wäre somit ein Vorgang der »Sublimierung«, der regelmäßig das, was weit unterhalb der Standards eines guten Geschmacks liegt, zu seinem Grundmaterial benötigt und es in ungeahnte Höhen kultureller Wertschätzung befördert.[12] Und das Gefallen an solchem Material wäre nicht so sehr diesem geschuldet; es wäre vielmehr ein Gefallen, das die Urbanität an sich selbst als Sichtweise empfindet: Immer dann, wenn man abseits aller kulturellen Zubereitungen die Erfahrung des Sublimen macht, kann man sich selbstzufrieden mit Kant sagen:

> »[...] man muß das Gemüt schon mit mancherlei Ideen angefüllt haben, wenn es durch eine solche Anschauung zu einem Gefühl gestimmt werden soll, welches selbst erhaben ist [...]« (Kant [1790]: 164 (§ 23))

Dieselbe Selbstzufriedenheit einer Sichtweise, die sich gerade am defizienten Objekt freudig ihrer eigenen Ideenfülle versichert, findet sich auch bei den Helden des Marquis de Sade, von denen einer einmal bemerkt:

> »Ich, der ich zu Euch rede, bin steif geworden beim Stehlen, Morden und Brandstiften, ich bin völlig sicher, daß es nicht das Objekt der Ausschweifung ist, das uns reizt, sondern die Idee des Bösen.« (Sade 1979: 214)

Urbanität findet sich also nicht notwendigerweise nur in der Stadt, sondern auch in der Wildnis der Natur, in den – in moralischer oder ästhetischer Hinsicht – verlassensten Einöden und auch gerade in den Niederungen der tiefsten Kultur- und Sprachniveaus: Sie befindet sich dann im »Gemüt« des Städters, der sich neugierig dorthin begibt.

04 Spielen müssen. Humor als Gebot der Höflichkeit

Die dem Vergnügen dienende räumliche oder sprachliche Landpartie liegt nahe, sobald die Stadt bloß als profaner Raum des Erwerbslebens erlebt wird. Die Haltung der Urbanität widersetzt sich jeglicher lediglich zweckmäßigen Atmosphäre – eben auch dann, wenn es die der Stadt ist. Denn Urbanität charakterisiert sich, wie Tesauro bemerkt, durch »einen gewissen Ekel vor den täglichen, obwohl nützlichen Dingen, wenn die Nützlichkeit nicht mit der Vielfalt, und die Vielfalt nicht mit dem Vergnügen gepaart sind.«[13] *Den Dingen Leichtigkeit und Reiz zu verschaffen* durch gewitzte Formulierungen bildet das Gebot der urbanen Verfeinerung, der sich Cicero verpflichtet fühlt:

»Man nehme auch aus jeder Spielart des Humors [ex omni genere urbanitatis facetiarum quidam lepos], um damit die gesamte Rede wie mit einer Prise Salz zu würzen.«[14]

Wer urban sein will, muss also würzen – und sei es vielleicht mitunter auch mit rustikalerem Pfeffer. Urbanität ist darum nicht allein die Kenntnis und Fähigkeit zum Spielen mit Worten; sie ist auch eine *ethische Verpflichtung* zu diesem Spielen. In bestimmten Situationen *muss man spielen*, wenn man kein Tölpel sein will, der die Leute mit bloßen Sachinformationen langweilt.

Schlagfertigkeit und Kürze bei Erwiderungen sind dabei, Cicero zufolge, wesentlich.[15] Man muss sich kurzhalten, weil nur die Kürze Leichtigkeit, Witz und Würze mit sich bringt.

Dieses Spiel-Gebot ist eine der entscheidenden kulturellen Funktionen des Spiels, die der Kulturtheoretiker Johan Huizinga erkannt hat: Das Spiel hat nicht nur Regeln, wie es gespielt werden muss; es verfügt auch über eine gebieterische Macht, mit der es befiehlt, dass es gespielt werden muss – und zwar hier und jetzt.[16] An diesem Gebot zum Spiel mit Worten, zur witzigen Pointierung, zur Vermeidung von Langeweile und zur heiteren Kürze lässt sich erkennen, dass Humorkulturen und Höflichkeitskulturen offenbar denselben Ursprung haben. Humor zu zeigen ist ein Gebot der Höflichkeit, wie sie sich in den antiken Städten sowie danach wieder in den Stadtstaaten der Renaissance herausbildet. Und auch die Höflichkeit selbst ist bekanntlich ein Spiel – eine »Komödie« nach den Worten von Alain:[17] Alle sind darin aufgefordert, ein Stück weit von sich selbst abzusehen, sich nicht ganz so ernst zu nehmen, wie sie es vielleicht zu tun geneigt wären, und stattdessen eine Rolle zu spielen, die für andere angenehm ist.

05 Verfeinerung der Sitten, Fiktionalisierung der Illusionen

Die Stadt scheint für diese Entwicklung in zweifacher Hinsicht maßgebend zu sein. Einerseits erlaubt sie soziale Ausdifferenzierung und begünstigt (wenigstens unter den uns bekannten historischen Klassenverhältnissen) den Wetteifer im Distinktionsverhalten, der zur Verfeinerung der Sitten und Konversationsstrategien führt. Andererseits verunmöglicht sie durch gesteigerten Verkehr die frühere, »mechanische« Solidarität[18] zwischen den Individuen: In der Stadt begegnen einander in der Regel Unbekannte, nicht Gleichgesinnte, und zwar auf zu engem Raum und innerhalb zu kurzer Zeit, um Bekanntschaft zu schließen und zu Vertrauten zu werden. Darum muss an die Stelle realer Vertrautheit eine neue Verkehrsform gesetzt werden: eine höhere, abstraktere »organische« Solidarität, die das Bedrohliche der Fremdheit bannt und zugleich das Vorteilhafte daran aufrechterhält.

Dies geschieht über den Weg der Fiktion: Was real verlorengegangen ist, wird nun spielerisch inszeniert. Man mimt nun jenes Wohlwollen und jene Anteilnahme, die man real für die Unbekannten nicht mehr aufbringen kann. Möglicherweise ist dies der Art vergleichbar, wie der kindliche Glaube an den Weihnachtsmann nach seinem Untergang von erwachsenen Menschen spielerisch aufrechterhalten wird.[19] Fiktionsgestützte Rituale und Umgangsformen wären demnach ein Umgang mit dem untergegangenen Narzissmus – sei es der Kindheit oder auch der nestwarmen dörflichen Vertrautheit. Das Spiel ersetzt das Verlorene und hält zugleich dessen Platz so besetzt, dass es nicht mehr leicht wiederkehren kann. Diese Haltung – die liebevolle Pflege untergegangener Illusionen und ihr zärtliches Festhalten als Fiktionen – kann man auch als Zivilisiertheit bezeichnen.

Das Kennzeichnende der Fiktion besteht darin, dass niemand der real Anwesenden als Träger der Illusion, sozusagen als ihr naiver Gläubiger, fungieren muss, während dennoch der Inhalt dieser Illusion durchaus eine materielle Realität innerhalb dieser Gesellschaft zu bilden vermag. So stellt zum Beispiel die Höflichkeit, wo sie besteht, eine materielle Tatsache mit zahlreichen signifikanten Folgen für das Zusammenleben der Menschen dar, obwohl sie, wie bereits Immanuel Kant hellsichtig bemerkte, eine Täuschung ohne Getäuschte ist.[20] Ebenso verhält es sich, wie der Psychoanalytiker Octave Mannoni feststellt, bei zahlreichen künstlerischen oder kulturellen Vorgängen, wie zum Beispiel im Theater, wo die Zuschauer ja nicht von den Schauspielern getäuscht werden, sondern, im vollen Bewusstsein der Illusion, mit diesen, wie Mannoni formuliert, sozusagen als deren Komplizen »unter einer Decke stecken«.[21] Anstelle wirklicher Getäuschter muss die Theorie hier eine unsichtbare, psychische Beobachtungsinstanz annehmen – sozusagen einen virtuellen, allein auf den Augenschein fixierten »naiven Beobachter« –, um von der Wirklichkeit dieser fiktionsbestimmten Vorgänge Rechenschaft ablegen zu können.[22]

Urbanität als Zivilisiertheit besteht darin, wie Richard Sennett bemerkt, »den anderen nicht mit dem eigenen Selbst zu belasten«.[23] Das kostbare narzisstische Ich wird aufgegeben zugunsten einer manierlichen Rolle. Anstelle von vertrauten Privatpersonen begegnen einander in der Stadt nun geschmeidige Masken; Kunstfiguren, die wenig Intimes verraten und andererseits eben dadurch auch selbst wenig verletzbar sind. Die Stadt wird auf diese Weise zu einem erstklassigen Diskretionsraum. René Descartes bemerkt dies in einem Brief vom 5. Mai 1631 über Amsterdam, wo er euphorisch feststellt, endlich habe er dank dieser Stadt einen Ort gefunden, wo er sich so unbehelligt und einsam bewegen könne, als wäre er im Wald:

> »Ich gehe jeden Tag mitten im Wirrwarr einer großen Bevölkerung mit ebenso viel Freiheit und Ruhe spazieren, wie Sie es in Ihren Alleen tun würden, und betrachte die Menschen, die ich dabei sehe, nicht anders als die Bäume, auf die man in Ihren Wäldern trifft, oder die Tiere, die dort grasen.«[24]

Abermals scheint Urbanität hier dem Natürlichen nicht entgegengesetzt zu sein, sondern lediglich der Nestwärme und Vertrautheit ländlicherer Ansiedlungen, wie selbst Paris sie in Descartes' Augen damals offenbar noch besaß.

Diese diskrete Dimension der Stadt ermöglicht unter anderem auch andere Formen der Liebe als das Leben im Dorf, wo alle früh heiraten und fast immer alle alles voneinander wissen. Das muss in der Stadt nicht sein. Die Fernsehserie »Sex and the City« behandelt diesen Aspekt für jenen historischen Moment am Ende des 20. Jahrhunderts, in dem es Frauen erstmals möglich ist, es in dieser Hinsicht den Männern gleichzutun. Man bleibt nun länger unverheiratet, da der Erwerb von urbaner Bildung mehr Zeit in Anspruch nimmt und man danach mit einem gutbezahlten Job auch nicht unbedingt auf Gründung eines gemeinsamen Haushalts angewiesen ist. Den Narzissmus romantischer Sehnsüchte nach dem einen, idealen Partner und der totalen Verschmelzung mit ihm kann man nun unter Umständen auch zivilisiert behandeln – als Fiktion. Man kann genau wie beim Weihnachtsmann auch beim idealen Liebespartner so tun, als ob er existierte (und sich, auch wenn man das Gegenteil weiß, beim Auspacken von Geschenken riesig freuen). Während das ländliche, dörfliche oder vorstädtische Leben diesbezüglich viel mehr Ernüchterungen bereithält und dadurch vielfach echte Höllen der Zweisamkeit eröffnet, kann diese Sehnsucht in der Stadt als Fiktion besser am Leben gehalten werden. Freilich muss man dazu von ländlicher Naivität Abschied genommen haben und sollte das, was nun von der Fiktion geleistet wird, nicht von der Wirklichkeit einklagen. Die Masken können treu sein, auch wenn die Personen es dank der reichen urbanen Möglichkeiten und Gelegenheiten nicht sind. Und die Personen können dies wissen – aber die

Masken ihrerseits brauchen nicht zu wissen, dass die Personen es wissen. Es ist etwas anderes, ob man – glücklicher- oder unglücklicherweise – ein Geheimnis gelüftet hat oder ob man dann auch gleich die entsprechende Fiktion zerstört. Urbanität besteht gerade in der Fähigkeit, zwischen dem Wissen der real Anwesenden und dem Wissen der virtuellen Beobachtungsinstanz einen Unterschied zu machen – das heißt: eine Fiktion zu respektieren, auch wenn sie nicht die eigene ist; und einen Anschein zu wahren.

Freilich können in vielleicht seltenen, glücklichen Fällen die Personen auch tatsächlich genau so sein, wie die Masken sie darstellen – ähnlich wie in Schillers Figur der »schönen Seele« die Neigung von sich aus genau zu dem hindrängt, was die Pflicht fordert.[25] Aber vielleicht gelingt das gerade dann umso besser, wenn das wahre Gesicht eine Chance hat, fälschlich als bloße Maske durchzugehen. Es ist wohl leichter, wirklich keine Geheimnisse zu haben, wenn wenigstens genau das selbst ein Geheimnis bleiben darf. Denn nicht nur in der Stadt sind Realitäten fragile Wesen, die besser im Schutz einer Fiktion zustande kommen als ohne solchen. Bezeichnend dafür sind jene Szenen aus Filmen, worin Menschen, die einander soeben nähergekommen sind und nun vor einer Haustür sowie vor der Frage stehen, ob man die Nacht zusammen verbringen soll, zu einer kleinen Komödie greifen – etwa indem die eine Person sagt: »Kommen Sie vielleicht noch mit auf einen Kaffee?« Auch wenn alle Beteiligten, wie es unter zivilisierten Menschen üblich ist, die Fiktion natürlich als solche erkennen und als charmante kleine weiße Lüge durchschauen, könnten sie das, was sie vorhaben, ohne solches Fingieren wohl kaum zustande bringen. Auch hier herrscht das urbane Gebot der Leichtigkeit. Man muss Komödie spielen. Die Komödie »Sex and the City« lehrt anhand vieler Beispiele, dass die Komödie ein notwendiger Teil des Lebens ist – und dass ohne ihn wohl gar kein Leben zustande käme, welches diesen Namen verdient.

08 Wenn alle Hüllen fallen: die Krise der Fiktion

Derzeit, rund zwanzig Jahre nach »Sex and the City«, kann man in bestimmten Fernsehserien immer öfter einen Satz hören, der in »Sex and the City« wohl aus guten Gründen niemals geäußert wird. Man hört nun Ehepartner sagen: »Wir haben keine Geheimnisse voreinander.« Das ist ein zutiefst urbaner Satz – denn im Dorf ist er so selbstverständlich, dass er nicht sinnvoll ausgesprochen werden könnte. Gerade in der Stadt – also dort, wo die Notwendigkeit des Spiels so drückend und so verführerisch schien – kann es somit unter bestimmten Umständen zu einer totalen Spielverweigerung, sozusagen einer Spielverderbnis, kommen. Freilich kann ein solcher Satz auch ein besonders raffinierter Teil eines Spiels sein; aber in der finsteren Postmoderne, in der wir leben, ist er es nicht. Den Individuen sind ganz offensichtlich ihr Spiel und ihre Masken abhandengekommen. Richard Sennett kommentiert dies wie folgt:

> »Man denke an die Masken, die sich das Selbst in Form von Anstandsregeln und Höflichkeitsritualen geschaffen hat. Solche Masken haben in anonymen Konstellationen ihre Bedeutung verloren und scheinen nur noch bei

einigen Snobs in Verwendung zu sein. Aber ich frage mich, ob uns diese Verachtung für die rituellen Masken der Geselligkeit kulturell nicht unter den Stand primitiver Jäger- und Sammlergemeinschaften stellt.« (Sennett [1974]: 30 f.)

Ein aktuelles Phänomen dieser Entwicklung ist der plötzliche Boom der kosmetischen Chirurgie. Während man vor kurzem noch wusste, dass Schönheit ein augenzwinkerndes Spiel ist, eine Fiktion, mithin eine Täuschung ohne Getäuschte; eine charmante Verführung durch eine Rolle, der man durch Verkleidung und Schminke lediglich punktuell nahekommen musste, glauben die meisten Menschen heute, Schönheit wäre eine Wahrheit (bzw. etwas Glaubhaftes mit echten Getäuschten) und sie könnten nur dann schön sein, wenn ihr wirklicher Körper es ist. Darum legen sie ihn unters Messer. Es ist, wie wenn Schauspieler glaubten, sie könnten eine Kampfszene nur dann lebensnah und überzeugend darstellen, wenn sie auf der Bühne mit wirklichen Messern aufeinander einstechen.

Freilich haben postmoderne Individuen, da ihnen ja sämtliche Utopien und »großen Erzählungen« abhandengekommen sind, eigentlich auch gar keine große Idee von Schönheit mehr. Sie meinen eben, schön sei man dann, wenn niemanden etwas an einem stört. Alles, was stören könnte, lassen sie darum beseitigen. Die Idee, dass manchmal gerade das Unregelmäßige, Sperrige ein Anlass zu größter Begeisterung und Entzücken sein könnte, ähnlich wie ein derbes Wort in einer urbanen Rede, ist ihnen völlig fremd geworden. Die Nase der Kleopatra, Blaise Pascals Paradebeispiel für das sogenannte

»gewisse Etwas« bzw. »je ne sais quoi«[26] wäre heute ein klarer Fall für die kosmetische Chirurgie. Eine Gesellschaft, die sich selbst für eine Wissensgesellschaft hält, kennt eben kein »je ne sais quoi«.

09 Das gewisse Etwas, der Fetisch und die Stadt

Das gewisse Etwas ist eine grundsätzlich der Benennbarkeit und dem Wissen entzogene Entität. Die Sprachlosigkeit und Unwissenheit der sich bezaubert Gebenden mag zwar vielleicht manchmal nur gespielt sein und sich de facto auf eine durchaus benennbare und dem Wissen zugängliche Sache oder Eigenschaft im reizvollen Objekt (sei es eine geliebte Person oder ein Kunstwerk) beziehen. Aber, wie Ludwig Wittgenstein einmal bemerkte: Es kann zwar manches Geld gefälscht sein, aber nicht alles. Darum bleibt ein Rest, der tatsächlich nur mit Hilfe einer negativen Formulierung bezeichnet werden kann. Das gewisse Etwas ist ontologisch offenbar nicht auf derselben Ebene angesiedelt wie alle übrigen benennbaren Objekte. Es stellt innerhalb dieser Ordnung von Objekten etwas wie eine Unterbrechung dar; es ist nicht immer in derselben Weise sichtbar oder bemerkbar wie die Objekte, und wenn es überhaupt bemerkt werden kann, dann nicht von allen Beobachtern in derselben Weise. Vielen wird es nur als nichtssagend oder hässlich erscheinen wie eine etwas zu lange Nase. Nur denjenigen, die »das Gemüt schon mit bestimmten Ideen angefüllt haben«, um Kants Worte aufzugreifen, wird dieses Unding, dieses Nichtobjekt, als grandioses, sublimes Objekt – gleichsam als Verkörperung einer »acutezza« – erscheinen. Wenn sie es dann wieder nur mit vagen Worten zu bezeichnen vermögen, die nur denjenigen verständlich erscheinen, die selbst schon ein angefülltes Gemüt haben, dann deshalb, weil ihnen von diesem unterbrechenden Objekt eben etwas anderes und mehr entgegenleuchtet als nur dessen redundante Eigenschaften: dank seines Status als einer Unterbrechung innerhalb der Ordnung empirischer Objekte vermag dieses Objekt ihnen ihre eigene Ideenfülle zurückzuspiegeln. Gerade unter dem Gesichtspunkt der Urbanität lässt sich der ontologische Status des gewissen Etwas begreifen: Es ist etwas, von dem man als aufgeklärte, erwachsene, urbane Person wissen muss, dass es in der Realität nicht zu haben ist, worauf aber bestimmte Unregelmäßigkeiten in den Objekten in glücklichen Fällen *anspielen*. Beziehungsweise kann man sie als solche Anspielungen lesen. Das gewisse Etwas ist jener blinde Fleck im Objekt, der zu »anamorphotischer« Verwandlung fähig ist und unter urbaner Betrachtung selbst als urbane Pointe aufzublitzen beginnt. Der »Glanz auf der Nase« bestimmter Damen, von dem ein fetischistischer Patient Sigmund Freuds fasziniert war,[27] ist genau ein solches komplexes, durch urbanes Wortspiel (»glance at the nose«) geprägtes und nur durch eine bestimmte subjektive Betrachtungsweise zur Erscheinung gelangendes Phänomen. Der Fetisch ist eine zutiefst städtische Erscheinung.

Eine Gesellschaft, die keine Fiktionen mehr duldet, keine Täuschungen ohne Getäuschte, verliert jeden Sinn für Schönheit, gewisses Etwas und Fetisch. Solche Unduldsamkeit gegenüber urbanen, zivilisierten Fiktionen ist das charakteristische Merkmal der Postmoderne. Denn diese ist keineswegs, wie sie meint, eine aufgeklärt-skeptische Epoche. Sie will keineswegs gar keine Illusionen; sie will vielmehr nur diejenigen, an die man selbst vollständig glauben kann. Sie verlangt immerzu nach voller Identifizierung mit den Illusionen; sie ist versessen nach Selbstglaubenkönnen.[28] Das Ergebnis davon bezeichnet sie auch gerne als »Identität«. Damit alle ganz sie selbst sein und daran glauben können, müssen auch alle fortwährend an ihrer Identität basteln, um nur ja nichts Fremdgeglaubtes, Leichtes, keine gesellschaftliche Rolle zu übernehmen. Allerdings werden sie bezeichnenderweise, sobald sie einmal mit der Selbstkonstruktion angefangen haben, kaum mehr jemals damit fertig: Denn je stärker das Bedürfnis nach Selbstglauben wird, desto rarer werden die dafür in Frage kommenden Objekte; alles, was im Verdacht steht, bloß Illusionen eines virtuellen, unsichtbaren Beobachters zu bedienen, kommt eben nicht in Frage und wird gnadenlos liquidiert.

Da alle einander aber nun nicht mehr leicht, sondern »schwer« begegnen; nicht mehr als Rollen, sondern als (echte oder vermeintliche) Identitäten, belasten sie einander unentwegt mit dem eigenen Selbst oder dem, was sie dafür halten. So verwundert es wenig, dass sie einander mächtig auf die Nerven gehen. Sie erblicken im Anderen nicht mehr den, der ihnen zuliebe etwas spielt, um ihnen angenehm zu sein, sondern den, der vollkommen in seiner Identität aufgeht und diese genießt – und zwar auf ihre Kosten: Sie selbst schaffen es ja kaum noch, irgendetwas zu finden, woran sie ganz glauben können; aber alles, was der Andere darstellt, erscheint ihnen als dessen ungebrochene, naturhafte Essenz. So führt der postmoderne (Selbst-)Konstruktivismus zur Essenzialisierung und – insgeheim neidischen – Verachtung des Anderen. Und in der Folge zur »Kultur der Beschwerde« über ihn und sein vermeintlich ungebrochenes Genießen.[29]

11 Der Baby-Boom der anti-urbanen Kräfte: Re-Tribalisierung und neue Infantilität

Diese allgemeine Struktur lässt sich in mindestens zwei aktuellen Ausprägungen verfolgen: Re-Tribalisierung und Infantilisierung. Seit den 1960er Jahren hat, wie Marshall McLuhan bemerkte, eine massive »Abkühlung« der westlichen Kulturen stattgefunden.[30] Anstelle des detailreichen, nur einen einzigen Sinn bedienenden Mediums Buchdruck herrschen nun viele Medien, die wie das Fernsehen alle Sinne zugleich beteiligen, auf Kosten des Detailreichtums. War unter der Vorherrschaft des Buchdrucks, McLuhan zufolge, die Welt »explodiert«, so schießt sie nun im 20. Jahrhundert wieder zusammen und »implodiert« zu einer neuen »Stammeskultur« – erneut geprägt allein von mechanischer Solidarität, so dass die Leute nur noch »communities«, aber keine Gesellschaft mehr im Blick haben. Sie ist keine mondäne Welt von Metropolen mehr, sondern ein »globales Dorf«, worin alle einander per Gesicht vertraut sind, aber unfähig, sich genau zu merken oder gar kritisch und distanziert zu beurteilen, was jemand gesagt hat. Dementsprechend werden Politiker, wie Sennett bemerkt, nur noch nach ihrem Äußeren oder ihrem Privatleben beurteilt, aber nicht nach ihren Programmen oder Maßnahmen. Die Re-Tribalisierung durch die Medien des 20. und 21. Jahrhunderts erzeugt also jene »Tyrannei der Intimität«, die Sennett hellsichtig als Gefahr erkannte.

Mit der Implosion der Welt geht auch eine Verjugendlichung oder Infantilisierung ihrer Bewohner einher. Unter dem Eindruck von Fernsehen und Rockmusik boomt seit den 1960er Jahren das Konzept »Jugend«, und wenn diese Jugend auch in den heroischen Momenten ihrer Erstauftritte rebellisch anmutete und bereit, alle Regeln eines erwachsenen Establishment über den Haufen zu werfen, so passt es doch mindestens ebenso gut zu ihr, dass sie heute, unter wirtschaftlich und politisch härteren Bedingungen, so gerne bereit ist, sich – zum Beispiel an den Universitäten – alles vorschreiben zu lassen und sogar die neuen Verbote, die ihre kleinen Freiräume wie z.B. das Rauchen beseitigen, hinzunehmen, wenn nicht freudig zu bejahen. Die legitimen Kinder der »Berufsjugendlichen« sind die »Berufskinder«; sie ziehen sich jedenfalls genau so an, als ob sie Kinder wären, tragen kurze Hosen und Turnschuhe und sind durch jede angebliche Gefahr zu ängstigen, wie sie andererseits durch jede vermeintliche Vernunftmaßnahme altklug zu begeistern sind. Auch diese neue Infantilität heutiger Erwachsener bzw. Endlos-Adoleszenter beseitigt die Spiele der Urbanität. Denn um höflich, mondän, charmant, witzig zu sein, benötigt man ein Vermögen, das, wie Sigmund Freud bemerkte, völlig unkindlich ist: Humor. Der Humor ist die Fähigkeit, aus der Perspektive eines Erwachsenen liebevoll auf sich selbst (wie auch auf Andere) hinunterzublicken und kleine Verrücktheiten, Kindlichkeiten, Spielereien etc. als zivilisierte Fiktionen wohlwollend zu dulden.[31] Genau diese Fähigkeit aber geht altklugen Neukindern ab, die wie alle Kinder um jeden Preis erwachsen und immer ganz ernst zu nehmen sein wollen, weshalb sie jegliche zivilisierte Fiktion aufgrund vermeintlichen besseren Wissens rabiat ablehnen und gerade dadurch ihre hoffnungslose Kindlichkeit verraten.

14 Urbane Wilde

Man könnte argumentieren, dieser Verlust an Urbanität sei eben die notwendige Begleiterscheinung einer unaufhaltsamen Kulturabkühlung; auch nur daran zu erinnern, dass all das einmal anders war und insofern eben auch wieder anders werden könnte, sei hoffnungslos rückwärtsgewandte Nostalgie; und im Gegenzug dafür, dass wir heute kaum mehr zivilisiert miteinander umgehen können und uns ständig vom anderen belästigt fühlen, gebe es doch auch unbestreitbare Vorteile und Gewinne: schließlich sind wir nun auf Facebook doch fast alle miteinander befreundet.

Aber vielleicht hat Richard Sennett recht, wenn er bemerkt, dass unsere postmoderne Anti-Urbanität und Spielfeindlichkeit uns nicht nur tribalisiert, verkindlicht und verdörflicht, sondern dass sie unsere Kultur sogar »unter den Stand primitiver Jäger- und Sammlergemeinschaften stellt«. Denn so dörflich und witzlos wie wir sind auch Stammesgemeinschaften nicht. Während wir, wie Sennett konstatiert, uns von »außengeleiteten zu innengeleiteten Verhältnissen« fortentwickelt haben und nun einer Tyrannei der Intimität frönen,[32] bilden nämlich Stammeskulturen geradezu Paradebeispiele von außengeleiteten Kulturen. Wer dort zum Beispiel von einer tabuisierten Speise ist, stirbt, als ob er Gift genommen hätte. Nicht die inneren, subjektiven Absichten sind hier entscheidend, sondern allein der äußere, objektive Augenschein; das, was ein virtueller, naiver Beobachter hätte denken können – zum Beispiel, dass der Hungrige, der von der Speise des Häuptlings aß, den Häuptling hätte beleidigen wollen. Ebenso pflegen Tabu-Gesellschaften einen sehr distanzierten Gebrauch von formellen Anreden, vergleichbar unserem »Sie«, und einen sehr diskreten Umgang mit den Eigennamen.[33] Bei aller Implosion müssten wir also selbst im globalen Dorf nicht alles von Absichten abhängig machen oder Politiker nur nach ihrem Privatleben beurteilen. Wir müssten einander nicht unbedingt alle wie Kinder duzen und auch nicht wie Kinder vor allen Herausforderungen des zivilisierten Lebens erschrecken und nach einer verbietenden Autorität rufen. Wir sollten uns ein Beispiel an den sogenannten Wilden nehmen. Vielleicht kann der Primitivismus, der in verschiedenen Ausprägungen seit dem Beginn des 20. Jahrhunderts in die moderne Kunst Einzug gehalten hat, genau in diesem Sinn verstanden werden: nicht bloß als ein Effekt der Re-Tribalisierung, sondern vielmehr als ein Versuch, eine sich anti-urban entwickelnde Kultur an den Humor der vermeintlich Primitiven zu erinnern. Dem entspricht es, wenn Johan Huizinga hellsichtig betont,

> »daß der Geisteszustand, in dem große religiöse Fest von Wilden gefeiert und mitangesehen werden, nicht der einer vollkommenen Verzückung und Illusion ist. Ein hintergründiges Bewußtsein von ›Nichtechtsein‹ fehlt nicht.« (Huizinga 1956: 29)

Nicht die Essenzialisierung, Verachtung der vermeintlich naiven Anderen, sondern vielmehr der Respekt vor denjenigen, die mit aufgehobenen Illusionen operieren und sich daran erfreuen, ohne irgendjemandem Naivität zu unterstellen, wäre die aktuelle Entsprechung der antiken Tugend der Urbanität. Zum Beispiel von den vermeintlich Wilden sollten wir wieder lernen, ein solches »hintergründiges Bewußtsein von ›Nichtechtsein‹« zu pflegen – das heißt: Es bei anderen vorauszusetzen und an uns selbst zu ertragen.

Anmerkungen

1 Quintilian, Institutio oratoria, 8. Buch, III. Kapitel, 2.
2 Barthes 1986: 59.
3 Benjamin [1940]: 695.

Kapitel 1

1 Quintilian, Institutio oratoria, 8. Buch, III. Kapitel, 2: »… nec fortibus modo sed etiam fulgentibus armis proeliatur.« Siehe http://www.thelatinlibrary.com/quintilian/quintilian.institutio8.shtml#3 (Zugriff: 2019-12-28). Für die deutsche Übersetzung folge ich hier dem Vorschlag von Lange (Lange 1968: 56 ff.). Für genaue Lektüre, Kritik und wertvolle Anregungen zu diesem Kapitel danke ich Romana Kanzian (Berlin/Wien).
2 Zu diesen Fragen siehe Kapitel 2 in diesem Buch.
3 Die Aspekte der Vernunft sowie des lohnenden Lebens bei diesen Entwicklungen habe ich in meinen beiden Büchern »Das schmutzige Heilige und die reine Vernunft« sowie »Wofür es sich zu leben lohnt« untersucht (Pfaller 2008 und 2011).
4 Zu dieser These Arnold Gehlens (Gehlen 1960: 16 f.) vgl. Groys 1997: 11, sowie die Kommentare von Grasskamp (1996), der bemerkt, dass diese Kommentarbedürftigkeit nicht allein die moderne Kunst charakterisiert; und Lüthy, der auf den Zusammenhang dieser These Gehlens mit dessen antimodernem, autoritärem Verständnis von Gesellschaft hinweist (Lüthy 1997).
5 Siehe dazu z. B. die vernichtenden Urteile über die documenta 2017 (d 14): Hajo Schiff bemerkt, »… die documenta

14 hat keine Vorstellung von Kunst im engeren Sinne.« (Schiff 2017: 74); Michael Hübl schreibt, »Stellenweise präsentiert sich die d 14 als karitative Einrichtung, macht sich Aufgaben zueigen, derer sich sonst etwa barmherzige Schwestern oder die Bahnhofsmission befleißigen.« (Hübl 2017: 82; vgl. dazu auch Schneider 2017). Hanno Rauterberg urteilt, die documenta 14 verabsäume es, ästhetische Standards zu definieren, und betreibe eine entpolitisierende »Kulturalisierung realer Probleme« (Rauterberg 2017).

6 Siehe dazu z. B. Elkins (Hg.) 2009; Tröndle/Warmers (Hg.) 2012.

7 Es ist erstaunlich, mit wie viel Gleichmut die Mehrheit der Kunstschaffenden bisher diesen epistemologischen Skandal hingenommen hat. In keiner anderen universitären Disziplin verlangt man von Doktoranden, das Metier zu wechseln. Kein Kunsthistoriker muss plötzlich für seine Dissertation ein Bild malen; und keine Physikerin ist gezwungen, für ihr Doktorat juristische Kenntnisse zu beweisen. Nur die Künstler sollen für den Erwerb dieses akademischen Grades plötzlich anstatt erstklassiger künstlerischer Arbeiten lieber gelehrte Werke mit Fußnoten vorlegen. Ein trauriger Effekt dieser – übrigens meist von zweitklassigen Kulturwissenschaftlern ausgeübten sowie von zweitklassigen Künstlern befürworteten – Hegemonie der Kulturwissenschaften über die Kunst besteht auch in der Einengung ihrer literarischen Ausdrucksformen auf das alleinige Sprachspiel der wissenschaftlichen Abhandlung. Zur Vielfalt künstlerischen Schreibens siehe den schönen Band von Jan Svenungsson (Svenungsson 2012).

8 Vaihinger 1922, Feyerabend 1984.

9 Saussure 1986.

10 Siehe dazu Wahl (Hg.) 1973.

11 Saussure 1986: 105 f.

12 Saussure 1987: 134. Auch an dieser Stelle dient Saussure ein fruchtbarer Vergleich als Ausgangspunkt, wenn er die

Sprache, als ein »System, dessen Glieder sich alle gegenseitig bedingen«, analog zur Ökonomie als ein Verhältnis von »Werten« auffasst (siehe Saussure 1987: 132–146).

13 Siehe dazu Althusser/Balibar 1972.

14 Marx [1867]: 237–243.

15 Marx [1867]: 242. Marx bezeichnet Senior auch als den »Clauren« unter den englischen Ökonomen (ebd.: 237), was angesichts der damaligen Kontroversen um den Schriftsteller Heinrich Clauren, den Wilhelm Hauff parodierte und über den Heinrich Heine spottete, nochmals eine sehr lustige, wenn auch heute kaum mehr verständliche Pointe darstellt.

16 Karl Vorländer meint, es scheine »der Beiname des ›lachenden Philosophen‹ auf den ernsten Gelehrten so wenig zu passen wie der des weinenden auf Heraklit« (Vorländer 1939: 58). Vgl. dagegen Cassin, in Badiou/Cassin 2012: 16: »Demokrit machte sich über alles lustig.« Zur Frage des Humors bei Demokrit sowie den daraus folgenden philosophischen Konsequenzen siehe Pfaller 2019.

17 Diels (1935: 174) übersetzt: »Das Nichts existiert ebenso sehr wie das Ichts.«

18 Siehe dazu Kapitel 2 in diesem Band.

19 Montaigne 2011, Bd. 2: 625.

20 Pascal 1997: 320.

21 Aristoteles, Poetik, Kap. 22; 1458a 18–23 (1999: 70 ff.); s. dazu Lange 1968: 48.

22 Gerade hinsichtlich des sogenannten »Erhabenen« ist es wichtig, darauf hinzuweisen, dass dieser spezifische Effekt, wie schon der Verfasser des antiken Traktats »Peri Hypsous« (der sogenannte »Pseudo-Longinus«) bemerkte, nicht nur durch exquisite Wortwahl, opulente Metaphern, Vergleiche etc. – also durch massiven Einsatz rhetorischer Stilmittel – zustande kommt, sondern ebenso sehr durch die vollständige Vermeidung sämtlicher dieser Mittel. Darauf hat Jean-François Lyotard hingewiesen: »Es gibt zum Beispiel,

schreibt Longinus, eine Erhabenheit des Denkens, die sich in der Rede bisweilen durch äußerste Einfachheit des Ausdrucks kundtut …« Lyotard verweist auch auf die Probleme, die aus dieser Bestimmung erwachsen: »Wie eine verdeckte Figur von einer Nicht-Figur unterscheiden?« (Lyotard 1984: 155). Für unseren Zusammenhang mag es vorläufig genügen, daran festzuhalten, dass sich die von Aristoteles beschriebene »Fremdheit« des erhabenen Ausdrucks auch dann einstellt, wenn eine Rede in einem Moment, in dem ein bestimmtes Maß an rhetorischem Schmuck allgemeiner Standard geworden ist, dieses Maß deutlich unterschreitet. Die ästhetische Faszination der Schlichtheit zum Beispiel von Wittgensteins »Tractatus« könnte auf diese Weise erklärt werden – ebenso wie die Begeisterung der gesamten Moderne für das Schlichte, zum Beispiel bei Adolf Loos.

23 Lange 1968: 93.

24 Siehe Lange 1968: 106, 120.

25 Siehe Freud [1905c]: 17, 22f.

26 Siehe dazu Aristoteles, Rhetorik 1410b 20/1 (2007: 173), wo er von der »lexis« und den »enthymemata asteia« spricht; vgl. Lange 1968: 104, der den entsprechenden Satz wie folgt wiedergibt: »Notwendig sind ein solcher Ausdruck und solche Enthymeme städtisch [urban], die in uns ein schnelles Lernen auslösen«; vgl. Cicero, De oratore I, 17, 159; vgl. Habinek 2017: ix. Siehe dazu auch Kapitel 7 in diesem Buch.

27 Siehe Lange 1968: 152ff.

28 Siehe Lange 1968: 128, 146; Habinek 2017: xvii.

29 Siehe Lange 1968: 94.

30 Dies betont Arbogast Schmitt in seinem Kommentar zur Poetik des Aristoteles (in: Aristoteles 2008: 97).

31 Siehe Lange 2008: 135.

32 Siehe Lange 1968: 33.

33 Darauf weist Lange (1968: 48) deutlich hin.

34 S. Lange 1968: 117f., 126. Mit der Unterscheidung der drei Vermögen »intelligenza«, »affetto« und »senso« (s. Lange

1968: 40, 117, 126) dürften sich Pellegrini und Tesauro nicht nur auf die aristotelische Trias von »logos«, »ethos« und »pathos« (s. Aristoteles 2017: 13), sondern vielleicht mindestens ebenso sehr auf die Platonische Lehre von den drei Seelenteilen Logos, Thymos und Eros (s. Platon, Politeia 438d-443b) stützen. Tesauro unterscheidet dementsprechend drei Gattungen rhetorischer Figuren: harmonische, pathetische und ingeniöse (s. Lange 1968: 40). Den Eros erfreut demzufolge das Harmonische, den Thymos das Pathetische und *den Verstand das Ingeniöse*. An diesem Punkt ist das »ingegno« überraschenderweise plötzlich ein Verbündeter des Verstandes.

35 Siehe Lange 1968: 151.

36 Siehe Lange 1968: 57.

37 Siehe Aristoteles, Rhetorik III. Buch 1403b 6 (2007: 152).

38 Siehe dazu Schirren 2016: 625.

39 Siehe Lange 1968: 84, 132.

40 Siehe Spinoza 1976: 121: »Unter Freude verstehe ich demnach … die Leidenschaft, durch die die Seele zu größerer Vollkommenheit übergeht.«

41 Vgl. dazu Quintilian: »Denn von den Dichtern lernt man den Höhenflug der Gedanken, die Erhabenheit des sprachlichen Ausdrucks, jede Art von Gemütsbewegungen und angemessene Gestaltung der Charaktere; vor allem aber wird der von täglichen Verhandlungen auf dem Forum gleichsam abgehetzte Geist von so reizvollen Dingen wieder erfrischt; daher meint Cicero, man müsse sich bei solcher Lektüre ausruhen.« (Quintilian 2006: 25)

42 Tesauro, zit. nach Lange 1968: 148.

43 Dieses freie Laufenlassen der Gedanken führt nach Tesauros Auffassung, wie Lange zeigt, dazu, »daß der Intellekt selbst davon überrascht ist, daß er solche sprachlichen Produkte [die pointierten Formulierungen] hervorbringen kann« (Lange 1968: 149). Eben weil den Gedanken freier Lauf gelassen wird, entsteht hier ein unwillkürliches Moment.

Lange bemerkt dazu: »›Eigene Leistung‹ (artificio, proprio parto) ist also keineswegs so zu verstehen, daß der Sprecher aus eigenem Willen heraus das unernst-argute Sprechen verwirklichen kann. Vielmehr hat er zu warten, bis jene Kraft sich seiner bemächtigt; der ›Einfall‹ ist nicht herbeizuzwingen. Durch Übung ist allerdings eine größere Disposition für den ›Einfall‹ zu erreichen ...« (Lange 1968: 149 f.). Dieser Freilauf der Gedanken kann mithin mit der von Freud beschriebenen Notwendigkeit verglichen werden, bei der Produktion des Witzes das Material für einen Moment der unbewußten Bearbeitung im Primärvorgang zu überlassen (siehe Freud [1905c]: 155).

44 Dies darf nicht als ein psychologisches, individuelles Problem begriffen werden. Gaston Bachelard hat darum vom Kollektivsubjekt des »wissenschaftlichen Geistes« gesprochen (Bachelard 1978). Diese Schwierigkeit betrifft jeden Geist – genau so, wie bestimmte sportliche Gesetzmäßigkeiten (etwa, dass man ausholen muss, um einen bestimmten Schlag beim Boxen oder beim Tischtennis führen zu können) nicht nur für manche Körper gelten, sondern für jeden.

45 Pascal 1997: 439.

46 Nietzsche [1887]: 306 f.

47 An einer Stelle von Diderots »Die Nonne« heißt es: »Sie sind, ich weiß nicht wie, auf den Verdacht gekommen, ich könne Geld in meiner Matratze verborgen halten; sie haben nichts unversucht gelassen, mich zum Aufstehen zu bewegen, und es ist ihnen gelungen; aber zum Glück war mein Vertrauensmann am Tag zuvor gekommen, und ich habe ihm das Päckchen ausgehändigt mit diesem Schreiben, das ich ihm diktiert habe.« (Diderot 1970: 109) – Man könnte dies, wie es der Herausgeber in einer Anmerkung tut, als »offensichtliches Versehen Diderots« auffassen: »Suzannes Mutter erzählt in ihrem Brief ein Geschehnis als bereits vergangen, das erst am folgenden Tag eintreten wird!«

(Anm. d. Hg., in: Diderot 1970: 280, Anm. 8). Man könnte andererseits aber darin auch ein hübsches, kunstvolles Paradoxon erblicken – vergleichbar der Skulptur »Box with the Noise of Its Own Making« von Robert Morris von 1961 (siehe dazu auch Kapitel 3 in diesem Buch). Oder, wie die Vertreter der philosophischen Dekonstruktion es vielleicht ausdrücken würden: Der Rahmen dieses Briefes ist umrahmt von einem Teil seines Inhalts.

48 So sagt Derrida in einem Interview für *France culture*: »*Sans renoncer à la philosophie, ce qui m'a intéressé, c'est rendre leur droit à des questions sur la répression desquelles la philosophie s'était construite […] Envie d'écrire de la littérature, de penser philosophiquement ce qu'est la littérature, l'écriture littéraire et de faire les deux à la fois.*« (siehe https://www.franceculture.fr/2016-01-20-l-ecriture-a-la-trace-a-voix-nue-jacques-derrida-25, Zugriff: 2019-12-30) Schon Louis Althusser hätte diesem Optimismus entgegengehalten, dass die Erkenntnis der Geschichte nicht geschichtlich und der Begriff des Zuckers nicht süß ist (s. Althusser 1972: 139).

49 Diesen Unterschied zu verwischen oder zu leugnen läuft in anderem Zusammenhang darauf hinaus, alle Überzeugung zu bloßer Überredung und mithin die Rhetorik für Sophistik zu erklären – eine Reduktion, der Aristoteles entschieden widersprochen hat (s. Aristoteles, Rhetorik I 1355b 9–15 (2007: 11)).

50 Lessing 2013a: 21.

51 Mandeville 1980: 80–84. Siehe dazu Pfaller 2008: 59 sowie 2017: 91–95.

52 »It is worth noting that Wittgenstein once said that a serious and good philosophical work could be written that would consist entirely of jokes (without being facetious). Another time he said that a philosophical treatise might contain nothing but questions (without answers).« (Malcolm 1958: 29).

53 Siehe dazu z. B. Joseph Wälzholz in Die Welt vom

15.11.2014, https://www.welt.de/print/die_welt/literatur/article134360623/Slavoj-Žižek-und-der-beste-schlechte-Witz.html (Zugriff: 2019-12-30).

54 In demselben Sinn schreibt Jean-Claude Milner über die Wortspiele Jacques Lacans: »All Lacanian word plays are mathemes.« (Milner 2017: 88; vgl. dazu Dolar 2019: 82). Ich bin Mladen Dolar, Ljubljana, dankbar für eine Reihe erhellender Hinweise und Gespräche zu diesen Fragen.

55 »One example is enough!« (Slavoj Žižek, persönliche Kommunikation, Kulturwissenschaftliches Institut Essen, Februar 2001). Für eine ausführlichere Analyse der Rolle des Beispiels bei Žižek siehe Pfaller [2007].

56 In diesem Sinn hatte Aristoteles in seiner Rhetorik das Beispiel als »induktives« Überzeugungsmittel von dem deduktiv wirkenden Überzeugungsmittel des »Enthymems« unterschieden. Steht kein Enthymem zur Verfügung, dann braucht man viele Beispiele. Hat man dagegen ein Enthymem, dann genügt zur Bestätigung, wie Aristoteles schreibt, ein einziges Beispiel – es wirkt »wie ein glaubwürdiger Zeuge« (s. Aristoteles, Rhetorik II, Kap. 21, 1394a 10–18 (2007: 124)).

57 Žižek 1991: 33. An anderer Stelle erläutert Žižek mit demselben Witz einen anderen Punkt bei Hegel – nämlich dessen pointiert-paradoxen Satz »Der Geist ist ein Knochen«: »The logic is the same here as in the Hegelian proposition ›the spirit is a bone‹: the very failure of the first reading gives us the true meaning.« (Žižek 1989: 175 f.)

58 Bachelard 1978: 48.

59 Bachelard 1978: 46.

60 Bachelard 1978: 49. Zu den Begriffen des »Erkenntnishindernisses« und der »Kontergedanken« siehe Bachelard, ebd.: 46 bzw. 51. Vgl. dazu Pfaller 1997: 25–61.

61 Bachelard: »Es genügt uns, von einem Objekt zu sprechen, um zu glauben, wir seien objektiv. Doch durch unsere erste Auswahl bezeichnet eher das Objekt uns, als daß wir es

bezeichnen würden, und was wir für unsere grundlegenden Gedanken über die Welt halten, sind oft vertrauliche Mitteilungen über die Jugendlichkeit unseres Geistes.« (Bachelard 1974: 134). Vgl. dazu die Formulierung von Althusser: »… ein in sich geschlossenes System, das ohne Entwicklung ist, weil ohne Objekt im wissenschaftlichen Sinn des Ausdrucks, und das also im Realen niemals etwas anderes als sein eigenes Spiegelbild findet.« (Althusser 1973: 80). Einen analogen Gedanken formuliert auch Sigmund Freud: »Das Spiegelbild der Innenwelt muß im animistischen Zeitalter jenes andere Weltbild, das wir zu erkennen glauben, unsichtbar machen.« (Freud [1912–13]: 373).

62 Zum Begriff der epistemologischen »Schließung« beziehungsweise »Geschlossenheit« siehe Bachelard 1951: 86: »C'est là une élémentaire formule-réponse, une formule qui clôt des questions.«

63 Althusser 1975: 102.

64 Siehe Althusser 2011: 105.

65 Zur Verschiebung im Verständnis des Bildes beim frühen und beim späten Bachelard siehe Lecourt 1975: 32–50; Brühmann 1980; vgl. Leconte 2012.

66 Siehe dazu Althusser 1972a: 18–36; vgl. Pfaller 1992 und 1997: 137–146.

67 Wittgenstein 1980: 144.

68 Wittgenstein 1980: 80.

69 Wittgenstein 1980: 93.

70 Wittgenstein 1987: 30 f.; vgl. dazu Macho 2003: 93.

71 Vgl. dazu Wittgensteins Überlegungen zum Vexierbild (Wittgenstein 1980: 309 ff.).

72 Wittgenstein 1980: 309.

73 Siehe dazu Althusser [1969]: 133–140.

74 Foster Wallace 2005.

75 Siehe Spinoza 1993: 85. Vgl. dazu Schuhmann 2004: 65.

76 Platon, Menon 75d 4–7.

77 Ich räume gerne ein, dass sich noch viele andere Beispiele

hätten anführen lassen. Der Umstand, dass solche Beispiele recht leicht zu finden sind, scheint mir meine These von der entscheidenden Bedeutung der Form in Wissenschaft und Philosophie nur zu bestätigen.

78 Barthes 1986: 35. Zu Barthes diesbezüglicher Theorie siehe die Kapitel 2 und 4 in diesem Buch.

79 Zu dieser Transformationskraft der Kunst aus der Perspektive der Ideologietheorie Louis Althussers siehe Pfaller 2016a.

80 Siehe dazu Loos 2000.

81 Vgl. dazu Malik 2017: 27: »In politischen Konflikten kommt es nicht darauf an, wer du bist, sondern darauf, woran du glaubst.«

82 Maya Forstater hatte geschrieben: »Framing the question of transgender inclusion as an argument that male people should be allowed into women's spaces discounts women's rights to privacy and is fundamentally illiberal«. Siehe dazu z. B. Clive Coleman: Woman loses tribunal over transgender tweets, BBC news, 19. 12. 2019, https://www.bbc.com/news/uk-50858919; vgl. Eva C. Schweitzer: Der Hass der politisch Korrekten, in: Cicero online, 23. 12. 2019, https://www.cicero.de/kultur/joanne-k-rowling-transgender-hass/plus (Zugriffe: 2020-01-30).

83 Gerade gegen diese sich in der westlichen Kultur zunehmend verschärfende Anforderung des »Geständniszwanges« war die gesamte sexualpolitische Kritik Michel Foucaults gerichtet. Siehe Foucault 1983.

84 Siehe dazu Pfaller 2011: 160–166.

85 Siehe dazu Freud [1905c]: 140–148.

86 Es muss einer politischen Betrachtung zu denken geben, dass gerade diejenigen Länder, in denen die neoliberale ökonomische Umverteilung am weitesten fortgeschritten ist, auch die ersten sind, die das Recht auf »Selbstbestimmung« des Geschlechts (durch Wahl der bevorzugten »pronouns« für die eigene Person) gesetzlich verankert haben.

87 »Ein Lächeln erscheint uns geringfügig und ohne Wirkung auf unsere Laune; weshalb wir's auch gar nicht erst versuchen. Dabei krempelt uns die Höflichkeit, die uns ein Lächeln und einen liebenswerten Gruß abnötigt, oft regelrecht um. Der Physiologe weiß, warum; denn ein Lächeln wirkt ebenso befreiend wie ein Gähnen; es entkrampft nacheinander die Kehle, die Lungen und das Herz. … Die Einbildung verschafft uns hier eine Erleichterung, die nicht weniger wirklich ist als die Leiden, die sie verursacht. So zuckt der, der den Sorglosen spielen will, die Achseln, was sowohl die Lungen durchlüftet wie das Herz stärkt.« (Alain 1982: 30; vgl. ebd.: 45)

88 »Die Menschen sind insgesamt, je zivilisierter, desto mehr Schauspieler: sie nehmen den Schein der Zuneigung, der Achtung vor anderen, der Sittsamkeit, der Uneigennützigkeit an, ohne irgend jemand dadurch zu betrügen; weil ein jeder andere, daß es hiemit eben nicht herzlich gemeint sei, dabei einverständigt ist, und es ist auch sehr gut, daß es so in der Welt zugeht. Denn dadurch, daß die Menschen diese Rolle spielen, werden zuletzt die Tugenden, deren Schein sie geraume Zeit nur gekünstelt haben, nach und nach wohl wirklich erweckt, und gehen in die Gesinnung über.« (Kant [1798]: 442)

89 Dies gilt allerdings nicht für alle Minderheiten. Es gibt bekanntlich auch bestimmte homosexuelle Gruppen, die sich gerade dadurch auszeichnen, dass sie das heterosexuelle Rollenspiel mit noch freudigerer Affirmation und noch deutlich geringeren Vorbehalten betreiben als die Heterosexuellen selbst. Die frühen Filme von John Waters mit seiner grandiosen Hauptdarstellerin »Divine« mögen hier als anschauliches Beispiel dienen. Solche Queers haben nicht mehr, sondern weniger Zweifel an ihren heterosexuell geprägten Rollen als die Heteros. Es handelt sich um einen anderen Typ von Anrufung und Subjektwerdung: Sie stellen sich zu ihren Rollen nicht wie die Heteros, also immer wie-

der neurotisch zweifelnd (»Bin das wirklich ich?«), sondern vollkommen bejahend; mithin, psychoanalytisch gesprochen, quasi psychotisch. Freilich kann gerade in solcher Überaffirmation des Bestehenden auch der Beginn seiner Untergrabung liegen.

90 Bezeichnend scheint hier, dass dies für die undogmatischen heidnischen Religionen nicht galt, die bekanntlich jeden fremden Kult gerne gepflegt und übernommen haben. Zur diesbezüglichen Unterscheidung zwischen kontaktfreudigen heidnischen »Primärreligionen« und abgrenzenden »Sekundärreligionen« siehe Assmann 2003: 11.

91 Kant [1793]: 821.

92 »… cela vous fera croire et vous abêtira«, Pascal 2004: 1215; vgl. dazu Pfaller 2002: 256 f.

93 Siehe dazu Kapitel 6 über die Mode in diesem Buch.

94 Siehe Weber [1905]: 185: *»Der zornige Haß der Puritaner gegen alles, was nach ›superstition‹ roch …«*; vgl. ebd. 94 f.

95 Siehe Engels 1973: 81.

96 Elias 1998, Bd. 1: 124–153.

97 Nietzsche [1886]: 157; vgl. dazu Elias 1998, Bd. 1: 129 f.

98 Fontane 1854: 264; vgl. Elias 1998, Bd. 1: 130.

99 Zu diesem »Überschreitungsgebot« siehe Pfaller 2011: 20–28.

100 Wörtlich übersetzt: »Ich schäme mich, nicht zu weinen.« Der Impuls, die Tränen zu unterdrücken, wird hier also als *Neigung* aufgefasst. Die *Pflicht* besteht darin, diese Neigung zu überwinden. Selbst wer nicht weinen wollte, müsste es hier tun.

101 Die psychoanalytische Formulierung dieses Sachverhalts ist, wie ich versucht habe zu zeigen, die Annahme der Instanz eines »Unter-Ich«. Im Unterschied zum »Es« sendet es nicht nur Triebregungen und Neigungen aus, sondern (ähnlich wie das Über-Ich) auch Verpflichtungen. Siehe Pfaller 2017: 193–201.

102 Zu diesem psychoanalytischen Begriff und seiner Bedeu-

tung für das Verständnis der Gegenwartskultur siehe Žižek 1993: 203; vgl. Pfaller 2011: 107 f.

103 Zu diesem Begriffspaar aus der Religionssoziologie siehe Durkheim 1994: 403 ff.; vgl. dazu auch Kapitel 5 in diesem Buch.

Kapitel 2

1 Zu dieser »Dialektik« der Komödie siehe Pfaller 2005.

2 Ich bin Peter Moeschl (Wien) und Horst Scheiböck (Linz) dankbar für Gespräche zu diesen Fragen.

3 Zu den analytischen Verfahren des »Skandierens« und »Punktierens« siehe Evans 1997: 159 f.

4 Ein ähnliches »Durchstechen« – allerdings nicht zwischen Zeichen und bezeichneter Wirklichkeit, sondern innerhalb des sprachlichen Zeichens, zwischen Lautbild (Signifikant) und Vorstellung (Signifikat) – hat Jacques Lacan mit dem Begriff des »Steppunktes« (»point de capiton«) zu erfassen versucht. (Siehe dazu Evans 1997: 151). Der »Steppunkt« heißt bei Lacan auch »Herrensignifikant«. Entscheidend zum Verständnis solcher »Innovationen« Lacans gegenüber der Linguistik Ferdinand de Saussures ist, dass Lacan in der Regel nicht über die *Sprache* (das Objekt der Linguistik) spricht, sondern über ein bestimmtes *psychisches Verhältnis zur Sprache* (dieses Verhältnis ist Gegenstand der Psychoanalyse). Lacans Begriff des »Signifikanten« entspricht darum nicht dem Saussure'schen, sondern vielmehr dem Begriff des »sprachlichen Zeichens« bei Saussure. Denn innerhalb des Saussure'schen Konzepts der Sprache (»langue«) wären Begriffe wie das »Steppen« (ebenso wie ein »Herrensignifikant«) ohne jeglichen Sinn. In der langue existieren Signifikanten, wie Saussure betont, nie unabhängig von Signifikaten, sondern entstehen immer gleichzeitig mit ihnen. So »gleiten« oder »flottieren« die Signifikanten auch nicht in der Sprache selbst, sondern nur innerhalb des Primär-

vorgangs bestimmter Analysanden. Ebenso kann niemand (wie Lacan anderswo formuliert) einen Signifikanten aus der symbolischen Ordnung der Sprache verwerfen, wohl aber aus seinem eigenen Bild dieser symbolischen Ordnung. (Dies entspricht dem Sinn, in dem man auch sagen kann »mein Englisch ist schlecht« – womit man nur die eigene Sprachkompetenz, nicht aber das sprachliche System bzw. die *langue* des Englischen bezeichnet.)

5 Siehe dazu Lange 1968.

6 Siehe zum Beispiel die folgende Notiz: »Beobachtung 66. X., 38 Jahre alt, Ingenieur, verheiratet, Vater von 3 Kindern, obwohl in guter Ehe lebend, vermag dem Antriebe nicht zu widerstehen, von Zeit zu Zeit bei einer von ihm instruierten Prostituierten vorzusprechen und als Präliminarie eines Koitus folgende masochistische Komödie aufzuführen. Sobald er bei der Puella eingetreten ist, muss diese ihn bei den Ohren nehmen, ihn an denselben durch die Zimmer zerren, scheltend: ›Was tust du da, weisst du nicht, dass du in die Schule gehörst, warum gehst du nicht in die Schule?‹« (Krafft-Ebing 1997: 125).

7 Montaigne 1998: 127.

8 Montaigne 1998: 126.

9 Montaigne 1998: 127.

10 Montaigne 1998: 152.

11 Siehe dazu Lévi-Strauss 1978. Zur Frage der Magie in der Kunst vgl. Freud [1912–13]: 378; Sontag 1990; Danto 1986: 126–131; Hahn/Pfaller 2013.

12 Das Wort »glamour« leitete sich im Schottischen offenbar aus dem Wort »grammar« ab (siehe z. B. https://www.merriam-webster.com/words-at-play/the-history-of-glamour, Zugriff: 2019-08-18). Darin liegt die nicht unrichtige Erkenntnis, dass jeglicher magische Bann, jeder »magic spell« also, auf einer bestimmten Buchstäblichkeit beruht (»spelling« bedeutet ja auch »buchstabieren«). Eine andere Herleitung vermutet einen Zusammenhang mit

Worten wie »glimmer« (siehe https://www.linguistlist.org/issues/6/6-1197.html, Zugriff: 2019-08-21) oder eine Zusammenziehung dieser beiden Herkunftsworte. Das Glitzern des »glimmer« würde mit dem »Blitzen« der Worte bei Quintilian zusammenstimmen.

13 Musil 1978: 182.

14 Siehe dazu z. B. Carroll 2007: 1: »Narrative closure is identified as the phenomenological feeling of finality that is generated when all the questions saliently posed by the narrative are answered.«

15 Ich bin meinem Freund, dem Künstler Vadim Fishkin (Moskau/Ljubljana), dankbar für diesen und viele weitere großartige Witze sowie für die Gespräche darüber.

16 Siehe Žižek 1989: 175 f.

17 Siehe Lacan [1972–73]; vgl. Evans 1997: 45.

18 Nietzsche [1887]: 264.

19 Jacques Lacans Bemerkung, »ein Signifikant ist, was ein Subjekt für einen anderen Signifikanten repräsentiert«, bezieht sich gerade auf den Herrensignifikanten. Vgl. dazu Evans 1997: 46.

20 »Nur *die* Fragen, die prinzipiell unentscheidbar sind, können *wir* entscheiden.« Foerster 1993: 153. Auch in diesem Punkt, wie in vielen anderen dieses Buches, bin ich Peter Moeschl (Wien) dankbar für Anregungen und Gespräche.

21 Benjamin [1940]: 702.

22 Etwas ausführlicher zu diesem Punkt: siehe Pfaller 2013a.

23 Nietzsche [1887]: 306 f. Siehe dazu Kapitel 1 in diesem Band.

24 Siehe Benjamin [1940]: 695.

25 Ein schönes Beispiel für Nachträglichkeit zeigt Freuds Erörterung des Traums der französischen Bonne, siehe Freud [1900]: 361 f.

26 Žižek 1992: 33.

27 Scott 2017. Der Titel der deutschen Übersetzung, »Die Mühlen der Zivilisation« (Berlin: Suhrkamp, 2019), müht sich redlich und nicht ohne Witz, diesem englischen Wort-

spiel wenigstens nahezukommen. Ich bin Thomas Macho, Wien, dankbar für ein Gespräch zu diesem Buch.

28 Kant [1781/1787]: 133; vgl. dazu Macherey 1976: 21; Althusser 1977: 71.

29 Es handelt sich um Leo Burnett (Chicago) beziehungsweise Y&R für den deutschen Markt. Siehe http://www.alfaromeopress.de/press/article/seelenverwandt-uma-thurman-und-die-giulietta (Zugriff: 2019-08-26).

30 Auch auf der Metaebene legt der Slogan eine Einsicht nahe. Man könnte sie etwa so wiedergeben: »Ohne Schlussfolgerungen wären wir nur Sachbearbeiter.«

31 Siehe Žižek 1986a: 59.

32 Ein schönes Beispiel dazu zitiert und erklärt luzide Slavoj Žižek (Žižek 1994: 103f.).

33 Das Konversationslexikon »Grand dictionnaire universel du XIX. siècle« der Editions Larousse verzeichnet sorgfältig die verschiedenen möglichen Platzierungen und Bedeutungen dieses Zeichens. (Siehe dazu https://de.wikipedia.org/wiki/Mouche; http://partylike1660.com/mouches/; Zugriff: 2019-08-26).

34 Siehe dazu Ullrich 2005: 9–30.

35 In diesem Moment verdoppelt sich die Liebe: Es wird nicht nur geliebt, sondern auch dieser Umstand selbst ist noch einmal Gegenstand der Liebe. Die Zeile »I love to love you, Baby« aus dem Song von Donna Summer bringt dies sehr gut auf den Punkt.

36 Zum Problem, wo die Ursache der Liebe sitzt – in der geliebten oder aber in der liebenden Person – siehe Miran Bozovic' schönen Kommentar zur entsprechenden Passage bei Spinoza (Božovič 2006: 33–43).

37 Die Theoriebildung zum sogenannten »Erhabenen« setzt in der Antike ein mit der Abhandlung »Peri hypsous« (»Über das Erhabene«) eines »Pseudo-Longinus« genannten Verfassers. Sie setzt sich fort Ende des 18. Jahrhunderts in der aufkommenden Romantik bei Philosophen wie Edmund Burke

und Immanuel Kant und erhält neue Aktualität am Beginn der Postmoderne bei Jean-François Lyotard. Einen guten Überblick dazu gibt der Sammelband von Christine Pries (Pries (Hg.) 1989). Zur Ästhetik des schlechten Geschmacks, der Trivialkultur und des Kitsches siehe den Aufsatz »Anmerkungen zu Camp« von Susan Sontag (Sontag [1964]).

38 Kant [1798]: 166.

39 Die scheinbar apolitische Naturschwärmerei der deutschen Romantik kann mit einigem Recht als Darstellung politischer Sehnsüchte gelesen werden. Wo es nicht gelungen ist, eine Bastille zu stürmen, dort müssen die Sehnsüchtigen eben einsame Berggipfel erklimmen. Und nicht selten findet sich gerade in der Einsamkeit der Natur eine Spur der französischen Revolution: So zum Beispiel in Philipp Otto Runges Gemälde »Grenadier im Wald«. Vgl. auch Kant [1798]: 234. Zur Umkehrung eines Scheiterns von Darstellung in die Darstellung eines Scheiterns siehe Žižek 1991: 124.

40 Kant [1798]: 236.

41 Aus psychoanalytischer Sicht gibt es noch eine weitere Erklärung zu diesem Problem: Das Kitschobjekt ist das Objekt eines naiven Geschmacks. In der Ästhetik des Kitsches werden somit drei Perspektiven voneinander getrennt: der naive Erstgeschmack, dem das kitschige Objekt gefällt; der gebildete Geschmack, der es verabscheut; und der supersmarte Künstlergeschmack, für den dieses Objekt »so schlecht« ist, »dass es schon wieder gut ist«. Für diese dritte Erfahrungsweise ist aber die Trennung dieser drei Ebenen entscheidend. Sollte der Verdacht aufkommen, dass es keine Naiven gibt und dass man somit selbst der Naive ist, dann ist die Freude verflogen, und Angst kommt auf: das charakteristische Symptom dessen, dass jene symbolische Schranke, welche die narzisstische Naivität als überwunden auf Distanz halten soll, zu verschwinden droht. Die naive Illusion droht auf den Supersmarten selbst zurückzufallen. Zu diesem Problem siehe die schöne Episode aus den

Tagebüchern Casanovas und deren Kommentar bei Octave Mannoni (Mannoni 1985: 30).

42 Siehe dazu https://www.sueddeutsche.de/kultur/banksy-in-new-york-60-dollar-baby-1.1795524 (Zugriff: 2019-08-28).

43 Siehe dazu https://www.autobild.de/klassik/artikel/tatort-autos-im-polizei-einsatz-5473697.html (Zugriff: 2019-08-27).

44 Siehe dazu https://www.auto.de/magazin/tv-kommissare-und-ihre-autos-heute-mario-kopper-tatort-ludwigshafen/; vgl. dazu http://7er-forum.com/forum/showthread.html?t=226757 (Zugriff: 2019-08-27).

45 Siehe dazu https://www.youtube.com/watch?v=u6dj4pIDWwU (Zugriff: 2019-08-27).

46 Siehe https://www.faz.net/aktuell/feuilleton/medien/polizeiruf-110-matthias-brandt-glaenzt-in-der-rolle-des-zweifelnden-kommissars-14016510.html (Zugriff: 2019-08-27).

47 Siehe https://www.bmwgroup-classic.com/de/classic-heart/classic-heart-pool/classic-heart/bulle-von-toelz.html (Zugriff: 2019-08-27).

48 Zudem erinnern sie damit zugleich natürlich, auch wenn sie nicht ganz so altmodisch auftreten, an ein klassisches Vorbild – den legendären Inspector Columbo mit seinem Peugeot 403 Cabriolet. Diese Serie nahm in den 1970er Jahren ihren Anfang, wo es noch keine Nostalgie im Autodesign gab. Columbos alter Peugeot symbolisierte darum eher die Schrulligkeit seines Besitzers, sein listiges Understatement; freilich auch seine gegenüber den Verdächtigen meist inferiore Klassenzugehörigkeit sowie zugleich seine überlegene Noblesse und Intellektualität.

49 Siehe Žižek 1989: 175 f.; vgl. Kapitel 1 in diesem Band.

50 Siehe dazu Pfaller 2008: 190–192.

51 Siehe dazu Žižek 1994: 103 f.

52 Siehe dazu Feuerbach 1984: 29; Althusser 1995: 176 ff. Vgl. dazu auch die Bemerkungen Louis Althussers über die Rollenverteilung im klassischen Melodrama (Althusser 1962: 184).

53 Siehe dazu Evans 1997: 172 f.
54 Zu dieser Episode siehe Alain 1982: 160.
55 Freud [1927d]: 277.

Kapitel 3

1 Grundlage für dieses Kapitel ist der Text einer *keynote address* zum Symposion »How Art Matters. And How It Means«, konzipiert von Mateja Bucar, veranstaltet von der *Igor Zabel Foundation For Culture and Theory*, Stadtmuseum Ljubljana, 28. 5. 2016.
2 Siehe hierzu Fischer-Lichte 2004.
3 Siehe Gumbrecht 2005; 2012. So sehr Gumbrecht sich hier auf Martin Heideggers Unterscheidung zwischen »Sein« und »Seiendem« stützt, so sehr weicht er doch von dessen Linie ab, wenn er den Begriff der Präsenz vorschlägt: denn Heideggers Kritik hatte bekanntlich einem Denken des Seins als *Anwesenheit* (Präsenz) gegolten.
4 Siehe dazu https://www.youtube.com/watch?v=26R9KFdt5aY; https://www.youtube.com/watch?v=drZIWs3Dl1k (Zugriff: 2018-10-04). Ich bin Ernst Strouhal, Wien, dankbar für Hinweise und Gespräche zu diesen Fragen.
5 McLuhan 1987: 7.
6 Lacan [1957b]: 43: »… ich denke, wo ich nicht bin, also bin ich, wo ich nicht denke.«
7 Nietzsche [1873]: 314.
8 »Käthe Kollwitz *meinte* es gut. Goya *war* gut.« Zitiert nach Fritz J. Raddatz: Dickköpfiger Dünnhäuter, in: Die Zeit, 13. 5. 1977, https://www.zeit.de/1977/20/dickkoepfiger-duennhaeuter (Zugriff: 2018-10-23).
9 Bataille 1991.
10 Siehe Rancière 2006: 82.
11 Dies erkennt sehr präzise Michael Lüthy, der gestützt auf diese beiden Gegensätze eine Periodisierung der Kunstgeschichte in der Moderne entwirft (Lüthy 2009).

12 Sontag 2001.

13 Siehe Alain 1982: 200.

14 Das sind philosophisch interessante, paradoxe Funde. Inhalt und Form sind demnach keine wechselseitig voneinander abhängigen Kategorien. Es gibt zwar keinen Inhalt ohne Form, aber sehr wohl eine Form ohne (von ihr verschiedenen) Inhalt. Die Form ist selbständig, der Inhalt nicht. Diese Asymmetrie mag an die von Althusser beschriebene Asymmetrie des Klassengegensatzes erinnern: Wenn es zwei Klassen gibt, dann hat eine schon verloren. Der Gegensatz konstituiert erst den einen der beiden Kontrahenten (siehe Althusser 1973: 48–50).

15 Zum Begiff dieses »naiven Bobachters« siehe Pfaller 2002: 261–317.

16 Frege 1892.

17 Iser 1972.

18 Kant [1790]: 65.

19 Benjamin [1935]: 440.

20 Siehe Mannoni 2006: 19.

21 Als Beispiel dieser Position siehe Jörg Immendorfs Bild »Wo stehst du mit deiner Kunst, Kollege?« (von 1973), siehe https://www.textezurkunst.de/81/wo-stehst-du-kollege/ (letzter Zugriff: 2018-10-05).

22 Siehe dazu Freud [1941d]: 35.

23 Siehe Freud [1905c]: 155; 53 f.

24 Siehe Freud [1905c]: 20 ff.

25 Ein Beispiel dafür ist die folgende Parallele: einerseits die Prophezeiung einer Wahrsagerin, der Schwager ihres Klienten werde an einer Vergiftung durch Krustentiere sterben. Obwohl sie nicht eintraf, wurde sie als »großartig« bewertet, da der Schwager gerne solche Tiere aß und schon im Sommer vor der Prophezeiung beinahe an einer solchen Vergiftung gestorben wäre (siehe Freud [1941d]: 33); andererseits der Witz vom Krakauer Rabbi N., der einen »Fernblick« (einen »Kück«) nach Lemberg macht und zu

erkennen meint, der dortige Rabbi L. sei soeben gestorben. Auch als sich herausstellt, dass dies nicht zutrifft, finden die Schüler des Rabbi N., »der Kück von Krakau bis Lemberg war doch großartig« (Freud [1905c]: 62; vgl. ebd. 108).

26 Freud [1940a]: 412.

27 Siehe dazu Pfaller 2011: 179–187.

28 Siehe Freud [1919h]: 262.

29 Siehe dazu Crusius 1753: 736.

Kapitel 4

1 Siehe Lukrez, *De rerum natura* IV, 490–500.

2 Zu diesem Problem siehe Moser 2015: 98–99.

3 Wörtlich übersetzt: »Die Konsuln mögen zusehen, dass der Republik kein Schaden geschieht.«

4 Dieser Gegensatz wurde von Aurel in seiner Formulierung »die Atome, oder die Götter« (Aurel 1948: 107) auf den Punkt gebracht. Sie nimmt Bezug auf die Tatsache, dass die stoische Strategie des Trostes darin bestand, alles Ungemach unter die Perspektive eines höheren Sinns zu bringen; wohingegen epikureischer Trost darin bestand, es auf die sinnlose Kollision von Atomen zurückzuführen.

5 Lukrez, *De rerum natura* IV 380–390.

6 Dies sollte jedoch nicht zu dem Schluss verleiten, dass das Tasten nur verlässliche »primäre Qualitäten« liefern würde, während das Sehen über fragwürdige »sekundäre Qualitäten« hinaus auch die Vorstellungen von einem äußeren Objekt mit sich brächte. Auch das Tasten verschafft mehr als nur Empfindungen. Vgl. dazu die scharfsinnigen Bemerkungen von Weber (1905: 6 f.), der Gustav Th. Fechners Beispiel analysiert, wonach man die Härte eines Tisches auch spüren kann, indem man einen Stift dagegen drückt. Dabei spürt man nicht nur einen kleinen Schmerz im Finger, sondern auch die Eigenschaft des Tisches – sogar durch ein unempfindliches Medium hindurch. Wir können also

äußere Objekte selbst mit Hilfe von Erweiterungen unserer Tastorgane spüren – genauso, wie wir durch abwesende Gliedmaßen (Phantom-)Schmerzen empfinden können.

7 Siehe Aristoteles, *De anima*, Buch I, Kapitel 1 (Aristoteles 1995: 4 f.).

8 Vgl. hierzu Moser 2015. Ein spätes Echo dieser Idee – freilich vereint mit der Polemik gegen die sogenannte »Netzhautkunst« – bildet möglicherweise Marcel Duchamps Entscheidung, seiner Zeitschrift den Titel *Der blinde Mann* zu geben.

9 Nietzsche [1886]: 96.

10 »Ne pas se raconter d'histoire«, Althusser 1994: 247.

11 Siehe dazu Spinoza 1976: 84: »Die Idee ihrer Freiheit ist also die, daß sie keine Ursache ihrer Handlungen kennen.«

12 Zu diesem Begriff siehe Billy Wilders schöne Erläuterung in: https://www.youtube.com/watch?v=7jOVRKzwURY (letzter Zugriff: 2018-08-20). Zum Materialismus der Komödie siehe Pfaller 2011: 60–77.

13 Siehe zu diesem Begriff Epikur, Brief an Herodotus, 43 (Epikur 2007: 10); Lukrez, De rerum natura, II 219 (Lukrez 2014: 77); cf. Schmidt 2007; Greenblatt 2011; Dolar 2013.

14 Siehe dazu Pfaller 2013. Ich bin Jela Krecic und Ivana Novak (Ljubljana) dankbar für eine Reihe wertvoller Anregungen und Gespräche zu diesen Fragen.

15 Siehe dazu die schönen Überlegungen von Alenka Zupancic über das, was sie »The Odd One In« nennt und als das grundlegende Strukturelement der Komödie beschreibt (Zupancic 2008).

16 Siehe Benjamin [1940]: 695.

17 Um das in den Begriffen Jacques Lacans auszudrücken, kann man sagen, dass das Sehen Herrensignifikanten produziert, währen das Tasten Objekte *klein a* hervorbringt.

18 Heine 1972: 19. Für eine brillante Analyse solcher paradoxer Klassifikationen siehe Dolar 2016.

19 Freud [1940a]: 412 f.

20 Rachel Aumiller, die Organisatorin der Hamburger Konferenz vom März 2018 über Haptischen Skeptizismus, die den Anstoß für dieses Kapitel gab, wählte dieses Bild als Sujet für die Einladung. Siehe https://www.maimonides-centre.uni-hamburg.de/dokumente/2018/workshop-a-touch-of-doubt-03-2018.pdf (Zugriff: 2020-01-20). Ich bin Rachel Aumiller, Ana Jovanović, Bara Kolenc, Mirt Komel und Goran Vranešević dankbar für Anregungen und Gespräche zu diesem Thema.

21 Siehe Laplanche 1997.

22 »Desire is a defence *(défense)*, a prohibition *(défense)* against going beyond a certain limit in *jouissance*« (Lacan 1977: 322; vgl. Evans 1997: 34).

23 Das Unheimliche als eine Form der Angst macht sich regelmäßig als Überschuss bemerkbar (wohingegen die Furcht einem Gefühl des Defizits entspricht). Um dies mit einer persönlichen Erfahrung zu verdeutlichen: Ich wollte einmal eine bestimmte Tür öffnen und meinte, dafür einen Schlüssel zu haben. Es stellte sich aber heraus, dass der entsprechende Schlüssel nicht passte. Ich hatte keinen Schlüssel für die Tür – ein kleines Ärgernis. Gleich darauf allerdings wurde mir bewusst, dass ich nun einen Schlüssel besaß, von dem ich nicht wusste, welche Tür er aufschließen könnte. Das war ein wenig unheimlich.

24 Siehe Freud [1920]: 222.

25 Natürlich trifft in Freuds Erklärung dasselbe auf den Fetischisten zu: Um weibliche Genitalien als »traumatisch« wahrzunehmen, muss man von einer kindlichen Sexualtheorie, die die Omnipräsenz eines Penis voraussetzt, »vorbereitet« sein. Nur auf einer solchen Grundlage kann die Abwesenheit des Penis als »Kastration« gedeutet werden. Die sogenannte »realitätsgerechte« Einstellung (die sich im Fetischisten von der »wunschgerechten« abspaltet) ist eine, deren »Realität« von einer kindlichen Sexualtheorie bestimmt wird. (Siehe Freud [1927e]).

26 Siehe Diderot 2013: 19: »*Obwohl wir in einem Jahrhundert leben, in dem der philosophische Geist uns von zahlreichen Vorurteilen befreit hat, glaube ich nicht, daß wir jemals dahin kommen werden, die Vorrechte der Scham so gründlich zu verkennen wie unser Blinder. Diogenes wäre für ihn kein Philosoph gewesen.*« – Ich bin José M. Sanchez dankbar für seinen äußerst inspirierenden Kommentar zu diesen Passagen bei Diderot, vorgetragen bei der Konferenz »A Touch of Doubt. On Haptic Scepticism«, Hamburg, 27. März 2018.

27 Siehe Freud [1919h]: 272. Aus demselben Grund finden kleine Kinder auch kaum Gefallen an den Tricks eines Zauberkünstlers. Ich bin Ernst Strouhal, Wien, dankbar für den Gedankenaustausch zu diesem Thema.

28 Dies ist der Grund, weshalb Lacan die Angst als dasjenige beschrieb, was auftritt, »wenn der Mangel mangelt« (siehe Lacan 2004: 53). In anderen Worten: der schützende Schirm des Begehrens fehlt.

29 Zum Begriff des »Undings« (»l' Achose«) und seinem Verhältnis zum Freud'schen »Ding« (»la chose«), siehe Lacan 2006: 120 ff.

30 Siehe Marcuse 1984.

31 »Kyon« ist das altgriechische Wort für »Hund«; entsprechend bedeutet »kynikos« wörtlich »hündisch«. Eine schöne Darstellung dieser philosophischen Tradition findet sich in Luck 1997.

32 Siehe http://peter-weibel.at/index.php?option=com_content&view=article&id=27%3Aaus-der-mappe-der-hundigkeit-1968&catid=2%3Amixed-media&lang=de&Itemid=11; http://foundation.generali.at/sammlung/artist/export-valiepeter-weibel/artwork/aus-der-mappe-der-hundigkeit-5.html#.W4qV8i35zNM (Zugriff: 2018-08-31)

33 Siehe dazu Wagner 1996.

34 »Der eingreifendste Unterschied zwischen dem Liebesleben der Alten Welt und dem unsrigen liegt wohl darin, daß die Antike den Akzent auf den Trieb selbst, wir aber auf dessen

Objekt verlegen. Die Alten feierten den Trieb und waren bereit, auch ein minderwertiges Objekt durch ihn zu adeln, während wir die Triebbetätigung an sich geringschätzen und sie nur durch die Vorzüge des Objekts entschuldigen lassen« (Freud [1905d]: 149 (Fußnote, Zusatz von 1910)).

35 Freud [1930a]: 230.

36 Zu diesem Begriff siehe Bataille 1993.

37 Es mag zu diesem Zweck günstig sein, wenn eine Kultur sich ein Bewusstsein von der Herkunft des »Erhabenen« aus dem »Unreinen« erhalten hat – wie es bei den von Freud untersuchten »Tabu«-Kulturen offenbar der Fall ist, wo beide Qualitäten mit ein und demselben Wort bezeichnet werden. Deutlich schwieriger ist dies wohl in Kulturen, die sich eine metaphysische Denkweise zugelegt haben, wie Nietzsche bemerkt: »›Wie *könnte* etwas aus seinem Gegensatz entstehn? Zum Beispiel die Wahrheit aus dem Irrtum? Oder der Wille zur Wahrheit aus dem Willen zur Täuschung? Oder die selbstlose Handlung aus dem Eigennutze? Oder das reine sonnenhafte Schauen des Weisen aus der Begehrlichkeit? Solcherlei Entstehung ist unmöglich; (...) die Dinge höchsten Wertes müssen einen andern, *eignen* Ursprung haben (...)‹ – Diese Art zu urteilen macht das typische Vorurteil aus, an dem sich die Metaphysiker aller Zeiten wiedererkennen lassen ...« (Nietzsche [1886]: 13 f.)

38 Freud [1919h]: 259.

39 Barthes 1986: 36.

40 Das deutsche Wort »Punkte« am Ende dieses Zitats lässt vielleicht nur undeutlich den von Barthes entworfenen Gedanken des Durchstechens, der medizinischen »Punktierung«, erkennen. Zum psychoanalytischen Begriff des »Punktierens« (»punctuation«) siehe Evans 1997: 159 f.

41 Barthes 1996: 89: »le punctum: c'est un supplément«. Zur Logik des Supplements siehe Derrida 1983: 244–282.

42 Barthes 1986: 36.

43 Barthes 1996: 79: »Certains détails peuvent me ›poindre‹.«

44 Barthes 1986: 35, 57.

45 Barthes 1986: 52.

46 Siehe Barthes 1980: 50: »Beaucoup de photos sont, hélàs, inertes sous mon regard.«

47 Barthes 1986: 37: »gemäß meinem Willen als *spectator*«.

48 Siehe Barthes 1986: 53.

49 Barthes 1986: 36; vgl. Barthes 1986: 53: »Dieses punctum weckt in mir ein großes Wohlwollen, fast Rührung.«

50 Foster Wallace, David: This is Water. Commencement Speech at Pomona College, California, https://www.youtube.com/watch?v=8CrOL-ydFMI (Zugriff: 2018-09-18)

51 Siehe Althusser [1969].

52 Epiktet 2004: 10 f. (§ 5).

53 Barthes 1986: 59. Im Französischen lautet die Stelle: »un satori, le passage d'un vide«. Dies könnte auch wiedergegeben werden als: »das Durchqueren einer Leere«. Man darf hier wohl einen Nachhall der für Barthes vertrauten Formulierungen Jacques Lacans vom »passage à l'acte« und vom »Durchqueren des Phantasmas« vermuten; zum Motiv des Satori vgl. auch Barthes 1983: 12.

54 Wittgenstein, Tractatus logico-philosophicus, Sätze 4.022, 4.121, 5.62, 6.522. Vgl. dazu Barthes 1986: 60: »Was ich benennen kann, vermag mich nicht eigentlich zu bestechen.«

55 Siehe Austin 1962.

56 Zu den Methoden des psychodramatischen Rollenspiels siehe Yablonski 1976.

57 So charakterisiert Barthes zum Beispiel das *punctum* auch als »Partialobjekt« (Barthes 1980: 73; die deutsche Übersetzung lässt diesen Terminus leider verschwinden, siehe Barthes 1986: 53).

58 »Das Studium anerkennen heißt unausweichlich den Intentionen des Photographen begegnen, in Harmonie mit ihnen eintreten, sie billigen oder sie mißbilligen, doch stets sie verstehen …« (Barthes 1986: 37) Für eine äußerst präzise Darstellung der Beziehung zwischen Barthes' Begriff des

»punctum« und Lacans Begriffen des »Realen«, der »tyche«, des »Blicks« etc. siehe Friedlander 2008: 11 ff.

59 Barthes 1986: 47.

60 Das Missverständnis ist offensichtlich: Es liegt in der Annahme, der Charakter einer Forschung werde dadurch bestimmt, wer sie anstellt, und nicht durch die Methode. Jedoch wenn Künstler wissenschaftlich forschen, so ist dies darum noch ebenso wenig »künstlerisch« wie die von einem Zahnarzt auf dem Cello gespielte Musik »dental«. Die künstlerische Forschung ist nicht jener wissenschaftliche Anteil, der als Grundmaterie mitunter in eine künstlerische Produktion eingeht, sondern vielmehr jenes spezifische methodische Verfahren, das dazu führt, dass eine beliebige (wissenschaftliche oder andere) Grundmaterie in ein Kunstwerk verwandelt wird. Künstlerische Forschung ist Formfindung und nicht Aufbereitung von Inhalt.

61 Vgl. Barthes 1986: 60: »Was ich benennen kann, vermag mich nicht eigentlich zu bestechen.«

Kapitel 5

1 Siehe dazu Badiou 2001; Derrida 2008; vgl. dazu auch Feyerabend 1984.

2 Picasso 1923: 315.

3 Picasso, ebd.

4 Vaihinger 1913.

5 Bruno 2000: 170.

6 Lacan 1987: 171.

7 Diese These habe ich in meinem Buch »Die Illusionen der anderen. Über das Lustprinzip in der Kultur« ausführlich dargelegt und begründet. Mit dem Begriff »Lustprinzip« bezeichne ich dabei nicht wie Freud das Prinzip, das den psychischen Vorgängen zugrunde liegt (die Ausrichtung auf lustvolle Abfuhr von Spannung), sondern das Prinzip, das der Lust selbst zugrunde liegt (die aufgehobene Illusion).

Der zweideutige Ausdruck »Lustprinzip« (bzw. »Prinzip der Lust«) ist hier also nicht als genitivus obiectivus, sondern als genitivus subjectivus aufgefasst.

8 Siehe zu diesem Begriff Pfaller 2002: 14.

9 Siehe dazu Freud [1905c]: 195.

10 Sigmund Freud [1910d]: 187.

11 Siehe dazu Pfaller 2016.

12 Siehe Huizinga 1956; vgl. dazu Pfaller 2002: 92–96 sowie Kapitel 7 in diesem Band.

13 Brecht 1971: 5.

14 »In der Ideologie ist also nicht das System der realen Verhältnisse, die die Existenz der Individuen beherrschen, repräsentiert, sondern das imaginäre Verhältnis dieser Individuen zu den realen Verhältnissen, unter denen sie leben.« Althusser 1977: 135.

15 Siehe Freud [1927d]: 280. André Breton hat sich in seinem Vorwort zu der von ihm herausgegebenen »Anthologie des schwarzen Humors« ausführlich auf diese Theorie Freuds bezogen. Siehe Breton [1939].

16 Siehe dazu Pfaller 1998.

17 Ich habe die Struktur weißer Lügen und schwarzer Wahrheiten ausführlicher analysiert in meinem Buch *Erwachsenensprache. Über ihr Verschwinden aus Politik und Kultur* (Pfaller 2017: 70–111).

18 Siehe dazu Lilienthal/Philipp 2000; vgl. Friedlander 2013.

19 Fast 2010.

20 Fast 2010: 105–107.

21 Siehe dazu Mannoni 2006; vgl. Pfaller 2002, Kapitel 9.

22 Siehe dazu https://de.wikipedia.org/wiki/Continuity_(Kurzfilm).

23 Siehe dazu Lacan: 1966: 53; Evans 1997: 168–171.

24 Siehe dazu Sontag 1990. Vgl. dazu Hahn/Pfaller 2013.

25 Über seine Herangehensweise an den Traum schreibt Freud in der »Traumdeutung«: »Kurz, was nach Meinung der Autoren eine willkürliche, in der Verlegenheit eilig zusammen-

gebraute Improvisation sein soll, das haben wir behandelt wie einen heiligen Text.« (Freud [1900]: 493)

26 Siehe dazu z. B. Hajo Schiff: »… die documenta 14 hat keine Vorstellung von Kunst im engeren Sinne. Und die Ästhetisierung des Schiffbruchs von Geflüchteten sollte ohnehin verboten werden … das war schon bei Ai Wei Wei grässlich und wird bei Guillermo Gallindo mit den Bootsresten in der documenta-Halle nicht besser.« (Schiff 2017); vgl. dazu auch Hübl 2017.

27 Dies bemerkt zum Beispiel Hanno Rauterberg »(Die documenta 14) ist erstens maßlos im Anspruch, zweitens wahllos im Auftritt und dabei drittens auf politisierende Weise apolitisch.« (Rauterberg 2017).

28 Siehe dazu Bachelard 1978; Althusser 1985.

29 Freud [1920]: 223.

30 Zu diesen Begriffen siehe Durkheim [1912]: 403 ff.

31 Freud [1907]: 14.

Kapitel 6

1 Vgl. dazu Simmel, der pointiert feststellt, dass in der Mode »der Führende im Grunde der Geführte ist« (Simmel [1905]: 54).

2 Diese Formulierung stammt von Veblen [1883]: 37.

3 Siehe dazu Pfaller 2002.

4 Zum Begriff der Triangulation siehe Abelin 1986.

5 Zu dieser Unterscheidung siehe Tönnies 1912; vgl. Linse 1998.

6 Siehe dazu Ramage 1973, Federhofer 2001; vgl. Pfaller 2013.

7 Siehe Freud [1912–13] sowie [1909], [1927], [1940].

8 Siehe Mannoni 1964, 2003, 2006.

9 Siehe dazu Kuldova (2017b).

10 Siehe dazu Esposito [2004]: 112: »Die Suche nach Einzigartigkeit und damit nach Spontaneität tritt als Zwang auf.«

11 Siehe dazu Pfaller 2012.

12 Siehe Lenin [1920]: 27; vgl. Service 2010: 381.

13 Kant [1798]: § 68.

14 Siehe Erasmus 1987.

15 Siehe zum Beispiel die folgende Bemerkung Kants: »Die Menschen sind insgesamt, je zivilisierter, desto mehr Schauspieler: sie nehmen den Schein der Zuneigung, der Achtung vor anderen, der Sittsamkeit, der Uneigennützigkeit an, ohne irgend jemand dadurch zu betrügen; weil ein jeder andere, daß es hiemit eben nicht herzlich gemeint sei, dabei einverständigt ist, und es ist auch sehr gut, daß es so in der Welt zugeht. Denn dadurch, daß die Menschen diese Rolle spielen, werden zuletzt die Tugenden, deren Schein sie geraume Zeit nur gekünstelt haben, nach und nach wohl wirklich erweckt, und gehen in die Gesinnung über.« Kant [1789]: 442.

16 I. Kant, zitiert nach: A. Gulyga, Immanuel Kant, Frankfurt 1981: 76.

17 Siehe Pascal 2004: 841.

18 Siehe Lacan [1971–72]; vgl. dazu Žižek 2009: 121.

19 Siehe Lacan [1973–74].

20 Siehe Bourdieu [1974]: 117 f.

21 Siehe dazu Evans 2006: 101, 123 f.

22 Siehe dazu Evans 2006: 22–24, 98, 121.

23 Siehe dazu Simmel [1905]: 48: »daß Moden immer Klassenmoden sind, daß die Moden der höheren Schicht sich von der tieferen unterscheiden und in dem Moment verlassen werden, in dem diese letzere sie sich anzueignen beginnt«; vgl. Jhering [1883]: 59: »Die Mode geht von oben nach unten, nicht von unten nach oben …«; vgl. Bourdieu [1974]: 121: »Eine Klasse besitzt ein bestimmtes Merkmal, eine andere holt sie ein …«

24 Dies zeigt sich auch am geradezu komischen, ambivalenten Verhalten der Modeindustrie, die einerseits verstärkten Schutz ihrer Copyrights fordert, aber andererseits erhöhten Gewinn gerade aus der Verletzung dieser Copyrights be-

zieht – also daraus, dass sie billig nachgeahmt wird. Siehe dazu Barnett 2005. Ich bin Tereza Kuldova, Oslo, dankbar für viele erhellende Hinweise und Gespräche zu diesen Fragen.

25 Siehe dazu z. B. Simmel [1905]: 51: »das Bedürfnis nach Unterschiedsreizen«; Jhering [1883]: 59: »Bestreben nach Abscheidung der höheren Gesellschaftsklassen von den niederen oder richtiger den mittleren«; Esposito 2004: 113: »Die Suche nach Neuheit und Distinktion und allgemein das Bestreben nach Abweichung halten ihrer Verbreitung nicht stand.«

26 Siehe dazu Althussers Hinweis, dass der Klassenkampf immer den Klassen vorangeht: die eine Klasse kämpft darum, dass es den Klassenunterschied gibt; die andere will das verhindern. (Siehe Althusser 1973: 48 ff.)

27 Ich folge in diesem Punkt der hellsichtigen Darstellung von Milner 1997. Dieser soziale Mechanismus zeigt sich auch an der von Veblen ([1899]: 45) subtil beschriebenen Verachtung der Altreichen gegen die Neureichen: Das schamlose Zurschaustellen des eigenen Reichtums wird hier nicht nur als *vulgär* betrachtet, sondern gewissermaßen auch als *verantwortungslos*. Denn es entspricht eher dem Protzgehabe einer inhomogenen Feudalgesellschaft als der Rücksicht auf die Homogenitätsideologie einer hegemonialen Gesellschaft. Dieser Rücksicht zuliebe müssen die Distinktionsmerkmale verfeinert und bis an den Rand ihrer Unsichtbarkeit getrieben werden. Dies könnte einer der Gründe dafür sein, weshalb die Mode, wie Johan Huizinga bemerkte, im Lauf der Geschichte zunehmend ihr spielerisches Moment verliert (siehe Huizinga [1938]: 184). Freilich kommt in dieser Verfeinerung der Distinktionsmerkmale auch noch ein anderer Zug zum Tragen, der uns noch später beschäftigen wird: nämlich das Moment der »negativen Darstellung«; der Umstand, dass die Abwesenheit von Distinktionszeichen selbst als Distinktionszeichen eingesetzt werden kann, und

zwar als eines, das die anwesenden, prunkvollen Distinktionszeichen aussticht.

28 Daraus ergibt sich die Spannung, die für die spezifische Gestaltung einer Mode bestimmend ist: Eine Mode ist niemals bloß »performativ«; sie herrscht nicht schon allein deshalb, *weil die Herrschenden sie haben*. Sie muss vielmehr von den Oberen auch so gemacht sein, *dass die Unteren ihr folgen möchten*. Es gibt in ihr also auch sozusagen eine »konstative« Seite, etwas semiotisch »Motiviertes« – eine »Rücksicht auf Nachstellbarkeit«. Vgl. dazu Žižek 1999: 186: »Crucial for a successful ideology is the tension *within* its particular content between the themes and motifs that belong to the ›oppressed‹ and those which belong to the ›oppressors‹: ruling ideas are *never* directly the ideas of the ruling class. Let us take what is arguably the ultimate example, Christianity – how did it become the ruling ideology? By incorporating a series of motifs and aspirations of the oppressed (truth is on the side of the suffering and humiliated; power corrupts …) and rearticulating them in such a way that they became compatible with the existing relations of domination.«

29 Siehe dazu Freud [1940].

30 Siehe Freud [1927e]: 387.

31 Dieser Vorsprung führt erst in der Folge wieder zu gestalterischen Differenzen – da die Nachahmung in der Mode, ähnlich wie beim Spiel »stille Post«, niemals vollständig ist, sondern vielmehr Modifikationen durch ökonomische wie ästhetische Verbilligung mit sich bringt.

32 Zur psychoanalytischen Theorie des futurum exactum siehe Lacan: »Was sich in meiner Geschichte verwirklicht, ist nicht die abgeschlossene Vergangenheit (passé défini) dessen, was war, weil es nicht mehr ist, auch nicht das Perfekt dessen, der in dem gewesen ist, was ich bin, sondern das zweite Futur (futur antérieur) dessen, was ich für das werde gewesen sein, was zu werden ich im Begriff stehe.« (Lacan

1991, Bd.I: 143; vgl. auch Bd. II: 183); vgl. dazu Althusser [1960]:12, 19.

33 Siehe dazu z. B. Freud [1914].

34 Siehe dazu http://www.anwalt24.de/beitraege-news/fachartikel/das-schneeballsystem-diegeissel-des-kapitalmarktes (Zugriff: 2016-08-09)

35 Auch hier zeigt sich übrigens die Triangulierung: Man hört auf nachzuahmen, nicht weil man selbst nicht mehr an die Mode glaubt, sondern weil man glaubt, dass Andere nicht mehr an den großen Anderen der aktuellen Mode glauben. Es verhält sich genau wie bei dem von Žižek analysierten Paradoxon der Hamsterkäufe von Toilettenpapier (siehe Žižek 2008).

36 Siehe Benjamin [1940]: 701.

37 Siehe Nietzsche [1873/74].

38 Siehe dazu Laplanche/Pontalis 1973: 313 ff.

39 Siehe Rimbaud 2004: 371.

40 Siehe Althusser [1986].

41 In anderer Hinsicht bemerkt dies Esposito 2004, wenn sie schreibt: »… es ist die Mode selbst, die das Einbauen von kleinen Fehlern vorschreibt. … Auch hier besteht ihr Problem … in ihrem Übermaß an Macht, der [sic] die Einverleibung ihres Gegensatzes bewirkt …«

42 Siehe dazu Lacan [1961–62], Sitzung vom 11. 4. 1962; vgl. Evans 2006: 119.

43 Zu den oft erfolgreichen Klagen wegen Copyright-Verletzung, die Outlaw-Motorradklubs wie die Hells Angels gegen Modedesigner führen, siehe Kuldova (2017a).

44 Siehe dazu Žižek 1992: 175.

45 Karl Kraus, Nachts (Zeit); in: G. Fieguth (Hg.): Deutsche Aphorismen. Stuttgart: Reclam Verlag, 1978: 227.

46 Siehe dazu Kuldova (2017b).

47 Siehe dazu Holt 2004.

48 Siehe dazu Klein 2005.

49 Siehe dazu Coombe 1998.

50 Zur Unterwerfung traditioneller Handwerksverfahren wie Druck und Stickerei unter das Copyright von Stardesignern innerhalb der aktuellen Haute Couture Indiens siehe Kuldova 2016.

51 Zur Leistungsfähigkeit anonymer Gestaltung siehe zum Beispiel Rudofsky 1964. Vgl. dazu auch die Überlegungen von Burckhardt 1995.

52 Siehe dazu Laplanche/Pontalis 1973: 617 ff.; Friedlander 2003: 101.

53 Zu Althussers Theorie der »symptomalen Lektüre« siehe Althusser 1972; vgl. Pfaller 1992.

54 Siehe dazu Freud [1916–17], 9. Vorlesung.

Kapitel 7

1 Cicero De oratore I, 17, 159; II, 227 f., 236; III, 42 f.; Brutus 170 ff., 285.

2 Quintilian 1988: 721; siehe dazu Federhofer 2001: 12.

3 Castiglione 1996; vgl. Roodenburg, in: Bremmer/Roodenburg (Hg.): 122. Zum spärlichen Gebrauch des Begriffs durch Castiglione siehe Kramer 2010: 236.

4 Siehe dazu Lange 1968: 143. Pellegrini und Gracián bezeichnen diese Pointen als »acutezze« bzw. »agutezze« (siehe Lange 1968: 7 ff.). Einer analogen Überlegung entsprechend vertritt Aaron Gurjewitsch die Auffassung, dass die mittelalterlichen Karnevalsriten nicht zufällig erst gegen Ende des 13. und Anfang des 14. Jahrhunderts auftraten: »Der Karneval ist ein großes Fest der entwickelten mittelalterlichen Stadt mit ihrer neuen Art von Bevölkerung, die auf ein Territorium konzentriert ist und sich in eine neue Art mittelalterlicher Kultur entwickelt.« (Gurjewitsch 1999: 59).

5 Zu diesem Gegensatzpaar bei Tesauro siehe Lange 1968: 33.

6 Quintilian 1988: 756 (IV 3, 107); siehe Federhofer 2001: 11.

7 Eine Sichtweise, die sich heute kaum noch in der Terminologie der Ästhetik wiederfindet, dafür aber z. B. in der des

Fussballs, wo brutales Spiel gerne als »rustikales Einsteigen« bezeichnet wird.

8 Siehe dazu Le Goff, in: Bremmer/Roodenburg (Hg.): 56; vgl. auch seine Bemerkung, dass »aus verschiedenen interessanten Gründen die Leute mit Volkssprachen besser lachten als im Lateinischen« (ebd.: 46).

9 Barthes 1988: 57.

10 Tesauro zählt die folgenden Kategorien von Menschen auf, die befähigt sind, »argut« zu sprechen: »Erstens [...] diejenigen, die ein ›ingegno naturale‹ mitbringen, und zweitens solche, die vom ›Wahnsinn‹ (furore) ergriffen sind« – von aufgewühlten Leidenschaften (passioni); diese unterteilen sich für Tesauro in göttliche Inspiration (afflato) einerseits und Idiotie (pazzia) andererseits. Schließlich kann man auch durch Übung (esercitio) bestimmter Techniken dahin gelangen (siehe Lange 1968: 32–35). Hellsichtig erkennt Tesauro auch die Nachteile und Unannehmlichkeiten, die mit dem »göttlichen« ingegno verbunden sind, im Vergleich mit der weitaus verträglicheren prudenza (ebd. 33 f.). Dies verweist auf die »unreine«, »schmutzige« Dimension des Heiligen in der Kultur (siehe dazu Pfaller 2008).

11 »I adore simple pleasures. They are the last refuge of the complex.« Wilde 1997: 549.

12 Zu diesem Verständnis des Freud'schen Sublimierungsbegriffs siehe Pfaller 2009.

13 Tesauro, zit. nach Lange 1968: 37.

14 Cicero: De oratore, I, 159.

15 Cicero: De oratore, I, 17.

16 Siehe Huizinga 1956: 18; vgl. Pfaller 2002: 106 ff.

17 Siehe Alain 1982: 45: »Die Gesten der Höflichkeit haben große Macht über unsere Gedanken; und es hilft sowohl gegen schlechte Laune wie gegen Magenschmerzen, wenn man Liebenswürdigkeit, Wohlwollen und Freude mimt; die dazu erforderlichen Bewegungen – Verbeugungen und Lächeln – haben nämlich das Gute, die ihnen entgegenge-

setzten Bewegungen des Zorns, des Mißtrauens und der Traurigkeit unmöglich zu machen. Darum sind gesellschaftliche Veranstaltungen so beliebt: sie geben Gelegenheit, das Glück zu mimen; und diese Komödie heilt uns mit Sicherheit von der Tragödie, was nicht eben wenig ist.«

18 Zum Begriffspaar »mechanische« / »organische« Solidarität siehe Durkheim 1988: 230, 108. Vgl. dazu Kraxberger 2010.

19 Siehe dazu Mannoni 1985: 9 ff.; vgl. dazu auch Bazon Brocks zivilisatorisches Programm der »Musealisierung« (Brock 2008).

20 Nur darum erscheint Kant die Höflichkeit auch moralisch statthaft: »weil ein jeder andere, daß es hiemit eben nicht herzlich gemeint sei, dabei einverständigt ist« (Kant [1798]: 442).

21 Siehe Mannoni 2006: 19.

22 Zur Theorie des »naiven Beobachters« siehe Pfaller 2002, Kapitel 9.

23 Siehe Sennett [1974]: 336.

24 Descartes 1949: 57 f. (8. Brief).

25 Siehe Schiller [1793]: 203 f.

26 Siehe dazu Pascal 1997: 222–223. Zur Ästhetik des »gewissen Etwas« siehe Ullrich 2005: 9–30.

27 Siehe Freud [1927e]: 383 f.

28 Siehe dazu Pfaller 2002: 20–23; 2008: 92–95.

29 Siehe dazu Hughes 1994; zum »Diebstahl des Genießens« siehe Žižek 1993: 203).

30 Siehe dazu McLuhan [1964]. Zu McLuhans interessanter »Verschiebungsthese«, der zufolge die heißen Kulturen kalte Spiele benötigen, während die kalten Kulturen heiße Spiele brauchen, siehe Pfaller 2008: 99–103.

31 Siehe dazu Freud [1927d]; vgl. auch [1905c]: 219: »[...] die Euphorie, welche wir auf diesen Wegen zu erreichen streben, ist nichts andres als die Stimmung einer Lebenszeit, in welcher wir unsere psychische Arbeit überhaupt mit geringem Aufwand zu bestreiten pflegten, die Stimmung

unserer Kindheit, in der wir das Komische nicht kannten, des Witzes nicht fähig waren und den Humor nicht brauchten, um uns im Leben glücklich zu fühlen.«

32 Siehe Sennett [1974]: 18.

33 Siehe dazu Freud [1912–13]: 303; 306; 347.

Literaturverzeichnis

Abelin, Ernst

1986 *Die Theorie der frühkindlichen Triangulation. Von der Psychologie zur Psychoanalyse,* in: Das Vaterbild in Kontinuität und Wandel. ed. J. Stork. Stuttgart: Frommann-Holzboog. 45–72

Adorno, Theodor W.

1977 Funktionalismus heute, in: Ders., Gesammelte Schriften, Bd. 10.1: Kulturkritik und Gesellschaft I. Prismen. Ohne Leitbild, Frankfurt/M.: Suhrkamp: 375–395

Alain

1982 Die Pflicht glücklich zu sein (Propos sur le bonheur), Frankfurt/M.: Suhrkamp

Althusser, Louis

[1960] 1977 *›Über den jungen Marx‹ (Fragen der Theorie)*; in: Ders., Ideologie und ideologische Staatsapparate, Hamburg/Westberlin: VSA: 9–44.

[1969] Ideologie und ideologische Staatsapparate (Anmerkungen für eine Untersuchung), in: Ders., Ideologie und ideologische Staatsapparate, Hamburg/Westberlin: VSA 1977: 108–153

1972 *Vom Kapital zur Philosophie von Marx,* in: L. Althusser, E. Balibar, Das Kapital lesen, Reinbek: Rowohlt, 1972, Bd. I: 11–93

1972 Der Gegenstand des ›Kapital‹, in: L. Althusser, E. Balibar, Das Kapital lesen, Reinbek: Rowohlt 1972, Bd. I: 94 – Bd. II: 267

1973 Antwort an John Lewis, in: H. Arenz, J. Bischoff, U. Jaeggi (Hg.): Was ist revolutionärer Marxismus? Kontroverse über Grundfragen marxistischer Theorie zwischen Louis Althusser und John Lewis, Westberlin: VSA 1973: 35–76

1975 Elemente der Selbstkritik. Westberlin: VSA

1977 Ideologie und ideologische Staatsapparate, Hamburg Westberlin: VSA

1985 Philosophie und spontane Philosophie der Wissenschaftler, Berlin: Argument

[1986] Du matérialisme aléatoire. 11 juillet 1986«, *Multitudes* 2/2005 (n° 21), 179–194

2011 Für Marx. Frankfurt/M.: Suhrkamp

Althusser, Louis/Balibar, Etienne
1972 Das Kapital lesen, 2 Bde., Reinbek: Rowohlt

Anders, Günther
1988 Die Antiquiertheit des Menschen. 2 Bde., 4. Aufl. München: Beck

Aristoteles
1995 Über die Seele, in: Ders., Philosophische Schriften, Bd. 6, Hamburg: Meiner (2. Abschnitt): 1–100

2007 Rhetorik. Übers. u. hg. v. Gernot Krapinger, Stuttgart: Reclam

Assmann, Jan
2003 Die mosaische Unterscheidung oder der Preis des Monotheismus. München: Hanser

Aurel, Marc [Marcus Aurelius Antoninus]
1948 Selbstbetrachtungen. Übertr. u. m. Einl. v. W. Capelle, Stuttgart: Kröner

Austin, John L.
1962 How to Do Things with Words. Oxford: Clarendon Press

Bachelard, Gaston
1951 L' Activité rationaliste de la physique contemporaine, Paris: P. U. F.

1974 Epistemologie. Ausgewählte Texte (hg. v. D. Lecourt), Frankfurt u. a.

1978 Die Bildung des wissenschaftlichen Geistes. Beitrag zu einer Psychoanalyse der objektiven Erkenntnis, Frankfurt/M.: Suhrkamp

Badiou, Alain
2001 *Kleines Handbuch zur In-Ästhetik*. Wien: Turia & Kant

Badiou, Alain/Cassin, Barbara
2012 Es gibt keinen Geschlechtsverkehr. Zwei Lacanlektüren. Aus dem Französischen von Judith Kaspar, Zürich/Berlin: diaphanes

Barnett, Jonathan
2005 ›Shopping for Gucci on Canal Street: Reflections on Status Consumption, Intellectual Property and the Incentive Thesis‹, Virginia Law Review 91, no. 6: 1381–423

Barthes, Roland
1986 Die helle Kammer. Bemerkung zur Photographie, 2. Aufl. Frankfurt/M.: Suhrkamp

1988 Der Baum des Verbrechens, in: Das Denken des Marquis de Sade, Frankfurt/M.: Fischer

1996 La chambre claire. Note sur la photographie, Paris: Cahiers du cinéma/Gallimard/Seuil

Bataille, Georges

[1957] Der heilige Eros (L'Èrotisme), Frankfurt/M., Berlin: Ullstein 1986

1991 The Accursed Share: An Essay on General Economy. Vol. 2: The History of Eroticism, and Vol. 3: Sovereignty, New York: Zone books

1993 Die Tränen des Eros, München: Matthes & Seitz

Benedict, Ruth

2006 Chrysantheme und Schwert. Formen der japanischen Kultur, Frankfurt/M.: Suhrkamp

Benjamin, Walter

[1935] Das Kunstwerk im Zeitalter seiner technischen Reproduzierbarkeit, in: Ders., Gesammelte Schriften, Frankfurt/M.: Suhrkamp 1980, Bd. I.2: 431–508.

[1940] Über den Begriff der Geschichte, in: Ders., Gesammelte Schriften, Frankfurt/M.: Suhrkamp 1980, Bd. I.2 (WA Bd. 2): 691–704

Bourdieu, Pierre

[1974] Haute Couture und Haute Culture, in: Eismann, S. (Hg.), Fashion, Freiburg: orange press 2012: 117–126

Bozovic, Miran

2006 … was du nicht siehst: Blick und Körper 1700 - 1800. Zürich: Diaphanes

Brecht, Bertolt

1971 *Über Politik auf dem Theater*, hg. v. W. Hecht. Frankfurt/M.: Suhrkamp

Bremmer, Jan/Roodenburg, Herman (Hg.)

1999 Kulturgeschichte des Humors. Von der Antike bis heute, Darmstadt: Wiss. Buchges.

Breton, André (Hg.)
[1939] Anthologie des Schwarzen Humors, München: Rogner & Bernhard, 1979

Brock, Bazon
2008 Lustmarsch durch das Theoriegelände – Musealisiert Euch, Köln: Dumont

Brühmann, Horst
1980 Der Begriff des Hundes bellt nicht. Das Objekt der Geschichte der Wissenschaften bei Bachelard und Althusser, Wiesbaden: Heymann

Bruno, Giordano
2000 De gl'eroici furori, in: *Dialoghi filosofici italiani*, a cura di Michele Ciliberto, Milano: Mondadori 2000

Burckhardt, Lucius
1995 Design ist unsichtbar. Hg. v. Hans Höger, Ostfildern: Cantz

Campbell, Bradley/Manning, Jason
2014 Microaggression and Moral Cultures, in: Comparative Sociology, Volume 13, Issue 6: 692–726

Carroll, Noël
2007 Narrative Closure, in: Philosophical Studies: An International Journal for Philosophy in the Analytic Tradition, Vol. 135, No. 1: 1–15

Castiglione, Baldessare
1996 Der Hofmann. Lebensart in der Renaissance, Berlin: Wagenbach

Cicero
1855–1893 Brutus oder Von den berühmten Rednern, in: Langenscheidtsche Bibliothek sämtlicher griechischen und

römischen Klassiker, 86. Bd.: Cicero. IX, Berlin und Stuttgart: Langenscheidt

1986 De oratore. Über den Redner. Lat. u. deutsch, Stuttgart: Reclam

2004 Orator. Der Redner. Lat. u. deutsch, Stuttgart: Reclam

Coombe, Rosemary J.
1998 *The Cultural Life of Intellectual Properties: Authorship, Appropriation and the Law*, Durham: Duke University Press

Crusius, Christian August
1753 Entwurf der nothwendigen Vernunft-Wahrheiten, wiefern sie den zufälligen entgegengesetzt werden. Leipzig: Gleditschen

Danto, Arthur C.
1986 The Philosophical Disenfranchisement of Art, New York, NY: Columbia Univ. Press

Deleuze, Gilles/Guattari, Félix
1977 Anti-Ödipus. Kapitalismus und Schizophrenie I, Frankfurt/M.: Suhrkamp

Derrida, Jacques
1983 Grammatologie, Frankfurt/M.: Suhrkamp

2008 *Die Wahrheit in der Malerei*, Wien: Passagen

Descartes, René
1949 Briefe 1629–1650. Hg. v. Max Bense, Köln, Krefeld: Staufen

Diderot, Denis
1749 Lettre sur les aveugles pour l'usage de ceux qui voyent, Londres

2013 Brief über die Blinden, zum Gebrauch für die Sehenden, in: Ders., Philosophische Schriften, Berlin: Suhrkamp, 2013: 11–77

Diels, Hermann

1935 Die Fragmente der Vorsokratiker. Griechisch und Deutsch von Hermann Diels, 5. Aufl., hg. v. Walter Kranz, 2. Bd., Berlin: Weidmannsche Buchhandlung

Dolar, Mladen

2006 A Voice and Nothing More. Cambridge, MA/London, England: MIT Press

2013 Tyche, Clinamen, Den, in: Continental Philosophy Review, August 2013, Volume 46, Issue 2: 223–239

2016 Officers, maids, and chimneysweepers, in: Sex and Nothing. Bridges from Psychoanalysis to Philosophy, ed. by Alejandro Cerda-Rueda, London: Karnac 2016: 19–36

2019 Sophist's Choice, in: Crisis & Critique, vol. 6, issue 1, 2019: 66–84
https://crisiscritique.org/april2019/dolar.pdf (Zugriff: 2020-01-23)

Durkheim, Emile

1988 Über soziale Arbeitsteilung: Studie über die Organisation höherer Gesellschaften, Frankfurt/M.: Suhrkamp

1994 Die elementaren Formen des religiösen Lebens, Frankfurt/M.: Suhrkamp

Eismann, Sonja (Hg.):

2012 Fashion, Freiburg: orange press

Elias, Norbert

1998 Über den Prozeß der Zivilisation. Soziogenetische und psychogenetische Untersuchungen, 2 Bde., Frankfurt/M.: Suhrkamp

Epiktet (Epictetus)
2004 Handbüchlein der Moral. Griechisch/Deutsch. Übers. u. hg. v. Kurt Steinmann, Stuttgart: Reclam

Epikur
2005 Briefe. Sprüche. Werkfragmente. Griechisch/Deutsch. Übers. u. hg. v. Hans-Wolfgang Krautz, Stuttgart: Reclam

Esposito, Elena
[2004] Paradoxien der Mode, in: Eismann, S. (Hg.), Fashion, Freiburg: orange press 2012: 112–115

Evans, Dylan
1997 An Introductory Dictionary of Lacanian Psychoanalysis, (reprint) London/New York: Routledge

Fast, Omer
2010 *In Memory*, Berlin: The Green Box

Federhofer, Marie-Theres
2001 ›Urbanitas‹ als Witz und Weltläufigkeit. Zur Resonanz einer rhetorischen Kategorie im 17. und 18. Jahrhundert, in: Nordlit 9 (2001): 3–27

Feuerbach, Ludwig
1984 Das Wesen des Christentums, in: Ders., Gesammelte Werke, hg. v. W. Schuffenhauer, Bd. 5, Berlin: Akademie-Verlag

Feyerabend, Paul
1984 Wissenschaft als Kunst, Frankfurt/M.: Suhrkamp

Fischer-Lichte, Erika
2004 Ästhetik des Performativen, Frankfurt/M.: Suhrkamp

Foerster, Heinz von
1993 KybernEthik, Berlin: Merve

Fontane, Theodor

1854 Ein Sommer in London, Dessau: Katz

Foster Wallace, David

2005 This is Water. Commencement Speech am Pomona College, Kalifornien, https://www.youtube.com/watch?v=8CrOL-ydFMI (Zugriff: 2019-12-30)

Frege, Gottlob

1892 Über Sinn und Bedeutung. Zeitschrift für Philosophie und philosophische Kritik, NF 100, 1892: 25–50

Freud, Sigmund

[1900] Die Traumdeutung, Studienausgabe, Bd. II, Frankfurt/M.: Fischer 1989

[1905c]: Der Witz und seine Beziehung zum Unbewußten, in: Ders.: Studienausgabe, Bd. IV, Frankfurt am Main: Fischer 1989: 9–219

[1905d] Drei Abhandlungen zur Sexualtheorie, in: Ders. Studienausgabe, Bd. V, Frankfurt am Main: Fischer 1989: 37–146

[1907] 1989 Zwangshandlungen und Religionsübungen, in: Ders., Studienausgabe, Bd. VII, Frankfurt: Fischer 1989: 11–21

[1909] 1989 Bemerkungen über einen Fall von Zwangsneurose, in: Ders., Studienausgabe, Bd. VII, Frankfurt: Fischer 1989: 31–103

[1910d] Beiträge zur Psychologie des Liebeslebens I: Über einen besonderen Typus der Objektwahl beim Manne, in: Ders.: Studienausgabe, Bd. V. Frankfurt/M.: Fischer 1989: 185–195

[1912–13] 1993 Totem und Tabu, in: Ders., Studienausgabe, Bd. IX, Frankfurt/M.: Fischer 1993: 287–444

[1914] Erinnern, Wiederholen und Durcharbeiten, in: Ders., Studienausgabe, Ergänzungsband, Frankfurt/M.: Fischer 1994: 205–216

[1916–17] Vorlesungen zur Einführung in die Psychoanalyse, in: Ders., Studienausgabe, Bd. I, Frankfurt/M.: Fischer 1989: 33–446

[1920] 1989 Jenseits des Lustprinzips, in: Ders., Studienausgabe, Bd. III, Frankfurt: Fischer 213–272

[1927d] Der Humor, in: Ders., Studienausgabe, Bd. IV, 7. Aufl. Frankfurt/M.: Fischer 1989: 275–282

[1927e] 1989 Fetischismus, in: Ders., Studienausgabe, Bd. III, Frankfurt/M.: Fischer 1989: 379–388

[1940] 1989 Die Ichspaltung im Abwehrvorgang, in: Ders., Studienausgabe, Bd. III, Frankfurt/M.: Fischer 1989: 388–394

[1940a] Die psychoanalytische Technik (Aus: Abriß der Psychoanalyse), in: Ders., Studienausgabe, Ergänzungsband, Frankfurt/M.: Fischer 1994: 407–421.

[1941d] Psychoanalyse und Telepathie, in: Ders., Gesammelte Werke, Frankfurt/M.: Fischer 1999, Bd. XVII: 25–44

Friedlander, Jennifer

2003 How Should a Woman Look?: Scopic Strategies for Sexuated Subjects, in: Journal for the Psychoanalysis of Culture and Society, Volume 8, Number 1, Spring: 99–108

2008 Feminine Look. Sexuation, Spectatorship, Subversion, Albany, NY: State of New York Press

2013 Öffentliche Kunst und radikale Demokratie. Christoph Schlingensiefs Abschiebungsinstallation, in: content.associates (Eds.): Urbanity. The Discreet Symptoms of Privatization and the Loss of Urbanity, Wien: content.associates

Gehlen, Arnold
1960 Zeit-Bilder. Zur Soziologie und Ästhetik der modernen Malerei, Frankfurt/M.: Athenäum

Groys, Boris
1997 Kunst-Kommentare, Wien: Passagen

Grasskamp, Walter
1996 Man sieht nur, was man liest. Ehrenrettung für den Kunstkommentar, in: Die Zeit, Nr. 48, 22. 11. 1996; siehe https://www.zeit.de/1996/48/Man_sieht_nur_was_man_liest/komplettansicht (Zugriff: 2019-12-28)

Greenblatt, Stephen
2011 The Sverve. How the World Became Modern, London/New York: Norton

Gumbrecht, Hans-Ulrich
2005 Diesseits der Hermeneutik. Die Produktion von Präsenz, Frankfurt/M.: Suhrkamp

2012 Präsenz, Berlin: Suhrkamp

Gurjewitsch, Aaron:
1999 Bachtin und seine Theorie des Karnevals, in: Bremmer/Roodenburg (Hg.): 109–126

Hahn, Mona/Pfaller, Robert
2013 Fünf Beiträge zur Magie der Kunst, in: Robert Pfaller/Eva Laquièze-Waniek (Hg.): *Die letzten Tage der Klischees. Übertragungen in Psychoanalyse, Kunst und Gesellschaft,* Wien: Turia & Kant: 19–63

Heine, Heinrich
1972 Ideen. Das Buch Le Grand, Stuttgart: Reclam

Holt, Douglas B.

2004 *How Brands Become Icons: The Principles of Cultural Branding*, Cambridge, MA: Harvard Business School Press

Hughes, Robert

1994 Nachrichten aus dem Jammertal (The Culture of complaint). Wie sich die Amerikaner in ›political correctness‹ verstrickt haben, München: Kindler

Huizinga, Johan

[1938] 1956 Homo Ludens. Vom Ursprung der Kultur im Spiel, Reinbek: Rowohlt

Hübl, Michael

2017 Kopfüber im flachen Wasser, in: Kunstforum International, Bd. 248/249 Aug.-Sept. 2017: 78–89

Iser, Wolfgang

1972 Der implizite Leser, München: Fink u.a.

Jhering, Rudolf von

[1883] Der Zweck im Recht, in: Eismann, S. (Hg.), Fashion, Freiburg: orange press 2012: 58–59

Kant, Immanuel

[1781/1787] 1974 Kritik der reinen Vernunft, Werkausgabe, Bd. III + IV, Frankfurt/M.: Suhrkamp

[1790] 1977 Kritik der Urteilskraft, in: Ders., Werkausgabe, Bd. X, Frankfurt: Suhrkamp

[1790] 1987 Critique of Pure Judgment. Including the first introduction, Indianapolis, Cambridge: Hackett

[1793] 1978 Die Religion innerhalb der Grenzen der blossen Vernunft, Werkausgabe, Bd. VIII, Frankfurt/M.: Suhrkamp, S. 645–879

[1798] 1978 Anthropologie in pragmatischer Hinsicht, in: Ders., Werkausgabe, Bd. XII, Frankfurt/M.: Suhrkamp: 399–690

Klein, Naomi
2005 No Logo: No Space, No Choice, No Jobs, London: Harper Perennial

Kramer, Olaf
2010 Goethe und die Rhetorik, Berlin u. a.: de Gruyter

Kraxberger, Sabine
2010 Solidaritätskonzepte in der Soziologie; siehe http://momentum-kongress.org/cms/uploads/documents/Beitrag_Kraxberger8_3_2011_5523.pdf (Zugriff: 2020-01-16)

Kuldova, Tereza
2016 Luxury Indian Fashion. A Social Critique, London et al.: Bloomsbury

(2017a) ›Hells Angels Motorcycle Corporation in Fashion Business: Interrogating the Fetishism of the Trademark Law‹, in: (special issue) *Journal of Design History*, eds. Pouillard, V. & Kuldova, T. (forthcoming)

(2017b) ›The Ethical Sell in the Indian Luxury Fashion Business‹, in: Blaszczyk, R. & Pouillard, V. (eds), Enterprise of Culture: The European Fashion System from Postwar Couture to Fast Fashion (forthcoming)

Lacan, Jacques
[1957b] Das Drängen des Buchstaben im Unbewußten oder die Vernunft seit Freud, in: Ders., Schriften Bd. II, 3. Aufl. Weinheim, Berlin: Quadriga 1991: 15–55

1966 *Écrits*, Paris: Seuil

[1971–72] … ou pire. Le Séminaire de Jacques Lacan, livre XIX, 1971–72, Paris: Seuil 2011

[1972–73] Le Séminaire, Livre XX: Encore, Paris: Seuil 1975

[1973–74] Les non-dupes errent. Séminaire, 1973–74. Paris: Association Freudienne Internationale 2001

1977 Écrits: A Selection, London: Tavistock

1987 *Die vier Grundbegriffe der Psychoanalyse. Das Seminar, Buch XI*, 3. Aufl. Weinheim, Berlin: Quadriga

1991 Schriften, Bd. I-III, 3./2. Aufl. Weinheim, Berlin

2004 Le Séminaire. Livre X. L'angoisse, 1962–63, ed. Jacques-Alain Miller, Paris: Seuil

2006 Le Séminaire. Livre XVIII. D'un discours qui ne serait pas du semblant, 1971, ed. Jacques-Alain Miller, Paris: Seuil

Lange, Klaus-Peter
1968 Theoretiker des literarischen Manierismus. Tesauros und Pellegrinis Lehre von der ›Acutezza‹ oder von der Macht der Sprache, München: Fink

Laplanche, Jean
1997 Le primat de l'autre en psychanalyse. Travaux 1967–1992, Paris: Flammarion

Laplanche, J./Pontalis, J.-B.
1973 Das Vokabular der Psychoanalyse, Frankfurt/M.: Suhrkamp

Leconte, Gauvain
2012 Images verbales et images scientifiques dans *La Formation de l'Esprit Scientifique*, in: *Implications Philosophiques, Juin 2012*, siehe: http://www.implications-philosophiques.org/actualite/une/images-verbales-etimages-scientifiques-dans-la-formation-de-lesprit-scientifique1/ (Zugriff: 2020-01-20)

Lecourt, Dominique
1975 Kritik der Wissenschaftstheorie, Westberlin: VSA

Lenin, Wladimir Iljitsch
[1920] Der ›linke Radikalismus‹, die Kinderkrankheit im Kommunismus. Berlin: Dietz 1987

Lessing, Gotthold Ephraim
2013 Laokoon oder über die Grenzen der Malerei und Poesie. Mit beiläufigen Erläuterungen verschiedener Punkte der alten Kunstgeschichte, Berlin: Edition Holzinger

2013a Pope ein Metaphysiker!, in: Ders., Theologiekritische und philosophische Schriften, Berlin: Edition Holzinger 2013: 18–48

Lévi-Strauss, Claude
1978 Die Wirksamkeit der Symbole, in: Ders., Strukturale Anthropologie, Bd. I, Frankfurt/M.: Suhrkamp: 204–225

Lilienthal, Matthias/Philipp, Claus
2000 Schlingensiefs AUSLÄNDER RAUS. Bitte liebt Österreich. Dokumentation von Matthias Lilienthal und Claus Philipp, Frankfurt/M.: Suhrkamp

Linse, Ulrich
1998 Exkurs: ›Gemeinschaft‹ und ›Gesellschaft‹ von Ferdinand Tönnies bis Theodor Geiger, in: Kerbs, Diethart/Reulecke, Jürgen (Hg.): Handbuch der deutschen Reformbewegungen. 1880–1933, Wuppertal: Peter Hammer Verlag: 161–166

Loos, Adolf
2000 Ornament und Verbrechen. Ausgewählte Schriften. Die Originaltexte, hg. v. Adolf Opel, Wien: Prachner

Luck, Georg
1997 Die Weisheit der Hunde. Texte der antiken Kyniker in deutscher Übersetzung mit Erläuterungen, Stuttgart: Kröner

Lukrez

2014 Über die Natur der Dinge. In deutsche Prosa übertragen und kommentiert von Klaus Binder, Berlin: Galiani

Lyotard, Jean-François

1984 Das Erhabene und die Avantgarde, in: Merkur 2/1984: 151–164

Lüthy, Michael

1997 Die innere Galeere der Freiheit. Zu einigen Motiven in Arnold Gehlens »Zeit-Bildern«, in: Neue Zürcher Zeitung, Nr. 159, 12./13. 7. 1997: 66; https://michaelluethy.de/scripts/arnold-gehlen-zeit-bilder-kommentarbeduerftigkeit-aesthetik-soziologie/ (Zugriff: 2019-12-28)

2009 Zwei Aspekte der Formdynamisierung in der Kunst der Moderne, in: Armen Avanessian et al. (Hg.): Form. Zwischen Ästhetik und künstlerischer Praxis, Zürich/Berlin: diaphanes: 167–188

Macho, Thomas

2003 »Wer aber diese Begriffe noch nicht besitzt, den werde ich die Worte durch Beispiele und durch Übung gebrauchen lehren.« – Funktion des Beispiels in Wittgensteins Philosophie, in: Birnbacher, Dieter et al.: Philosophie und ihre Vermittlung. Ekkehart Martens zum 60. Geburtstag, Hannover: Siebert: 84–96

Malcolm, Norman

1958 Ludwig Wittgenstein. A memoir. London (et al.): Oxford Univ. Press

Mannoni, Octave

1964 »Je sais bien … mais quand-même«. La Croyance, in: Les Temps Modernes, April 1964: 1262 – 1286

1985 Clefs pour l'Imaginaire ou l'Autre Scène Paris: Seuil

2003 ›I Know well, But All the Same …‹, in: Perversion and the Social Relation, ed. by M. A. Rothenberg and D. Foster, Durham: Duke Univ. Press: 68–92

2006 Das Spiel der Illusionen oder das Theater aus der Sicht des Imaginären, in: Maske und Kothurn. Internat. Beitr. zur Theater-, Film- und Medienwissenschaft, 52. Jg. 2006, Heft 1: Mit Freud, Wien: Böhlau: 17–36

McLuhan, Marshall
[1964] Die magischen Kanäle. ›Understanding Media‹, Düsseldorf/Wien: Econ 1968

1987 Understanding Media. The Extensions of Man, London: Routledge

Marc Aurel [Marcus Aurelius Antoninus]
1948 *Selbstbetrachtungen*. Übertr. u. m. Einl. v. W. Capelle, Stuttgart: Kröner

Marcuse, Ludwig
1984 Obszön. Geschichte einer Entrüstung, Zürich: Diogenes

Marx, Karl
[1867] Das Kapital. Kritik der politischen Ökonomie. Erster Band. Buch I: Der Produktionsprozeß der Kapitals, in: Karl Marx/Friedrich Engels: Werke (MEW), Bd. 23, Berlin: Dietz 1984

Milner, Jacques-Alain
1997 Le salaire de l'idéal. La théorie des classes et de la culture au XXe siècle, Paris: Éd. du Seuil

2017 Back and Forth from Letter to Homophony, in: Problemi International, vol. 1., no. 1, 2017; https://problemi.si/issues/p2017-1/04problemi_international_2017_1_milner.pdf (Zugriff: 2020-01-03)

Moeschl, Peter
1999 Die Form als Prozess – Zum generativen Verhältnis von Ästhetik und Kunst, in: Eveline List/Martin Strauss (Hg.): Form in der Gegenwartskunst, Wien: Turia + Kant: 58–72

Montaigne, Michel de
1998 Essais. Erste moderne Gesamtübersetzung von Hans Stilett, Frankfurt/M.: Eichborn

Moser, Jakob
2015 *Manifest gegen die Evidenz. Tastsinn und Gewissheit bei Lukrez*, in: H. Lethen/L. Jäger/A. Koschorke (Hg.): Auf die Wirklichkeit zeigen. Zum Problem der Evidenz in den Kulturwissenschaften. Ein Reader, Frankfurt/M./New York: Campus: 85–115

Musil, Robert
1978 Der Mann ohne Eigenschaften. Erstes Buch, Kapitel 1–80, in: Ders.: Gesammelte Werke, Bd. 1, Reinbek: Rowohlt

Münkler, Herfried
2011 Der erste Politiker. Interview, in: Hohe Luft Philosophie-Magazin, Ausgabe 1 (2011): 48–52

Nietzsche, Friedrich
[1873] 1984 Über Wahrheit und Lüge im außermoralischen Sinn, in: Ders., Werke, Bd. III, Frankfurt/M.–Berlin–Wien: Ullstein: 309–322

[1873/74] *Vom Nutzen und Nachtheil der Historie für das Leben*, in: Nietzsche's Werke, Erste Abtheilung. Band I, Leipzig: Naumann 1903: 277–384

[1886] Jenseits von Gut und Böse, in: Ders., Werke, Bd. III, hg. v. K. Schlechta, Frankfurt u. a.: Ullstein 1984: 9–206

[1887] Zur Genealogie der Moral. Eine Streitschrift, in: Ders., Werke, Bd. III, Frankfurt/M. – Berlin – Wien: Ullstein 1984: 207 – 346

Pascal, Blaise

2004 Les Provinciales, Pensées et opuscules divers. Paris: livre de poche

Pfaller, Robert

1992 Verkennen, Erkennen. Die Psychoanalyse als Instrument einer Theorie der Erkenntnis bei Gaston Bachelard und Louis Althusser, in: Mesotes 1/1992: 27 – 35.

1997 Althusser. Das Schweigen im Text, München: Fink

1998 Negation and its Reliabilities: An Empty Subject for Ideology?, in: Slavoj Žižek (ed.): *Cogito and the Unconscious.* Durham: Duke University Press 1998: 225 – 46.

2002 Die Illusionen der anderen. Über das Lustprinzip in der Kultur, Frankfurt/M.: Suhrkamp

2005 Einleitung, in: Ders. (Hg.): Schluss mit der Komödie! Zur schleichenden Vorherrschaft des Tragischen in unserer Kultur (Deutsch und Englisch), Wien: Sonderzahl (Reihe Linzer Augen) 2005: 7 – 24

2006 The Familiar Unknown, the Uncanny, the Comic, in: Slavoj Žižek (ed.): Lacan. The Silent Partners, London/New York: Verso 2006: 198 – 216

[2007] Interpassivity and Misdemeanors. The Analysis of Ideology and the Žižekian Toolbox, in: International Journal of Žižek Studies (IJZS), ISSN 1751 – 8229, Volume One, Number One – Why Žižek?, pp. 30 – 50; siehe: https://zizekstudies.org/index.php/IJZS/article/view/20/18 (Zugriff: 2019-12-30)

2008 Das schmutzige Heilige und die reine Vernunft. Symptome der Gegenwartskultur. Frankfurt/M.: Fischer

2009 Die Sublimierung und die Schweinerei. Theoretischer Ort und kulturkritische Funktion eines psychoanalytischen Begriffs, in: Psyche. Zeitschrift für Psychoanalyse und ihre Anwendungen, hg. v. W. Bohlerer, 63. Jg., Heft 7, Juli 2009: 621–650

2011 Wofür es sich zu leben lohnt. Elemente materialistischer Philosophie, Frankfurt/M.: Fischer

2012 Mein Geschmack und ich, in: Ders., Zweite Welten. Und andere Lebenselixiere, Frankfurt/M.: Fischer: 219–239.

2013 Was ist so lustig an multipler Liebe? Der polygame Lubitsch-Touch, in: Neue Rundschau, 124. Jahrgang 2013, Heft 4: 79–99

2013a Das Unendliche und das Gute. Der Herrensignifikant in Philosophie, Alltagskultur und Politik, in: Ivo Gurschler/ Sándor Ivády/Andrea Wald (Hg.): Lacan 4 D. Zu den vier Diskursen in Lacans Seminar XVI, Wien: Turia & Kant 2013: 85–106

2014 The Pleasure Principle in Culture: Illusions without Owners. London/New York: Verso

2016 Über Heiterkeit und Wahrheit, in: Beate Hofstadler/ Robert Pfaller (Hg.): After you get what you want, you don't want it. Sigmund Freud. Gruss an Ruhs, Frankfurt/M.: Fischer: 179–185

2016a The Efficiency of Ideology and the Possibilities of Art: An Althusserian Account, in: Stasis, vol. 4, no. 2, 2016: 40–97

2019 Hat Demokrit gelacht? Blogbeitrag; siehe: https://dasunding.ufg.at/2019/12/05/das-ichts-oder-hat-demokrit-gelacht/

Picasso, Pablo

1923 Picasso Speaks, in: *The Arts*, vol. 3. New York: 315

Pries, Christine (Hg.)
1989 Das Erhabene: zwischen Grenzerfahrung und Größenwahn, Weinheim: VCA, Acta Humaniora

Quintilian
1948 Institutio oratoria, with an english translation by H. E. Butler, Cambridge, MA: Harvard Univ. Press/London: William Heinemann Ltd.

Quintilianus, Marcus Fabius [Quintilian]
1988 Ausbildung des Redners. Zwölf Reden, hg. u. übers. v. H. Rahn, Bd. 1, 2. Aufl. Darmstadt: Wiss. Buchges.

Ramage, Edwin S.
1973 Urbanitas. Ancient Sophistication and Refinement, Norman, Oklahoma: University of Oklahoma Press

Rancière, Jacques
2006 Die Aufteilung des Sinnlichen. Die Politik der Kunst und ihre Paradoxien, Berlin: b_books/Reihe PoLYpeN

Rauterberg, Hanno
2017 Warum die Documenta in Kassel krachend scheitert. Und Münster die bessere Kunst zeigt, in: Die Zeit, 13. Juni 2017; siehe: http://www.zeit.de/2017/25/documenta-kassel-kunst-kapitalismuskritik (Zugriff: 2017-11-04)

Reich, Wilhelm
1995 Der Einbruch der sexuellen Zwangsmoral, Köln: Kiepenheuer & Witsch

Rimbaud, Arthur
2004 Sämtliche Dichtungen. Zweisprachige Ausgabe. 3. Aufl. München: dtv

Rudofsky, Bernard,
1964 Architecture without Architects. A Short Introduction to Non-Pedigreed Architecture, London: Academy Editions

Sade, D. A. F. de,
1979 Die hundertzwanzig Tage von Sodom oder Die Schule der Ausschweifung, Dortmund: Die bibliophilen Taschenbücher

Saussure, Ferdinand de:
1967 Grundfragen der allgemeinen Sprachwissenschaft, hg. von Ch. Bally u. A. Sechehaye, 2. Aufl. Berlin: De Gruyter

Schiff, Hajo
2017 Kaum eine begehbare Brücke oder Der fehlende Schlüssel, in: Kunstforum International Bd. 248/249 Aug.-Sept. 2017: 66–77

Schiller, Friedrich
[1793] Über Anmut und Würde, in: Ders., Sämtliche Werke, Bd. 8: Philosophische Schriften, Berlin: Aufbau 2005: 168–204

Schmidt, Ernst A.
2007 Clinamen: Eine Studie zum dynamischen Atomismus der Antike, Heidelberg: Univ.-Verl. Winter

Schneider, Gregor
2017 Szymczyk-Kenner: »Mit Kunst und Kapital hatte er keine Probleme«, in: HNA, 20. 9. 2017; siehe https://www.hna.de/kultur/documenta/documenta-14-professor-aeussert-sich-zu-szymczyk-und-finanzen-8700526.html (Zugriff: 2017-11-04)

Schuhmann, Karl

2004 Selected Papers on Renaissance Philosophy and on Thomas Hobbes, ed. by Piet Steenbakkers and Cees Leijenhorst, Dordrecht: Springer Science & Business

Scott, James C.

2017 Against the Grain. A Deep History of the Earliest States, New Haven/London: Yale University Press

Service, Robert

2010 Lenin. A Biography, London et al.: Pan Books

Simmel, Georg

[1905] Philosophie der Mode, in: Eismann, S. (Hg.), Fashion, Freiburg: orange press 2012: 47 – 57

Sontag, Susan

[1964] Anmerkungen zu Camp, in: Dies., Geist als Leidenschaft. Ausgewählte Essays zur modernen Kunst und Kultur, Leipzig, Weimar: Kiepenheuer 1990: 41 – 59

1990 Gegen Interpretation, in: Dies.: Geist als Leidenschaft. Ausgewählte Essays zur modernen Kunst und Kultur, Leipzig, Weimar: Kiepenheuer 1990: 5 – 16.

2001 Against Interpretation and Other Essays, New York: Picador

Spinoza, Benedict de (Baruch)

1976 Die Ethik. Nach geometrischer Methode dargestellt, Hamburg: Meiner

1990 Die Ethik, Stuttgart: Reclam

1993 Abhandlung über die Verbesserung des Verstandes, Lateinisch – Deutsch, Hamburg: Meiner

Tönnies, Ferdinand

1912 Gemeinschaft und Gesellschaft. Grundbegriffe der reinen Soziologie. 2. erheblich veränd. u. verm. Aufl. Berlin: Curtius

Tylor, Edward Burnett

1871 Primitive Culture: Researches into the development of mythology, philosophy, religion, art, and custom, 2 Bde., London: John Murray 1871

1970 Primitive Culture, Gloucester: Peter Smith

Ullrich, Wolfgang:

2005 Was war Kunst? Biographien eines Begriffs, Frankfurt/M.: Fischer

Vaihinger, Hans

1913 Die Philosophie des Als Ob. System der theoretischen, praktischen und religiösen Fiktionen der Menschheit auf Grund eines idealistischen Positivismus. Mit einem Anh. über Kant und Nietzsche, 2. durchges. Aufl. Berlin: Reuther

1922 Die Philosophie des Als Ob. System der theoretischen, praktischen und religiösen Fiktionen der Menschheit auf Grund eines idealistischen Positivismus, 7. u. 8. Aufl. Leipzig: Meiner

Veblen, Thorstein

[1899] Die Kleidung als Ausdruck des Geldes, in: Eismann, S. (Hg.), Fashion, Freiburg: orange press 2012: 33–46

Vorländer, Karl

1939 Geschichte der Philosophie, Bd. I: Altertum und Mittelalter, 8. Aufl., Leipzig: Meiner

Wagner, Anselm

1996 Der Künstler als Hund. Kynische Strategien der Körperkunst, in: *Noema art journal*, (43), 52–60

Wahl, François (Hg.):

1973 Einführung in den Strukturalismus. Frankfurt/M.: Suhrkamp

Weber, Ernst Heinrich

1905 Tastsinn und Gemeingefühl, Leipzig: Wilhelm Engelmann

Wilde, Oscar

1997 A Woman of No Importance, in: Collected Works of Oscar Wilde. The Plays, the Poems, the Stories and the Essays including De Profundis, Hertfordshire: Wordsworth Editions: 533–588

Wittgenstein, Ludwig

1979 Tractatus logico-philosophicus. Logisch-philosophische Abhandlung, Frankfurt/M.: Suhrkamp

1980 Philosophische Untersuchungen, 2. Aufl. Frankfurt/M.: Suhrkamp

Yablonski, Lewis

1976 Psychodrama. Resolving Emotional Problems through Role-Playing, New York: Basic Books

Žižek, Slavoj

1986a Hegel mit Lacan, in: Wo es war 1/1986: 57–68

1989 The Sublime Object of Ideology, London, New York: Verso, 6th impr. 1997

1992 Der erhabenste aller Hysteriker. Psychoanalyse und die Philosophie des deutschen Idealismus, 2. erw. Aufl. Wien: Turia & Kant

1993 Tarrying with the Negative. Kant, Hegel and the Critique of Ideology, Durham: Duke Univ. Press

1994 Verweilen beim Negativen. Psychoanalyse und die Philosophie des deutschen Idealismus II, Wien: Turia & Kant

1997/2005 Move the Underground! What's Wrong with Fundamentalism? Part II, http://www.lacan.com/zizpassion.htm (Zugriff: 2016-08-09)

1999 The Ticklish Subject. London/New York: Verso

2004 Leidenschaft in Zeiten der Political Correctness, in: Der Standard, 13.4.2004, Album A4

2008 The Lacanian Real: Television http://www.lacan.com/symptom/?p=38 (accessed: 2016-08-12)

2009 The Parallax View. Cambridge, Mass.: MIT

Zupanćić, Alenka

2008 The Odd One In. On Comedy, London, England/Cambridge, MA: MIT Press

Personen- und Begriffsregister

Robert Pfaller

Zweite Welten. Und andere Lebenselixiere

270 Seiten. Gebunden

Die erste Welt ist die Welt unseres wirklichen Lebens mit allen Mühen, Frustrationen und Kompromissen. Die zweite Welt ist die der Träume, Wünsche und Illusionen. Wie hängen beide zusammen? Robert Pfaller untersucht die komplizierte Dialektik von Realität und Wunsch und entfaltet sie an so unterschiedlichen Themen wie dem Staunen, der Illusion, der Komödie oder der Serie »Sex and the City«. Seine Diagnose: Wenn wir keine Phantasie mehr haben, aus der wir erleichtert ins Leben flüchten können, gerät uns das Leben selbst zu einem auswegslosen Alptraum.

»… schlüssig und faszinierend.«
Barbara Dobrick, SWR

»Es ist Pfallers lustvolles und konsequentes Insistieren auf der eigenen (Lebens-)Melodie, die seine umfassende Kulturkritik als Gesellschaftskritik anschaulich macht.«
Carola Wiemers, Deutschlandradio

fi 1-059034 / 1

Robert Pfaller
Wofür es sich zu leben lohnt.
Elemente materialistischer Philosophie
Band 18903

Unsere Kultur hat sich den Zugang zu Glamour, Großzügigkeit und Genuss versperrt – wir vermeintlich abgebrühten Hedonisten rufen schnell nach Verbot und Polizei, beim Rauchen, Sex, schwarzem Humor oder Fluchen. Alles Befreiende oder Mondäne dieser Praktiken geht dabei verloren. Robert Pfaller untersucht in seinem neuen Buch, warum es so gekommen ist und was sich dahinter verbirgt. In Analysen u. a. zum pornographischen Pop, zu den Lektionen des Neids, zum schmutzigen Frühling, zur Rationalität des Verdoppelns und zur finsteren Seite der Tischmanieren entlarvt er die aktuellen Tendenzen der Kultur und benennt ihren politischen Preis.

»Pfallers Analyse ist so klug wie witzig, unsere Gesellschaft wirkt, aus dem Winkel, aus dem er sie beschreibt, verbissen, humorlos, auf eine zwanghafte Weise bedrohlich. Ein überraschendes Lese- und Denkvergnügen.«
Eva Menasse

Fischer Taschenbuch Verlag

fi 18903 / 1